통일 한국의 땅 이야기

《이 책은 한국 프레스센터의 언론인 연구저술활동 지원금으로 출판되었습니다.》

통일 한국의 땅 이야기

지은이 / 임 철
펴낸곳 / 도서출판 동연
펴낸이 / 백 규 서
펴낸날 / 1995년 3월 31일

등록번호 / 제 2-1383호
등록일 / 1992. 6. 12.
주소 / 서울 성동구 옥수동 275-2
전화 / 영업부 298-7072 편집부 299-2725
팩스 / 298-4588

가격 5,800원
ISBN 89-85467-04-2

통일 한국의 땅 이야기

임 철 지음

동 연

1995

'도시는 선이다'

80년대 초까지 서울 시내 육교에는 큼지막하게 이런 글귀를 담은 현수막이 걸려 있었다. 차선을 잘 지켜야 교통사고가 안 난다는 교통안전 캠페인의 슬로건이었다.

그러나 '도시는 선'이라는 말은 도로에 그려진 차선보다는 지도상에 그려진 각종 개발 구획선에 더욱 실감나게 느껴진다. 도시뿐만 아니라 시골의 마을과 촌락, 공업단지와 관광단지 등 모든 국토개발계획은 선을 통해 이어진다. 선이라는 말은 빨치산이 연락을 하기 위해 '선을 댄다'는 뜻에서도 대해진다. 아무튼 굉장히 많은 뜻이 선에 함축되어 있다.

일본 제국주의로부터 한반도를 해방시킨 연합국은 그들끼리의 회합에서 한반도에 38선을 그었다. 그리하여 한반도의 남북을 잇는 선은 끊어졌다. 단절된 선은 생명력을 잃는다. 단절된 선은 고립될 수밖에 없으며 생명력이 짧다.

토지의 개발과 활용, 도시개발, 국토이용계획의 전환에 있어서 '선'은 토지의 가격과도 직접적으로 연결되어 있다. 경제학자들은 토지의 잉여가치, 토지의 가격은 지리적 위치와 비옥도 등에 따라 결정되는 것으로 간주하여 왔으나 사회주의권이건 자본주의 사회이건 간에 토지가격은 자연적인 조건보다는 정치사회적으로 결정된다. 산업사회로 접어들면서 농업의 비중이 줄어들고 공업과 서비스업의 비중이 절대적인 위치에 서면서 토지가격에 대한 정부의 통제력은 더욱 강화되고 있다.

기름진 땅보다는 사람이 많이 왕래하는 땅, 드넓은 초원보다는 고층빌딩을 지을 수 있는 땅의 값이 비싸진다. 물론 예외가 없는 것은 아니다. 공시지가 조사에서도 가장 비싼 곳은 서울의 명동이 아니라 온천지대의 온천공이다. 한반도에서 우라늄광산이 발견된다면 광산부지 가격은 하루아침에 천정부지로 뛰어 오를 것이다.

그러나 이들 지역도 정부의 통제를 받는다. 우라늄광산의 개발이 제한된다거나 온천지역으로 통하는 도로 건설이 뒷받침되지 않는다면 토지 소유자는 가격의 상승을 기대하기 어렵게 된다. '선'이라는 말을 정부의 통제력, 기획력, 사전 조정 작업 등의 뜻으로 이해한다면 부존자원이 많은 지역의 토지가격도 선으로 결정되는 것은 마찬가지이다.

정부 수립 이후 지도상에 그어진 선 중 가장 광범위한 지역을 포괄하고 토지 소유자에게 영향을 준 것은 그린벨트라고 불리는 개발제한구역이었다. 1971년 서울과 인천 등 수도권 지역의 1,566㎢에 대해 개발을 제한하는 선을 그은 후에 개발제한구역은 부산, 대구, 광주, 춘천, 대전 등 전국 주요 도시의 외곽에 잇따라 그려지기 시작했다. 1977년까지 8차례에 걸쳐 국토 면적의 5.4%에 달하는 5,397㎢가 개발제한구역으로 편입되었다.

토지의 취득과 이용에 대한 중요한 규제선인 토지거래허가 및 신고구역은 1988년 처음으로 그려지기 시작하여 매년 구역이 개편되었다. 1985년 8월 5일, 투기 열풍이 몰아쳤던 대덕연구단지 인근에 토지거래허가지역이 지정된 이후 확대를 거듭하여 1992년 12월 말에는 전 국토의 84.5%가 토지거래허가 또는 신고구역으로 묶인 상태이다.

지도상에 긋는 금은 이 같은 규제책만은 아니다. 도로와 철도노선을 긋기도 하고, 도시계획의 변경으로 주택단지, 재개발구역이 그어지기도 한다. 국토이용계획법상에 의한 용도변경으로 농림지가 도시구역에 편입되기도 하고 주거 또는 준주거지역이 상업지역이나 공업지역으로 재분류되기도 한다. 지도에 그려진 선은 끊임없이 요동을 치면서 토지가격에 영향을 준다. 선을 긋기도 전에 선이 그어질 것이라는 소문이 나도는 즉시 토지시장에는 가격의 상승 또는 하강기류가 형성된다.

토지가치에 대한 선은 자본주의 체제에서만 나타나는 것이 아니다. 사회주의 체제하에서도 부족한 자원을 배분하는 과정에서 각종의 선을 긋게 된다. 어떤 의미에서는 사회주의 국가의 통제력이 더욱 강한 만큼 선긋기 작업은 철저하게 국가에 의해 주도된다. 자본주의 체제 아래서는 선에 색깔을 칠하는 실제의 토지이용행위는 개인과 기업에 의해 이루어지지만 사회주의 체제에서는 선을 긋는 작업은 물론 선을 그은 후에 국토개발전략도 국가나 공공기관에 의해 이루어지기 때문에 선긋기는 더욱 철저히 이루어진다고 볼 수 있다.

이 같은 선긋기 작업은 통일 이후에도 계속될 수밖에 없다. 통일이 되면 한반도의 지도를 펼쳐 놓고 전면적으로 그림을 다시 그리는 작업이 필요하게 될지도 모른다. 문제는 여기서 생긴다.

선을 긋는데 필요한 전제 조건들이 한반도 남북 간에 전혀 다른 것이다.

해방이 되고 남북이 갈라 선 후 남한지역은 철저한 사유재산제도를 시행했다. 그 결과 지구상 여느 자본주의 국가에서도 찾아 보기 힘든 사유지 중심의 토지체계를 형성했다. 남한의 토지 중 국공유지의 비중은 20% 남짓이며 그나마 대부분의 국유지는 국립공원이나 산림, 공유수면 등이어서 실제 도시지역에서 정부나 자치단체의 토지를 찾기는 어렵다. 다시 말해 이는 토지정책을 펴는 데 국공유지의 역할은 거의 기대할 수 없음을 뜻하게 된다.

반면 북한지역은 사회주의권 국가에서도 유래를 찾을 수 없을 정도로 정부에 집중되었다. 소유권은 물론이거니와 최근까지는 집 앞의 텃밭까지도 개인이 소유하거나 사용할 수 없었다. 이와 같은 국유지체제 아래서 개인의 창의력을 발휘하기는 어렵지만 국가의 개발전략이 100% 반영될 수 있다는 이점이 있다.

통일 후, 두 체제의 장점이 섞인다면 바랄 나위가 없겠지만 단점만이 합치게 된다면 통일과업은 처음부터 암초에 걸린 형국이 되고 만다. 남북의 상이함은 국유제나 사유제냐 하는 데서 끝나지 않는다. 국토개발전략에서 남쪽은 불균형성장론을 채택한 반면에 북쪽은 사회주의권의 전통적인 균형개발론을 원용했다. 북쪽은 일제 시대의 유산을 받아들여 철도 중심의 교통체계를 편성한 반면에 남쪽은 도로를 중심으로 교통망을 구축했다. 남북의 상이함은 개인들에게서도 발견된다. 남쪽 주민들은 토지와 주택 등 부동산을 중심으로 개인 재산을 축적해 온 반면에 북쪽 주민들은 개인 재산을 모을 방법도, 기회도 주어지지 않았다.

이처럼 서로 다른 이질적인 모습을 통일시키는 작업이 정치사회적 통일보다 훨씬 힘든 작업이 될지도 모른다.

이 글은 남북의 토지제도에 대한 의문을 던지는 작업의 일환으로 썼다. 통일 이후 한반도의 토지제도에 대한 연구가 정부와 학계 등 여러 방면에서 다양하게 이루어지고 있다. 관변 연구기관에서도 한반도의 토지제도에 대한 대안을 마련하고 있다. 법제도, 국토개발, 도시개발 등 각 분야의 학자들도 나름대로 통일 이후의 한반도 땅 가꾸기 작업에 몰두하고 있다. 통일 독일에 대한 사례 연구, 해방 이후 북한에서 이주해 온 실향민들의 재산복구, 한반도의 사회간접자본형성 등도 심도 있게 연구되고 있다. 그러나 대부분, 적어도 필자가 접한 각종 논문은 한반도의 국토개발 대상을 북쪽지역에 국한시키고 있는 듯이 보인다.

동구 사회주의권이 몰락하고 몰락하지 않은 사회주의 국가에서도 개방의 열기로 자본주의 체제를 받아들이는 만큼 남쪽의 제도를 바꿀 필요는 없다는 전제가 깔려 있는지도 모른다. 그러나 적어도 남북의 토지제도를 합친다는 차원에서는 북의 현실을 수용하기 위해서라도 남쪽의 토지제도에 대해서도 전면적인 재검토 작업은 필요하다.

때문에 이 책은 통일 후 한반도의 국토개발과 토지관리에 대한 문제로 인해 일어날 수 있는 상황을 가상한 이야기로 시작했다. 이 이야기들 속에는 한반도의 토지제도에 담아야 할 사안들을 나름대로 풀어놓았다. 그리고 우리 나라의 '땅의 역사' '땅투기의 역사' '남북한의 토지개혁' '남북한의 국토개발전략'을 제2부에 담았다. 이 장에서는 이 땅의 역사가 토지에 대한 탐욕의 역사로 점철되었다는 것과 그 욕심이 극에 달했을 때 왕조가 붕괴되었다는 사실을 살펴보았다. 제3부에서는 통일 정부가 들어서서 통일 한국의 토지제도를 올바르게 마련하고 국토개발 및 관리를 제대로 하기 위해 고려해야 될 몇 가지 조건과 토지에 대한 필자의 견해를 정리했다.

필자는 자본주의건 사회주의건 간에 토지제도는 경제 나아가 개개인의 삶의 원천이라고 생각한다. 땅에서 발을 떼고 살 자가 없는 이상 토지는 인간의 삶 자체를 규율할 수밖에 없다. 때문에 토지제도는 한반도의 경제를 좌우하는 미래의 열쇠가 될 것이다.

토지제도는 자본주의와 사회주의를 확연하게 갈라놓은 핵심적인 잣대 중의 하나이다. 자본주의는 인간의 자유를 최대의 덕목으로 삼는데 반해 사회주의는 평등을 지고의 가치로 내세웠다. 자유와 평등은 어느 것 하나 버리거나 무시할 수 없는 사회적 가치이다. 이를 조화시키는 작업은 사랑이라고 생각한다. 자유와 평등은 결코 대립 개념이 아니다. 프랑스의 삼색기가 자유와 평등, 박애를 나타내듯 사랑이라는 덕목이 우리 사회에 자리잡는다면 자유와 평등은 조화될 수 있다. 통일된 한반도의 판을 새로 짠다면 한민족이 예전에 실현하였던 인의(仁義)의 나라, 사랑의 이데올로기가 실현되는 백의민족이 될 것으로 믿는다.

　이 책을 쓰려고 마음을 먹은 후 갑자기 바빠졌다. 당초 많은 사람들을 만나 의견을 듣고 정리하려던 집필 계획은 논문을 읽고 정리하는 쪽으로 수정될 수밖에 없었다. 많은 참고문헌과 논문을 구해 준 매일경제신문 사회2부 기자들에게 감사할 수밖에 없다. 그리고 무엇보다 이 책을 완성하도록 질책해 준 동연출판사의 백규서 사장이 아니었다면 필자는 끝내 탈고하지 못하고 중단했을 것이다.

1995년은 해방 50년이 되는 해이다.
성서는 50년을 기간으로 희년을 선포한다.
희년을 알리는 나팔 소리가 들리면,
땅은 50년 전의 소유자에게 돌아간다.
땅이 대자연과 신의 것임을 알리는 나팔 소리이다.

"오십 년이 되는 이 해를 너희는 거룩한 해로 정하고
너희 땅에 사는 모든 사람에게
해방을 선포하여라.
이 해는 너희가 희년으로 지킬 해이다."

—— 레위기 25:10

통일 한국의 땅 이야기

●

차례

제1부
세 가지 짧은 이야기

폭   파

두 남자가 평양 소재 능라도경기장 앞에서 서성대고 있었다. 이들에게 주의를 기울이는 사람은 아무도 없었다. 따가운 6월의 태양빛을 막기 위해 선캡을 비스듬히 쓴 그들은 영락없이 경평전 축구경기를 보기 위해 서울서 온 열렬한 축구광들로 보였다.

한 사람은 중년의 사내였고 다른 한 사람은 30대 초반으로 보였다. 중년 사내는 혈색이 좋아 보이질 않았다. 얼굴이 누렇게 뜬 것이 위장 계통에 지병이 있는 듯했다. 중년 사내와 같이 있는 남자에게서는 엔지니어 분위기가 풍겼다.

혈색이 안 좋은 중년 사내는 연신 팜플렛을 돌돌 말고 있었다. 어딘지 안정되지 않은 모습이었다. 그러나 안절부절 못하기는 축구장 앞에 모인 사람들이 모두 마찬가지였다. 입장 시각이 임박한 터라 모두들 초조와 설렘으로 경기장이 열리기를 기다리고 있었다. 군중들의 시선은 경기장 출입구 쪽으로 향했으며 두 사내도 그런 사람들처럼 보였다.

능라도경기장 앞의 어수선함에는 TV 보도진들도 한몫 거들었다. 서울과 평양을 비롯한 전국의 방송국에서 경평전 축구경기를 취재하기 위한 중계차를 앞다투어 보냈다. TV기자들은 경기장 앞의 군중들을 스케치하기 위해 카메라를 휘둘러 댔다. 두 남자 앞으로도 카메라가 비추어졌다. 혈색이 나쁜 남자는 카메라가 자신을 비추자 얼굴을 급히 돌렸다.

그러나 카메라 기자는 별로 개의치 않았다. 아마 경평전을 보기 위해 회사에 적당히 핑계를 대고 빠져 나온 사람들쯤으로 여겼을 것이다. 기자는 곧 화사한 옷차림을 한 여성팬 쪽으로 앵글을 바꿨다.

'서울에서 온 여자일까, 아니면 평양 출신일까?' 이제는 북녘의 아낙들도 첨단 유행을 뒤쫓기는 마찬가지여서 차림새나 옷차림만으로 남북을 구별하기는 어려웠다. 때문에 남북한의 시민들이 모이는 자리에서 여성들의 고향을 가리는 일이, 할 일 없는 사내들의 시간 죽이기 내기로 한동안 유행하기도 했다. 여인의 출신지를 카메라 기자가 점치는 사이에 드디어 경기장 입장이 시작됐다. 사람들은 검색대로 빨려들어가기 시작했다. 경평전 축구는 이따금씩 흥분한 관중들로 난장판이 되었기 때문에 보안 검색도 엄격했으며 보안요원들은 유리병이나 흉기로 쓰일 만한 쇠붙이를 색출하는 데 신경을 썼다.

두 남자는 둘둘 만 팜플렛을 흔들며 보안요원들을 스쳐 관중석으로 밀려들어갔다. 잔디 구장에서는 관중들을 위해 화려한 매스게임이 펼쳐지고 있었다. 평양여고 2학년생들로 구성된 매스게임단의 연기는 서커스단을 방불케 했다. 그러나 두 남자의 시선은 매스게임을 향하지 않았다. 두 남자는 로열석을 응시하고 있었다. 로열석을 덮고 있는 지붕은 세 개의 기둥이 떠받치고 있었다.

두 남자는 스탠드를 벗어나 아래층 홀로 걸어 들어갔다. 홀을 한 바퀴 도는 동안 그들은 기계실과 전기실의 위치를 유심히 살폈고 급수전이 어디 있는가 열심히 염탐했다. 아무에게도 묻지 않았지만 건축물 구조에 대해 전문적인 지식을 가진 두 사람은 홀을 한 바퀴 도는 것만으로 경기장에 있어야 할 시설물을 충분히 개관할 수 있었다. 그들이 볼 수 없었던 것은 로열석 쪽의 배치였다. 로열석과 일반석을 가른 철문은 굳게 닫혀 있었고 무장한 경비원들이 철문을 넘어 무단 침투하려는 사람들을 막고 서 있었다. 거기까지였다.

그러나 아쉬울 것은 없었다. 주요 시설물들은 모두 일반석 쪽에 배치되어 있었다. 경기장의 설계자는 혹시 발생할지 모르는 테러리스트들의 침투에서 귀빈들을 보호하기 위해 세심히 배려했던 것이다. 병색이 완연한 남자는 설계자의 세심함에 일그러진 웃음을 날렸다. 그들은 다시 스탠드로 올라가 경평전을 관람했다. 두 팀은 나란히 두 골씩 골 네트를 가르며 관중들을 열띠게 만들었다. 경기가 끝나고 관중들은 스탠드에서 일어나 선수들의 이름을 연호하며 환호성을 보냈다. 아마도 관중들은 선수들이 경기장을 떠나고 난 뒤에도 경기장 주변을 어슬렁거릴 것이다.

두 남자는 아직 빼곡이 들어찬 관중들 틈을 헤집으며 경기장을 빠져나왔다.

"어때, 가능하겠어요?"
"탄탄하게 지은 구조물인데요."
커튼이 처진 어두운 호텔 방에서도 선글라스를 끼고 있는 여자가 몸을 비틀었다.
"아니 김 선생, 그래서 안된다는 말인가요?"
"불가능이란 게 있나요, 애 좀 먹겠다는 얘기지요."
엔지니어의 얼굴을 한 사내가 퉁명스럽게 대답했다.
"그나저나 일하는 사람들의 솜씨는 괜찮은가요."
"그 사람들 걱정은 하지 마세요. 프로 중에 프로니까요."
여자는 자신감에 찬 몸짓을 해 보였다.

"그 사람들에게 직접 얘기하는 게 낫지 않을까요."

"당신들은 설치할 장소만 알려주면 되요. 경기장 구조랑은 당신들보다 그 사람들이 훨씬 잘 아니까 걱정할 필요 없어요."

여자의 목소리는 단호했다.

"그럼 여기를 보시지요."

어둠 탓일까 병색이 도드라져 보이는 중년의 사내가 갱지를 꺼내 들었다. 그는 능숙한 솜씨로 경기장을 그려 나가기 시작했다.

"자 여기가 전기실이고 여기가 기계실이요, 알겠소?"

"계속하세요."

"그러니까 기계실과 전기실을 손대 봐야 효과가 없다는 것을 알 게요. 바로 여기 로얄석을 건드려야 되요."

"이 밑에다 설치하면 될 거예요."

엔지니어 얼굴의 젊은 사내가 말을 받았다.

"아직 살펴보지는 않았지만 바로 그 곳이 취약점이요. 경기장 전체를 뒤흔들진 못하겠지만 로열석 정도는 날려 버릴 수 있을 게요."

선글라스 여자가 갱지가 펼쳐진 테이블 위로 몸을 끌어당겼다. 그리고 갱지에 그려진 경기장을 찬찬히 살폈다.

"틀림없이 로열석을 날릴 수 있다는 말이지요."

"계산이 틀리지 않는다면. 우리 같은 전문가가 틀리게 계산할 턱이 있겠소? 이 밑바닥에 폭약을 설치하면 로열석은 날라 가고 말거요."

엔지니어는 동료의 얼굴을 물끄러미 쳐다보았다. 그들이 프로라는 말은 옳았다. 서울시에서 폭파, 해체된 재개발 아파트 중의 상당수도 그들의 솜씨에 의해 이루어진 것들이었다. 구조물의 폭파는 그들의 전문이었다. 그러나 이번 경우는 달랐다. 계산을 하지 않은 것이다. 멀리서 로열석을 한 번 보았을 뿐이다. 그러나 그의 동료가 하도 태연하게 내뱉는 통에 엔지니어는 입을 다물 수밖에 없었다.

"알았어요. 아무튼 이 길로 곧바로 서울로 가도록 하세요."

여자는 핸드백에서 봉투를 꺼내 두 사내에게 각각 한 개씩 건넸다.

"그런데 한 가지 물어 봅시다. 대관절 경기장을 못 쓰게 해서 당신이 얻는 게 뭐요?"

"그따위 얘기는 꺼내지도 말라고 미리 경고했지요."

엔지니어의 물음에 선글라스 여자는 싸늘한 시선으로 응답했다.

사내들이 호텔 방을 떠난 뒤 여자는 선글라스를 벗었다. 나이는 들었지만 아직 팔팔할 때의 미모를 볼 한 구석에 간직한 중년의 여자였다. 그녀는 전화기를 들고 번호를 눌렀다. 평양 시내의 전화번호였다.

"아무래도 두 번째 작전을 써야 할 것 같아요. 뭐라고요? 아니 나도 그렇게까지 하고 싶지는 않지만 아무래도 찜찜해요. 이 작자들이 뭔가 캐내려고 덤벼드는 품이 꼭 기관원 같기도 하고, 아무튼 두 번째 작전대로 해야 되겠어요. 그러니까 당신 부하들더러, 네? 뭐라고요? 통신 보안이 안되는 전화라고요?"

여자는 냉큼 수화기를 놓았다. 그리고 전화통에다 자신이 쏟아 부은 말들을 곰곰 되새겼다. 기관원 운운한 것이 꺼림칙하기는 했지만 둘러댈 말이 얼마든지 있다는 생각이 들자 훌훌 털고 욕탕으로 향했다. 사소한 일은 쉽게 잊어버리는 것이 그녀가 젊음을 유지하는 비결이었다.

"우리 갈라서는 것이 어떨까?"

"뭐 그럴 필요가 있나요."

"아니 그저, 모처럼 평양까지 왔으니 친구나 한번 찾아보려고."

"평양에도 친구분이 계세요?"

"서울서 온 상사원들이 자그마치 오만 명이나 된다네. 여기에 사무실을 안 차린 회사가 어디 있나. 사무실이 없어 북새통을 이루는 데가 평양 아닌가."

평양의 사무실 구득난은 2년 전부터 걷잡을 수 없을 정도였다. 주택 사정도 마찬가지였다. 집 따로 사무실 따로 얻는 일은 그야말로 하늘의 별따기였다. 어렵사리 호텔방을 잡은 사람들은 집과 사무실을 겸해썼다. 그러나 평양에서 호텔 방을 잡는 것은 서울 시내에서 택시 타기만큼이나 어려웠다. 빈 호텔 방을 차지하려고 기다리는 상사맨들이 적어도 방 하나에 한 다스씩은 족히 됐다.

사무실과 주택이 태부족한데도 해결책은 감감했다. 평양시는 통일 전과 다를 바가 없었다. 개발 이익이 거의 100% 국가와 지방자치단체로 환수되자 빌딩이나 주택을 지으려는 개발업자들은 평양 근처에는 얼씬도 하지 않았다. 주택업체들도 굳이 평양 근처에서 사업할 의욕을 갖지 못했다. 분양가와 임대가격이 지독하게 통제되는 데다 평양시가 개발제한구역에 지은 공공주택으로 평양 원주민들의 주택 사정은 그다지 심각하지 않았다. 외지에서 온 상사맨들만 죽어 나는 처지였다.

평양 시민들도 요지부동이었다. 통일 전 사회주의 색채가 물씬 풍기는 시가지를 그대로 보전하자는 여론이 일어 난 뒤에 아무도 평양 도심을 재개발하자는 말을 꺼내지 않았다. 한반도의 광역시 중 '도심 개발은 여론이 허용하지 않는다.'는 독특한 정서를 보인 지역은 평양 한 곳뿐이었다. 적어도 1999년이 되기 전까지는 그랬다.

1999년, 시장 선거에서 근소한 차이로 강현옥 씨가 새 시장에 선출된 뒤로는 평양시 당국의 정책도 변하기 시작했다. 평양 교외지역에 점차 다운타운이 형성될 기미가 보이고 있었다. 신문, 잡지, 방송에 평양 도심 재개발 논의가 거론되었으며 시의회에서도 "현재의 상황이 계속되다가는 구(舊)북한지역 제1의 도시 자리를 개발 열기가 드높은 청진이나 개성에 넘겨주게 될지도 모른다."는 비판이 제기되기 시작했다. 여론을 비교적 덜 타는 변두리지역에서는 빌딩 신축에도 융통성을 보이기 시작했다. 개발업자들은 평양시의 변화를 주목하기 시작했다. 난 공 불락의 도시였던 평양에도 드디어 경쟁력이라는 대의에 무릎을 꿇을 시기가 찾아오는 것일까.

"그럼 저랑 같이 가면 어떨까요?"

"자네랑?"

"뭐 곤란한 일이라도 있습니까?"

"글쎄 아무튼 이쯤에서 갈라섰으면 좋겠는데……."

"아저씨, 별다른 일 없으시면 저랑 같이 가시죠."

여간해서는 젊은 동료의 고집을 꺾을 수 없겠다는 생각이 들어서인지 나이 든 사내는 더 이상 갈라서자는 말을 하지 않았다.

"절대 뒤를 돌아보지 마세요."

평양역으로 가 달라고 택시 운전사에게 행선지를 밝힌 뒤, 젊은 사내는 동반자의 귀에 대고 낮은 소리로 속삭였다.

"아무래도 우릴 믿지 못하겠는가 봐요. 물어 보지 말아야 했는데 자꾸 알려고 한 대가를 주려는 것이 아닐까요."

"사실 우리가 아는 것도 별로 없지 않은가."

"모르지요. 저쪽에서는 그들이 하는 짓거리를 우리가 전부 눈치채고 있다고 생각할는지. 확실하게 입막음이라도 할라 치면……."

젊은 사내는 말을 잇지 않았다.

"설마."

"아니 설마가 아니에요. 처음 호텔에 들어섰을 때부터 눈치가 이상했어요. 로비에 서 있는 사내 못 보셨어요?"

나이 든 사내가 잔기침을 내뱉었다.

"글쎄."

그는 나 같은 병자가 살면 얼마나 산다고, 해코지야 하겠냐고 하소

연이라도 하듯 연신 기침을 해댔다.

택시는 빠른 속도로 달렸다. 택시 기사가 그들의 말에 전혀 귀를 기울이지 않는 듯하자 그들의 목소리는 차츰 커졌다.

"확실히 해 두자는 것이겠지."

"납득이 안 가요. 이제 와서 우리를 해치우려는 이유가 뭘까요? 따로 전문가를 구했다면 우리 따위야 애당초 필요도 없었을 텐데……."

"나도 그 점이 좀 이상해. 따로 일을 한다는 사람이 우리보다 더 전문가들 같은데 말이야. 또 전문가가 필요했다 해도 한 사람이면 족했을 텐데……."

"그러게요. 왜 비싼 돈을 들여서 두 명이나 쓴 것인지."

"돈은 둘째치고 보안 유지를 위해서도 두 사람이나 쓴 건 이해 못할 일이야. 아는 사람이 많을수록 비밀은 새어 나가기 마련 아닌가."

두 남자는 말을 하는 동안 더욱 의아심이 들기 시작했다.

"그래서 하는 말인데 아까 내가 한 말 있지 않은가."

"이제 찢어지자는 말 말인가요."

"그래 내 말인즉은 우리가 각자 행동해야 더욱 안전하단 말일세."

"그렇지도 않을 거예요. 저쪽에 사람이 적다면 몰라도 우리 두 사람쯤은 문제도 아닐 테니까……."

그들은 더 이상 말을 잇지 않았다. 그리고 그제서야 자신들이 수렁텅이에 빠진 것을 알았다. 택시가 달리는 방향은 평양역 쪽이 아니었다. 위험이 그림자처럼 그들 앞으로 한 발짝씩 다가서고 있었다.

진작에 깨달아야 할 일이 있었다면 그들이 탄 택시가 유경호텔 앞에 오랫동안 서 있었다는 사실이었다. 택시 승차장에 길게 늘어서 있던 손님들이 하나 둘씩 떠나고 그들 차례가 오자 그때서야 택시 기사는 화장실에 다녀온 것처럼 바지춤을 추수리며 나타났던 것이다. 당연히 의심을 했어야 옳았다. "평양역 쪽이 아닌 것 같다."는 항의를 묵살한

택시 기사가 권총을 꺼내 들었을 때는 이미 너무 늦어 있었다.

택시 기사가 차를 멈추고 그들에게 조용히 하라는 경고를 하고 있는 동안 뒤따르던 밴에서 점퍼 차림의 사내가 택시로 옮겨 탔다. 이번에는 밴이 앞장섰고 택시가 뒤를 따라 평양 교외의 인적이 끊긴 숲으로 달렸다.

평양시경 특수부는 갑자기 바빠졌다. 몇 달 동안 강력사건이 없어 월급이나 축내던 특수부 형사들은 방탄 조끼를 꺼내 입으며 들떠했다. 기자들은 연신 특수부 사무실을 기웃거렸으나 뉴스를 찾기는 어려웠다. 경찰이나 기자나 알고 있는 것은 뻔했다. 능라도경기장에 폭발 사건이 일어났다는 것. 그러나 피해가 워낙 적었다. 처음에는 대수롭게 여기지도 않았다. 스탠드 중간쯤에 큼지막하게 구멍이 뚫려 철근 가닥이 흉물스럽게 뻗어 나가고 로열 박스를 버티고 있던 기둥에 금이 간 정도였다. 그 날 새벽, 마침 가벼운 지진이 평양 시민들을 움찔하게 했기 때문에 처음에는 지진으로 인한 사고로 알았다. 다친 사람도 없었다. 능라도경기장에는 경평전 축구가 끝난 이후 한동안 경기 스케줄이 잡혀 있지 않았기 때문에 관리인들조차도 경기장을 비우고 있었다. 그러나 사고 현장을 조사한 평양대학교 건축팀이 고의적인 폭발이라는 진단을 내린 뒤에 능라도경기장 폭발 미수 사건은 한반도의 매스컴을 온통 평양으로 집중시켰다.

"그래, 조사 결과는 어떻게 나왔나."

"미제 플라스틱 폭탄입니다."

윤형구 형사는 강 경감에게 현장보고서를 건네주었다.

"그래, 도대체 영문을 알 수가 없군."

사건에는 동기가 있는 법인데 도대체 동기가 될 만한 단서가 잡히질 않았다. 능라도경기장에 원한을 품은 사람의 범행일 수도 있다. 능라도 경기장에서 참패를 당한 팀의 선수나 극성 팬이 저지른 사건일 수도 있다. 그러나 경기장을 폭파할 만한 원한이라고 하기에는 설득력이 부족했고 요즈음에는 그럴 만한 경기도 없었다.

"며칠 전의 경평전 결과가 어떻게 됐지?"

"2대 2예요."

특수부에서 아르바이트를 하는 고성군이 고함을 질러 댔다.

"비겼단 말이지."

그렇다면…… 생각은 끊겼다. 어차피 단순한 원한관계는 아닐 거라는 생각이 들었지만 도무지 납득하지 못할 일이 또 있었다. 그들은 왜 텅빈 운동장의 로열석을 노렸을까. 요인을 암살하려고 설치해 놓은 폭탄이 미리 터진 것일까. 그렇더라도 기둥에 금이 갈 정도만 폭약을 장치한 것도 이치에 맞지 않는다. 범인은 경기장을 노린 것이 아니라 경기장이 위험하다는 경고를 하려 했던 것일까.

"윤 형사 지금 경기장에 가서 경기 당일 날 녹화 떠 놓은 것 좀 가지고 오지. 출입문 근처에 소매치기나 소요에 대비해서 입장객들을 녹화해 놓은 것이 있을 거야."

"전부 다요?"

"자네가 범인이 들어갔을 통로를 안다면 말고."

강 경감은 결국 사건의 실마리를 사건 현장인 경기장에서 풀어 나갈 수밖에 없다고 생각했다.

유경호텔에 모인 사람은 선글라스 여자 외에 평양시 간부와 폭파 전문가였다. 택시 기사와 밴에서 내렸던 점퍼는 문 앞에 비스듬한 자세로 서 있었다.

"우선 당신 말이에요."

여자는 앙칼지게 전문가를 몰아세웠다.

"어떻게 된 일이에요?"

"나한테 뭐라고 하지 마시오. 나는 부인이 지정한 자리에다 폭탄을 설치했을 뿐이요."

"그럼 폭약이 아깝던가요? 왜 고렇게 밖에는 터뜨리지 못해요?"

"무슨 소릴, 나도 다 재 보고."

"재긴 뭘 쟀다는 거예요. 대한민국 최고의 폭파 전문가가 지정한 자린데 당신이 제대로 폭약만 설치했다면……."

"나는 당신이 정해 준 자리에다 설치했으니 일이 잘못됐다면 그건 자리를 정해 준 사람이 잘못 전했거나, 아니면 애당초 자리가 틀린 자리이거나 일거요. 아무튼 나는 틀림없이 그 자리에 설치했고 양도 듬뿍 먹여 놨으니까."

전문가는 지지 않았다. 사실 그도 기가 막혔다. 그가 플라스틱 폭약을 설치한 곳은 기둥의 밑부분조차도 아니었다. 스탠드가 동그랗게 패어 나갈 정도의 폭파였다. 자리만 제대로 잡았더라면 로열석이 폭삭 가라앉지는 못했더라도 기둥 한 개쯤은 날려 버릴 수 있었을 텐데…….

선글라스 여자는 악을 쓰다 지친 것 같았다.

"자 이 여사, 그러지 말고. 다음에 또 기회가 있을 테니 좋은 때를 노리기로 하고 지금은 수습부터 합시다. 내 생각에는 이 여사가 빨리 평양을 떠나는 것이 좋겠소."

"시의원들에게 한턱 내기로 한 약속은 어떻게 하고요."

"그건 내게 맡기시고."

다음 기회란 없다는 것을 여자는 알고 있었다. 다시 폭파 사건이 일어나면 여론이 가만 있지 않을 것이므로 앞으로 경기장에 대한 경비는 더욱 강화될 것이다. 꼬박 여섯 달 동안 공들인 사업이 새처럼 가볍게 날아가 버렸다는 것을 여자는 느꼈다. 당초 예상과는 달리 지진이 100층짜리 호텔 방에서도 못 느낄 정도로 미약했던 것도 천운이 따르지 않는다는 증거였다.

　끝난 사업이다. 그러나 자신의 재운은 평양과 닿지 않는다고 체념하기에는 미련이 남았다. 뒷일은 공모자인 시 간부에게 맡기고 평양을 떠나는 것이 상책일 것이다. 그러나 쉽게 잊기에는 그 동안 들인 공이 너무 아까웠다. 당장 앞에 앉아 있는 간부 놈에게 들인 돈만 해도 얼마냐. 정말 근사한 프로젝트였는데……

　룸살롱 아가페에서 지진관측소 연구원이 무심코 던진 한 마디를 전해 듣고 능라도경기장의 폭파까지 스토리를 엮어 낸 자신의 천재성에 스스로도 흐뭇해 하지 않았던가. 그 녀석의 말이 화근이 된 것이다. "한반도도 지진의 안전지대는 아니다. 두고 봐라. 서울이나 평양에도 지진이 닥칠 것이다. 재앙이 하늘에서 땅 속으로부터 밀려올 것이다."

　아가페의 지배인이 술 손님들이 취중에 던진 말 중에 정보가 될 만한 것들을 보고하는 도중 지진관측소 연구원의 말을 끄집어 냈을 때 그녀는 감전되는 듯한 짜릿함을 느꼈다. 그런데 고작 리히터지진계로 표시되는 진도 1.5의 지진이라니. 여자는 술 취한 연구원의 말에 온통 정신을 빼앗겼던 당시를 기억해내고는 몸서리를 쳤다.

　그녀의 계획은 어찌 보면 단순하기 짝이 없었다. 평양시에 지진이 오는 날 능라도경기장을 날려 버린다는 것이 여자가 즉석에서 생각해 낸 음모였다. 아마 경기장이 폭삭 주저앉더라도 다들 지진 때문이라고 생각할 것이다. 한동안 폭파 현장에는 얼씬도 못할 것이고 그렇게 되면 고의적으로 폭파시켰다는 증거를 찾을 수도 없다. 폭약의 흔적이 남는다고 해도 도대체 경기장을 폭파해야 할 이유를 찾기 어려울 테니 수사는 지지부진 길어야 한두 달쯤 끌다가 미결 처리될 것이 뻔하다.

　여자의 치밀한 음모는 지진으로 망가진 능라도경기장의 복원 작업에서부터 진가를 발휘하도록 계획되어 있었다. 사전 작업을 진행하는 데만 6개월이 걸렸다. 우선 여론을 형성해야 된다는 것이 여자의 생각이었다. 평양시의 개발이 여론에 의해 막혀 있는 만큼 여론이 뒤따라 주지 않으면 능라도경기장을 기껏 날려 봤자 여자에게 돌아올 이득은 없었다.

여론을 움직여야 한다. 여자는 서울에서 방아쇠를 당기기로 했다. 제대로 된 총은 방아쇠만 당기면 저절로 총알이 날아가기 마련이다.

여자는 이따금씩 아가페를 들락거리는 조선제일신문의 고주 망태 기자를 부추기도록 지배인에게 단단히 일렀다. "우리 가게에 가끔 오는 손님이 있는데 말이죠." 기삿거리가 있다고 꼬드기자 솔깃해진 고주 망태에게 "그 손님이 평양에서 사업을 하는데 사무실 때문에 곤죽이 다 됐다."는 등 "평양 호텔들의 바가지나 불친절이 너무 심해서 말로 하기도 어려울 정도."라는 등등의 얘기를 늘어놓다가 "왜 이런 얘기가 신문에는 나오지도 않느냐?"고 은근히 압력을 넣도록 했다. 그러나 고주 망태에게는 새삼스럽게 흥미로울 것도 없는 얘기였다. 그는 이미 오래된 얘기여서 기삿거리도 안된다고 일축해 버렸다. 하지만 여자는 실망하지 않았다. 조선제일신문의 독자 투고란에 '어느 상사맨의 애환'이라는 글을 보내기로 했다.

'운을 띄어 놓았으니 적어도 독자 기고는 실어 줄 것'이란 여자의 예측은 딱 들어맞았다. 독자 투고가 나가고 나서 이틀 뒤에는 제법 큼직한 상자 기사도 실렸다. 그 뒤 다른 신문에서도 서울과 평양을 비교하는 연재물들을 앞다투어 싣기 시작했다. 한반도 도시정책에 통일성이 없다고 비분 강개하는 사설도 큼지막하게 지면을 차지해 여자를 기쁘게 했다. 개발의 기치를 내건 강현옥 씨가 개발론자들의 지원 사격을 받아 보수의 도시, 평양의 새 시장으로 당선된 것을 여자는 자신의 공로로 치부했다.

"그러나 강 시장의 개발정책에는 한계가 있을 거에요."

처음 자신의 사무실에서 만난 여자가 단도직입적으로 내뱉은 예측이 맞아떨어졌을 때부터 평양시 간부는 여자의 팬이 되어 버렸다. 평양의 여론은 개발을 지지했지만 개발 가능지는 시 외곽으로 국한됐다. 평양 도심의 재개발을 위해서는 사건이 필요했다.

여자는 이전(移轉)부지를 매각하면 2020년 올림픽을 평양에서 치를 수 있는 복합 스포츠타운을 단들 수 있다는 계산을 제시했다. 시 간부가 여자의 공모에 동참한 데는 아무도 손해보는 사람이 없다는 판단 때문이었다. 죽는 사람도 다치는 사람도 없다. 평양 시민들은 세계 제1의 경기장을 갖게 되고 상사원들은 사무실을 얻는다는 데 생각이 미치자 오히려 적극적으로 매달리기 시작했다. 시의회를 움직이는 일을 그가 맡기로 결심하면서 프로젝트 '폭파'는 본격적인 가동에 들어갔다.

여자는 바로 옆으로 대동강 물결이 굽이치는 곳에 105층짜리 호텔과 100층 규모의 오피스 빌딩, 88층 규모의 주상복합건물을 건설한 뒤에 호텔 스카이 라운지에서 스스로 달성한 위업을 내려다보며 회심의 미소를 짓는 날을 꿈꿔 왔다. 이 거창한 계획이 물거품이 되다니.

"어쩌면 다행일지도 몰라요. 지진의 강도가 워낙 약해서, 아마 일이 제대로 저질러졌으면 사태가 너무 커졌을지 모르니까요."

여자는 그 아침이 비운의 아침이었다고 생각했다. 가벼운 진동을 느끼며 잠자리에서 일어나야 모든 게 제대로 풀리게 되는 건데.

"그나저나 두 번째 작전은 정달 하지 않은 게지요?"

여자는 간부의 걱정스런 얼굴을 외면했다.

윤 형사가 경기장에서 들고 온 비디오테이프를 지켜 보고 있는 강 경감은 자신이 한심하다는 생각을 하고 있었다. 벌써 10시간째 주시하고 있지만 단서는커녕 사건의 실마리도 잡을 수 없었다. 그런 그에게 의외의 단서를 제공한 것은 고성군이었다.

"반장님, 잠깐만 이 사람 얼굴 어디서 본 것 같아요."

"누구?"

"조금 전에 스쳐 지나갔는데 뒤로 돌려 보세요. 조금 더, 네, 거기요."

고성군이가 짚은 사내는 어딘지 어색했다. 폐쇄회로 TV에 포착된 사내는 카메라에 잡히지 않으려고 의식적으로 얼굴을 돌리고 있었다. 옆에는 젊은 남자가 서 있었는데 두 사람은 일행인 듯했다.

"경기에는 별로 관심이 없는 것 같은 표정인데. 그런데 어디서 이 사람들을 봤단 말이야?"

"유경호텔에서요. 호텔에 들락거리는 사람들은 전부 양복쟁이들인데 이들만 허스름하게 차려 입고 있어서 기억이 나요."

단서였다. 강 경감이 윤 형사에게 그들의 사진을 뜨라고 지시하는 동안 또 다른 단서가 수사진에게 건네졌다. 그것은 평양 교외에서 발견된 두 남자의 시신이었다. 그들의 시신은 서울서 온 낚시꾼에 의해 발견됐다.

"이 사람들, 저기 CC TV에 나온 그 사람들 아니야?"

단서는 확실했다. 그들은 일꾼이었다. 오랜 세월 사건 현장에서 익힌 본능으로 강 경감은 그들이 폭파범일 것이라는 단정을 내렸다. 일이 끝난 후 그들을 고용한 사람에 의해 입막음 당한 것이다. 어쩌면 일을 제대로 처리하지 못해 보복을 당한 것인지도 모른다. 그렇다면 그들이 폭파범이라면 그들을 사주한 사람은 유경호텔에 투숙하고 있을 게다. 강 경감은 사건 현장을 찍어 온 사진들을 자세히 뜯어보기 시작했다. 전문가에 의해 순식간에 저질러진 살인이었다.

그러나 현장은 전문가답지 않게 너무 많은 단서들을 남겨 놓았다. 시신이 버려진 갈대숲으로 들어가는 비포장 도로에 차량 두 대의 바퀴 자국이 선명하게 드러나 있었다.

"사진으로 봐서 두 대 중 한 대는 밴 트럭 같은데 확실히 알아보고

혹시 최근 밴을 빌려 준 일이 있는지 렌터카 회사에 알아보라고."

윤 형사에게 지시를 내리고 다시 시신을 들여다 본 강 경감은 나이가 들어 보이는 사람의 얼굴에 희미한 미소가 번져 있는 것을 발견했다. 확실히 그는 웃고 있었다. 강 경감은 테러범에 의해 당하면서 평온하게 죽음을 맞을 수 있었던 이유가 궁금해졌다.

유경호텔 근무자는 그들을 확실히 기억하고 있었다. 투숙객은 아니었지만 82층에서 다른 남자와 함께 내리는 것을 사흘 전쯤에 목격했다는 것이다. 그러나 어느 방을 찾았는지는 알 수가 없다고 했다.

"80층 이상은 귀빈층이거든요. 직원들에게 부탁을 해서 내리거나 아니면 투숙하는 손님이 로비까지 내려와 데리고 가는 수밖에 없어요. 그들은 손님이 내려와서 데리고 간 케이스에 해당되는 셈이죠." 호텔 직원은 엘리베이터의 문이 닫히기 전 사내들이 낭하의 오른쪽으로 걸어가는 것을 보았다고 말하기는 했으나 당시 그들의 행동으로 보아 만날 사람이 82층에 머물고 있으리라는 보장도 없었다. 결국은 82층을 전후로 5개 층을 모두 뒤질 수밖에 없었다. 그러나 그것은 쉬운 일이 아니다. 가뜩이나 평양 호텔들의 서비스에 대해 불만이 많은데 심증만으로 호텔 투숙객들을 심문할 수는 없었다.

"혹시 최근에 체크 아웃한 사람은 없습니까?"

강 경감은 호텔 손님들은 어지간해서는 체크 아웃을 하지 않는다는 점에 착안했다. 호텔 방을 얻기 힘든 판국이라 체크 아웃을 하는 대신 친구나 동료 직원에게 방을 물려주는 쪽이 훨씬 많았던 것이다. 장기 투숙 손님에게 할인 혜택을 주기는커녕 할증료를 받아도, 호텔은 장기 투숙 손님들로 북적댔다.

"한번 찾아보지요."

직원은 컴퓨터 자판을 두드렸다.

"없는데요. 가장 최근에 체크 아웃한 사람도 한 달 전이에요. 다시 말해 한 달 안쪽에는 방을 비운 손님이 없단 말이지요. 가만 오늘 밤에 체크 아웃하겠다고 말한 손님이 한 분 계신데."

직원의 말에 맥이 풀렸던 강 경감은 썩은 동아줄을 잡는 심정이 되었다.

"어떻게, 알아봐 드릴까요?"

"그래주세요."

강 경감은 급하게 대답했다.

"서울 손님이네요. 이 양반, 아니 미세스네요. 이 아주머니는 전화도 꽤 많이 쓰셨는데요."

"어디다 걸었는지 전화번호 좀 뽑아 주시오."

전화번호가 줄줄이 나왔다. 평양시 간부와 시의원들, 평양시의 건축업자들이 전화의 상대방들이었다. 그 중에서도 평양시 도시국 간부에게 건 전화가 가장 많았다.

"윤 형사 어떻게 생각해?"

"냄새가 나는데요."

"뭔지 모르지만 있긴 있는 거 같지?"

"그런데 영장을 청구할 수 있을까요?"

"글쎄 그게 문젠데, 서울 손님이 묵은 방이 몇 층이지?"

"81층입니다. 81층의 제일 좋은 딜럭스룸이에요."

호텔 직원은 강 경감을 빤히 쳐다보았다.

"저, 형사님, 그 손님이 체크 아웃을 하는데요."

직원은 스카프를 두른 여자를 가리켰다.

강 경감은 그 쪽으로 시선조차 돌리지 않은 채 침착하게 말했다.

"윤 형사 밖에 몇 명 대기하고 있지?"

"세 명쯤 되는데요."

"그래 일단 밖에 나가서 대기하고 있다가 따라붙고 나한테 수시로 연락해."

그리고는 직원과 함께 여자가 비운 방으로 향했다.

방은 말끔히 치워져 있었다. 휴지 조각 하나 없이 정리된 방이었다. 방에서 단서를 찾기는 불가능할 것 같았다.

그 때 전화벨이 울렸다. 직원은 수화기를 들더니 강 경감에게 건네 주었다.

경찰서에 남아 있던 조 형사로부터 걸려 온 전화였다.

"경감님 신원 확인했습니다. 서울서 온 파괴 전문가들입니다. 주로 낡은 아파트를 허무는 공사를 맡아 일을 했다는데 그 방면에는 일류라 고 알려졌답니다."

"그래, 알았어."

전화가 끊기자 또다시 전화가 이어졌다. 윤 형사의 전화였다.

"일행이 세 명쯤 됩니다. 그리고 밴이 하나 뒤따르고 있는데요."

폭파범인 듯한 두 사내는 죽었다. 그들의 살해범이 능라도경기장 폭 파를 사주한 진짜 범인들이다. 범인들은 지금 평양을 떠나려 하고 있 다.

"일단 연행해."

강 경감은 영장을 받아낼 자신이 있었다. 시신이 발견된 사건 현장 과 시신을 정밀 감식하면 지문이라도 나타날지 모른다. 이 방에도 틀 림없이 단서가 있을 것이다. 그러나 강 경감에게는 끝까지 지워지지 않는 의문이 하나 있었다. 살해 당한 그 중년의 사내는 어떻게 미소를 지으며 죽을 수 있었을까.

둘째 이야기

파   산

그 날 아침 김달수 씨는 왠지 모를 불안에 휩싸였다. 비가 오거나 흐린 날씨도 아니었다. 창문 밖으로 내다보이는 한강물은 잔잔했고 햇살은 눈부시기까지 했다. 몸의 컨디션도 최상이었다.

새벽 6시, 여느 때와 마찬가지로 가볍게 조깅을 하고 샤워를 하면서도 불안감은 여전했다. 샤워 꼭지에서 흘러내리는 물줄기가 시원스럽게 느껴진 것도 잠시, 김달수 씨는 원인 모를 불안감을 달래기 위해 해가 청청한 아침에 미영이 년을 건드리기까지 했다. 망측스럽다고 까탈을 부리는 통에 보석 전람회에선가 보아 두었던 다이아 반지를 사 주기로 약속까지 해 놓고서야 불안을 씻어 내는 굿을 치를 수가 있었다. 다이아에 어지간히 탐이 났던지 계집은 고양이처럼 안겨 왔지만 계집이 떠나간 뒤에 그의 베개에 머리를 들이민 것은 다시금 밀려드는 그놈의 불안감이었다.

며칠 전부터 마음 한 구석에서 싹트기 시작해 그 날 아침 가슴을 가득 채워 버린 그 막연한 놈의 정체를 알고 싶었으나 태양은 그저 말없이 화창할 뿐이었다. 그에게 나쁜 미래가 있을 턱이 없었다. 김달수 씨

는 공직자도 아니고 재벌 회장도 아니다. 노조꾼이 득실거리는 공장
따위를 소유하고 있지도 않다.

　김달수 씨는 선량한 사채업자일 뿐이다. 직업상 돈을 빌려 쓰고 갚
지 않은 사람들의 토지나 빌딩 주택 등을 가압류해 놓은 것이 좀 있고,
주택임대사업을 하기 위해 1,000채가 조금 넘는 주택을 갖고는 있지만
누가 뭐래도 김달수 씨는 대한민국의 법을 제대로 알았고 그 법을 어
겨 본 일도 없다. 이는 대한민국 경찰도 인정하는 바였다. 그의 저택
앞에 둥지를 틀고 있는 파출소의 순경들도 그가 하는 일을 미주알 고
주알 꿰고 있는 터였다. 사람을 만나면 '대왕기획 회장'이라고 적힌 명
함을 꼭 건네주곤 하는 김달수 씨는 자신이 사채업을 한다는 사실과
대왕기획의 일상 업무가 임대료를 받는 일임을 감추거나 부끄러워하지
않았다.

　"야, 요새 뭐 이상한 소식 없냐?"
　"제가 뭘 아나요. 알면 삼촌이 더 잘 알지."
　불안감의 정체를 알 수 있는 데는 신문사밖에 없다는 생각이 들어
큰 돈 들여 신문사에 심어 놓은 조카 놈에게 전화를 걸었는데 대꾸가
영 신통칠 못했다. 하긴 특종을 했답시고 법석을 떤 조카 놈의 기사도
실상인 즉 김달수 씨가 고위층으로부터 물어다 준 기사였다.
　"그래도 여기저기 좀 알아 봐라. 영 기분이 찜찜해."
　김달수 씨는 기자 조카에게 더 이상 미련을 두지 않았다. 어차피 언
론이란 한 발 뒤늦게 떠벌리기 마련 아닌가. 일을 비틀어 버리거나 확
실한 일 처리에 필요한 정도지.
　사무실에 가서 열 통이 넘게 전화질을 해대도 불안감의 정체는 밝혀
지지 않았으나 화사하게 차려 입고 나타난 미영이 년이 생긋 웃자 잠
시 불안을 잊을 수가 있었다. 그러나 여자들 달거리 하듯, 내일 아침이

면 다시 이 불안감이 증폭되어 나타날 것이라는 사실을 김달수 씨는
알고 있었다.

조카에게서 전화가 온 것은 다이아 반지를 사 준다는 약속을 지키라
는 채근에 어쩔 수 없이 엉거주춤 일어나려고 할 즈음이었다.

"뭔가 있기는 있어요. 그런데 서울서 나오는 얘기가 아니고 평양 쪽
에서 들려 오는 소린데요."

'그러니 청와대 쪽으로 안테나를 치켜세워도 정보가 안 잡히지.'

김달수 씨는 입술이 바짝 마르는 것을 느꼈다.

"오늘 정오 무렵에 공식 발표를 한다더군요. 조금 있으면 무슨 내용
인지 알 것 같기는 한데, 알려 드려요?"

"평양? 무슨 내용 같더냐."

평양. 서울이 아니라 평양에서 나오는 얘기라. 평양이 불안의 원인일
수 있을까. 김달수 씨의 사업 기반은 어디까지나 서울이었다.

서울은 통일이 되고 나서도 역시 서울이었다. 3·8 따라지들 중에는
통일이 되면 고향으로 가게 될 줄 알고 평양이나 정주, 영변, 개성, 함
흥 등지에서 주택사업을 벌인 녀석들이 있었으나 모두들 돈은커녕 망
하지 않으면 다행인 지경이 되고 말았다. 평양, 남포, 신의주 등 북한지
역 사람들은 대부분 서울로 빠져나가, 남아도는 게 집이었다. 거기서
집 장사를 하려고 벼르다니 모자라도 한참 모자라는 것들이었다. 김달
수 씨는 적어도 그 정도는 알았다. 부동산실명젠가 뭔가가 실시된다고
할 때부터 이미 눈치를 챘었다. 통일이 되면 북한에서 사람들이 밀려
들 것이고, 서울 인근에 방 하나, 부엌 하나짜리 임대주택을 지으면 수
지가 맞을 것이라 판단한 자신이 그저 대견스러울 뿐이었다.

평양이라면 그를 불안하게 만들 이유가 없다. 평양시가 서울에 있는
김달수 씨의 땅을 빼앗거나 사채 장사를 못하게 막을 일도 아니겠고.

"글쎄 지금으로서는 영 종잡을 수가 없어요. 서울이나 평양이나 나올 얘기가 워낙 뻔한 터라……. 통일되고 나서 북쪽에 사람이 부족하다던데 그렇다고 인재육성방침 같지도 않고. 뭐, 대규모 사회간접자본을 건설하려고 하는데 참여할 업체를 모으겠다는 정도 아니겠어요 하여튼 어떻게 할까요? 미리 알 수는 있는데 알려 드려요?"

"뭐 두세 시간 빠른 건 빠른 것도 아니다. 놔둬라."

평양에서 대규모 투자계획이 발표된다손 치더라도 지금 이 시간에 언제 평양까지 가서 땅을 산단 말인가.

"그건 그렇고, 너네 회사 평양 주재기자 날쌘돌이냐?"

"왜요."

"내가 밥 좀 살라고 그런다."

"그 선배 깨끗한 사람이에요."

"깨끗하면 밥도 안 먹냐?"

"밥 먹여 봐야 소용없어요. 기사 쓰기 전에는 한마디도 알려 주지 않을 걸요."

괜히 박삼식이가 미워졌다. 대왕기획 평양사무소 소장이라고 앉혀 놓았는데 이 놈의 식충이 자식이 하는 일이라곤 하나도 없었다. 통일이 되고 나서 벌써 5년이 되었는데 엮은 일이라고는 한 건도 없는데다가 이럴 때도 제대로 된 정보 하나 얻지 못하니 김달수 씨에게는 전혀 도움이 되질 못했다. 물론 평양사무소를 차릴 때 당장 떼돈 벌 기대를 품었던 건 아니었다. 언젠가는 노다지의 밑거름이 될 성싶어 차렸던 것인데 요즘 들어서는 닫아 버리고 싶은 생각이 간절하다.

그러나 평양에 들어앉은 박삼식이란 놈이 미영이 년의 친오라비이고 보니 쉽게 문을 닫을 수도 없는 노릇이었다. "나이 오십 먹은 놈이 새파란 남의 여동생을 낚아 챌 수 있냐?"고 댕댕거리는 녀석을 귀양 보내듯 내몰기 위해 평양사무소를 차려 놓고 얻은 것은 명함에 평양사무소 전화번호를 새겨 넣은 것밖에 없었다.

박삼식이는 정오경에 중대 발표가 있다는 사실도 모르고 있었다.

"그걸 제가 어떻게 알아요. 회장님도 모르는 일인데."

박삼식이의 퉁명스러운 목소리가 전화선을 타고 와 김달수 씨 귀에 내팽개쳐졌다.

"그럼 니가 아는 일이 뭐가 있냐?"

"미영이 잘 있어요?"

놈은 말이 궁하면 미영이를 찾았다.

"하여튼 좀 알아 봐라."

"급할 것 있어요? 두 시간만 지나면 방송할 텐데요."

"그게 아니라 그 쪽에서 이름 빌릴 만한 사람 좀 알아보란 말이다."

"뭘 하시게요."

"중대 발표라고 하지 않더냐. 뭐 뻔하지 않겠냐. 경부고속철도를 신의주까지 잇는다든가, 평양에서 나진까지 고속도로를 놓는다든가 그런 일이겠지. 혹시 삼성이나 현대에서 사람들이 왔다갔다 하지 않든?"

"글쎄요. 모르기는 해도 신의주 고속철도는 너무 이른 거 아니에요? 아직 서울 부산도 개통하지 않았잖아요."

"중대 발표라니까 하는 소리다. 정치가 복잡한 것도 아니고 데모 소동이 벌어진 것도 아닌데 지금 나올 얘기가 경제 얘기밖에 더 있겠냐. 아니야, 혹시 은행을 유치한다는 얘기 아닐까."

"글쎄요, 회장님이 아시지 제가 어떻게 알아요."

박삼식이는 전화가 끝날 때까지 미영이를 서너 번 더 찾았다. 미영이 년은 전화를 거는 동안 다이아 반지를 빨리 사러 가자고 채근을 했다. 뭐 이따위 천둥 벌거숭이 같은 가시내가 있나 따끔하게 혼내주고도 싶었지만 미영이 년은 여전히 예쁘고 섹시하고 미끈했다. 그러나 산수갑산을 가든 다이아 반지를 곱절로 사주든 그건 나중 일이었고 우선은 중대 발표를 들어야 했다. 아침부터 그를 떠나지 않던 불안감을 씻지 않고 어찌 이 화창한 봄날을 보낸단 말인가.

중대 발표라고는 했으나 타이틀만큼 중대한 내용은 아닌 듯했다. 정말 중대 발표 같으면 하루 종일 방송하는 케이블 TV에 자막이라도 뜨지 않겠는가. 정오가 다 되어서야 뉴스를 예고하는 짤막한 선전 프로에 평양시장의 기자 회견을 생중계하겠다는 내용이 아나운서를 통해 보도되었다. 여하튼 그 정도만으로도 김달수 씨를 TV 앞에 붙들어 매기는 충분했다.

"그럼 마이크를 평양으로 옮겨 평양시장의 기자 회견 내용을 직접 들어 보시겠습니다. 정성관 기자 나와 주세요."

"네 평양시청 기자실입니다. 잠시 뒤면 천장명 평양시장의 기자 회견이 있겠습니다. 자세한 내용은 기자 회견에서 발표되겠습니다만 오늘 회견은 평양 광역시에 한국 디즈니월드를 건설하고 대학단지와 첨단산업기지를 건설하는 중장기 계획이 발표될 것으로 알려지고 있습니다."

천장명 시장의 얼굴이 화면을 가득 메웠다. 광대뼈가 툭 튀어나온 품이 헬스클럽에서 이따끔씩 만나는 고손돌이를 닮았다. 고손돌이 놈은 가끔 엉뚱한 짓거리를 하는데 여간 밉상이 아니었다. 김달수 씨는 요 몇 달 사이 고손돌이에게 내리 열 판 가량 바둑에서 진 일이 떠올라 우울해졌다. 어디서 잔수를 배워 가지고 온데다가 장고(長考)를 한답시고 한 수에 5분씩이나 뜸을 드리는 바람에 기다리느라 지쳐서 지고 만 것이다. 김달수 씨는 실력 때문이 아니라 진이 빠져서 진 것이라고 생각했다.

천장명 시장의 발표는 그렇고 그런 얘기로 이어졌다. 적어도 김달수 씨가 관심을 가질 만한 내용은 포함되어 있지 않았다. 평양 인근에 한국판 디즈니월드를 만들겠다니 만들라면 되는 것이고, 미영이 년이 놀러가자면 비행기 타고 가면 되는 것이고, 평양 가는 길에 박삼식이 놈이나 한번 혼줄을 내주면 될 것이 아닌가. 미영이 년과 함께 있으면 "미영이 잘 있어요." 따위 말은 못하겠지.

천장명 시장의 기자 회견은 김달수 씨 입장에서는 싱겁게 끝났다. 그 날 오후는 그렇게 불안감의 정체가 확인되지 않은 채 마감됐다. 미영이를 사무실에 두어 시간 빈둥거리게 앉혀 놓은 바람에 달수 씨는 다이아 반지뿐만 아니라 목걸이에 귀걸이, 팔찌까지 안겨 주어야 했다. 불안감이 그를 임포로 만들었는지, 아침 나절에 원기를 탕진해서인지 오랜만에 미영이 년이 적극적으로 달려들었으나 김달수 씨의 팔팔한 50대 육신은 제대로 가동되지 않았다.

자고 일어나면 구겨지는 잠자리처럼 어딘지 마구 구겨진 느낌으로 전화를 받고 나서야 김달수 씨는 불안의 정체를 파악할 수 있었다.

"삼촌, 어제 뉴스 봤죠?"

"그런데, 왜."

"그런데 왜라니요. 삼촌 회사는 아무 일 없어요?"

"그럼 내가 디즈니월드에 투자할 일 있냐, 놀러가기나 하면 되지."

"그게 아니라……."

조카 놈이 전하는 말은 청천 벽력이었다. 미영이 년에게 신경 쓰느라고 뉴스를 끝까지 보지 않았던 것이 첫번째 화근이었고, 미영이 년이 모는 스포츠카를 타고 밤늦게까지 싸돌아다닌 것이 그만 일을 풀 시간마저 탕진하게 했다.

김달수 씨가 정작 봐야 했던 뉴스는 평양시장의 기자 회견 뒤에 이어진 평양 주재기자의 보도였다. 평양시가 아주 헐값에, 옛날 사회주의 시절과 다름없는 낮은 가격으로 미분양 주택을 임대하겠다는 것이었다. 물론 북한 출신이나 남한에 주소지를 둔 사람 중에서 원적지가 이

북인 사람, 평양의 공공사업에 고용된 사람을 대상으로 한다는 조건이
붙기는 했으나 여하튼 5년 동안 거의 무료로 집을 빌려준다는 것이었
다. 평양에서 집 장사를 하려던 주택업체들도 주택을 평양시에 무상
기증키로 결정하고 곧 평양시와 기부 체납에 대한 계약을 체결할 것이
라는 보도도 나왔다는 소식을 전해 들은 김달수 씨는 거의 기절할 지
경에 이르렀다.

"이 놈아 그걸 왜 이제야 알리는 거냐?"

"전 삼촌이 다 아는 줄 알고."

"알기는 뭘 알아."

"그런데 걱정되네요, 삼촌 사업에 지장 없겠어요."

"네 놈이 알 거 없다."

김달수 씨의 본능은 이미 깨닫고 있었던 거다. 지장이 왜 없겠는가.
어쩌면 억수로 어려운 일이 생길지 모른다는 사실을 그의 사업가적 본
능이 먼저 깨닫고 며칠 전부터 경고음을 발해 왔던 것이다. 불안의 싹
이 움틀 때 진작에 나섰다면 군침을 흘리던 작자들에게 보기 좋게 팔
아 치웠을 텐데. 본능을 무시해 버렸다는 자괴감에 김달수 씨는 환장
할 지경이 되어 버렸다.

TV는 아침부터 속보 경쟁을 벌이고 있었다. 평양에 이어 신의주, 정
주, 청진, 함흥에서 잇따라 발표되는 주택임대계획으로 기자들은 침을
튀기고 있었다. 주택건설업체들은 지어 놓고 팔리지 않는 주택을 시
정부에 기증하는 대신 관광단지나 산업기지를 건설할 만한 요지의 개
발권을 획득했던 것이다. 북한의 자치단체들이 경제난에서 빠져나오기
위해 그들이 지닌 국공유지를 무기로 쓰기 시작한 것이다.

김달수 씨는 자칫 하면 망할지도 모른다는 생각에 정신이 번뜩 들었
다. 우선 은행 쪽 일을 확실히 해 두어야 한다. 강 행장실의 전화번호
를 누르는 그의 손가락이 미세하게 떨렸다. 행장은 회의 중이라 전화

를 받을 수가 없다고 비서 년이 종알거리고 있었다. 회의가 행장실 밖에서 열리는 것도 아닐텐데 일개 지점장으로 있던 강행만이를 행장으로 만들어 준 이 김달수 회장의 전화를 간부회의를 핑계삼아 홀대하다니.

"빨리 바꿔."

호통도 본능이었다. 강하다는 것을 보여 주어야 할 때다. 잠시 전화에서 삑삑 소리가 난 후 "연결시켜 드리겠습니다."는 비서의 목소리가 다시 들렸다.

"김 회장님, 어쩐 일로 이 아침에 전화를 다 주시고."

태연히 전화를 받는 강 행장의 음성을 읽으면서 김달수 씨는 조바심과 망설임을 내색하지 않으려 애썼다. 아직 은행에 부탁할 일은 없다. 만약을 대비하자는 것뿐이다.

"별 건 아니고, 강 행장하고 식사한 지도 오래 되고 해서 점심이라도 같이할까 했더니 비서 아기씨가 새로 오셨나, 회의하신다고 이따가 다시 걸라는데요?"

"이거 미스 한이 실수를 했나 보네요. 사실 오늘 회의가 좀 심각한 것이 되놔서 아무도 도중에 방해하지 못하게 하라고 단단히 일러 놨거든요. 그런데 어쩌죠? 오늘 점심은 재경원 차관하고 선약이 되어 있는데, 이거 모처럼 전화를 주셨는데……."

"그래요. 그럼 내일 할까요?"

"글쎄, 형편을 봐서 제가 전화를 드리면……."

더 이상 전화를 끈다는 게 무의미했다. 저 정도면 은행이 뭘 하는지 짐작이 갔다. 은행도 만약의 사태를 대비하고 있을 게다. 김달수가 타격을 입을 것이냐, 아예 망해 버릴 것이냐 아니면 타격이야 조금 받겠지만 워낙 가진 게 많으니 고목나무에 잔 바람 부는 정도일 게다는 등 입방아를 찧고 있을 광경이 눈에 선했다.

그나저나 이 놈의 자식들은 대관절 뭘 하기에 전화도 안하나. 사무실에 있는 전화기 10대가 모두 통화 중이었다. 번호를 바꿔 가며 사무실로 통화를 시도하고 있는데 운전기사가 헐떡거리며 거실로 뛰어들었다.

"회사에서 차로 전화가 왔는뎁쇼."

대왕기획으로 가는 동안 차 안에서 들은 상황은 이미 최악이었다. 직원들은 전화통을 잡고 절절 매고 있었다.

"어떻게 된 거야?"

"전화로 말씀드린 대롭니다."

평상시 거의 모든 회사 일을 맡아 처리해 오던 오영삼 전무는 식은 땀을 줄줄 흘리고 있었다.

"벌써 5백 통이 넘었습니다. 직원들이 출근 직전부터 걸려 오는 전화를 받기 시작했는데 1시간 만에 이 정도니 오전 중에 2천 통이 넘을 것 같습니다."

"전부 임대계약을 해제하겠다는 전화란 말이지?"

"그렇습니다, 회장님. 큰일입니다. 계약서상에 세입자는 2달 전에 통보하면 보증금을 돌려받고 집을 빼 나갈 수 있게 되어 있습니다."

가만, 임대 준 집이 몇 채였더라, 천 오십 채였던가.

"세입자가 모두 몇 가구나 되지?"

"천 사십 오 채에 한 채당 열 가구씩이니까 만 사백 오십 가구입니다."

"천 오십 채 아니었나."

"다섯 채는 지난번에 불이 나서……."

"비어 있는 집은 없나?"

비어 있는 집이 있었다면 직원들을 가만둘 자신이 아님을 뻔히 아는 김달수 회장의 질문은 공허하게 들렸다. 지난번에 왜 다섯 채 밖에 불이 나지 않았는지 하늘이 원망스러웠다. 그 때 몽땅 다 타 버렸다면 보험금을 챙기고 지금쯤 배짱 편하게 지냈을 거라고 생각하니 지금이라도 불을 확 싸질러 버리고 싶은 욕망에 불탔다.

"회장님이 오시기 전에 급히 만든 자금계획서가 있는데 보시겠습니까."

"나중에 보지."

그 따위는 김달수 씨 스스로가 이미 차 안에서 계산을 끝낸 터였다. 1,000채로 잡아 모두 만 가구에 가구당 보증금을 1,000만 원씩 받았으니 보증금만 해도 1,000억 원이 된다. 만약에 모든 세입자가 임대계약 해지를 원한다면 김달수 씨와 대왕기획이 두 달 안에 토해 놓아야 할 돈이 무려 1,000억 원이 넘는다는 것은 집에서 TV를 쳐다보면서 골이 지끈거리게 계산해 보고 또 계산해 보았던 자금소요액이다.

"오 전무 좀 들어오게."

전화벨은 회장실에까지도 울려대고 있었다.

"은행에 잔고가 얼마쯤 되지?"

"50억 원이 조금 넘습니다. 그리고 받아 놓은 어음이 200억 원 가량 되고, 증권이랑 국채 등을 팔면 300억 원은 보탤 수가 있습니다. 만약에……."

대가 세기로 소문난 오영삼 씨도 말을 제대로 잇지 못했다.

"만약에?"

"만약에 정말로 모든 세입자들이 집을 비우겠다고 하면 500억 원 정도가 구멍 납니다."

미영이 년 구멍은 내 물건으로 메운다고 치고 500억이란 구멍은 뭘로 메운다냐.

전화번호부에도 실리지 않는 비밀번호의 전화가 울리며 김달수 회장의 고민을 잠시 중단시켰다.

"강 행장실이랍니다."

오영삼 전무가 수화기를 건넸다.

"강 행장, 어떻게 벌써 전화를 주시고 차관하고 점심 약속이 깨진 거 아니요?"

김달수 씨는 목에 힘을 줄 처지가 아님을 알고 있었으나 십수 년 배어 있는 버릇이 하루 아침에 바뀔 턱이 없었다.

"은행으로 와 주실 수 있습니까. 지금 좀 곧이요."

"정말 모르고 계셨습니까?"

"알면 내가 팔아 치우지 조상 대대로 내려온 사업도 아닌데 꿰차고 있을 턱이 있나요."

강 행장은 위로하는 척하면서 아주 빠르게 본론으로 들어갔다.

"저희 은행에서 임대주택을 담보로 잡고 대출해 드린 것이 있지 않습니까?"

"그거야 집짓는 데 썼지요. 왜 매달 꼬박꼬박 원금이랑 이자랑 갚고 있는 것으로 아는데."

"그야 지금까지야 그랬지요. 김 회장님의 대왕기획이야 저희 은행으로서는 워낙 우량 고객이라서 이런 말씀 드리기는 뭣하지만……."

"그런데요."

강 행장은 아침에 열린 회의 얘기를 할 참이었다. 김달수 씨의 전화를 박대하면서 1시간 이상 고민에 고민을 거듭한 회의 결과를 전하는 강 행장의 얼굴은 난처함으로 일그러져 있었다. 강 행장은 김달수 회장에게 은행에 와주십사 전화를 하고 나서 30분 동안이나 거울 앞에 서서 어쩔 수 없이 자신이 말을 전한다는 표정을 연습했다.

"김 회장님께 제가 입은 은덕이야 죽어 저승에 가서 갚아도 부족하겠지만……, 그런데 말이지요, 저…… 담보를 추가 설정해 주셔야 되겠다는 말씀을 안 드릴 수가 없네요. 은행이 제 마음대로 움직여주질 않으니……."

세입자들이 집을 비운다면 원리금이 제대로 들어오지 않게 될테니 두 달 뒤에 세입자들이 떠난 뒤에는 대출금을 상환하든지 담보를 추가 설정해달라는 요구였다. 언제, 어떻게 조사하였는지 김달수 회장의 세입자 동향과 김 회장의 은행 잔고, 그리고 여기저기 모아 놓은 부동산까지도 강 행장은 줄줄이 꿰고 있었다.

김달수 씨는 정말로 기가 막혔다. 만 스물네 시간 딱 하루 만이었다. 가슴이 답답해질 정도로 불안했던 아침 이후 만 스물네 시간 만에, 알거지가 될 판국이었다. 지진이 일어나 재산이 전부 불타 없어지거나 홍수로 떠내려 간 것도 아닌데 어떻게 이런 사태가 발생할 수 있는지 김달수 씨는 할 말을 잃고 강 행장을 멍하니 쳐다볼 뿐이었다.

강 행장은 그런 김달수 씨를 정면으로 바라보지 못하고 힐끔거렸다. 이 작자가 나자빠지면 쓰레기 같은 그 임대주택들을 떠 안아야 될 판인데…… 강 행장도 골이 지끈거리기 시작했다.

셋째 이야기

대 책 회 의

개성의 시위는 뜻밖의 사태였다.

남북한이 통일되고 북한의 토지와 공장, 기업, 농장들을 북한 주민에게 나누어주기로 결정했을 때 북한지역 주민들은 열렬히 환영했다. 비록 소유권이 아니라 이용권에 불과할지라도 10년 뒤에는 헐값이 불하받을 수 있다는 희망이 있었기에 북의 주민들은 만족할 수 있었다. 공장에 다니던 노동자들은 살고 있는 집 이외에 공장의 지분을 나누어 가졌다. 그리고 농부들에게는 농장에서 자유롭게 농사를 지을 수 있는 권리가 부여됐다. 남쪽 사람들도 반대할 이유가 없었다.

보도에 의하면 한반도의 통일 과정은 독일의 통일과 중국, 베트남의 시장개방 체제로의 전환, 동구의 사유화 과정에 대해 철저히 연구한 결과 시작되었기 때문에 시행착오 없이 일사천리로 진행되고 있다고 했다.

국토의 통일 작업에 나선 재경원, 법무부, 건설교통부를 비롯한 관계 부처의 공무원과 토지개발공사의 직원들은 기왕에 만들어진 스케줄에 따라 통일 작업을 추진했다. 구(舊)북한 정부가 만든 토지공부는 용도

폐기되었다. 북한지역의 도시와 농촌 마을들은 새롭게 구획정리되고 필지가 나누어졌다. 농장, 공장, 기업들은 남한의 관점에 따라 신속하게 재산 재평가 작업이 이루어졌다. 경원선, 경의선, 금강산선은 통일 이듬해에 연결되었고, 목포에서 서울을 거쳐 신의주로 이어지는 1호선 국도에도 고속버스와 컨테이너 트럭이 달리기 시작한 지 오래다. 현재는 평양과 함흥을 잇는 6차선 고속도로를 한참 닦는 중이다. 이 고속도로가 건설되면 북한의 동서지역을 연결하는 간선축이 형성된다.

북한지역에 파견된 공무원들은 국토의 통합 작업을 하루라도 빨리 끝내기 위해 밤낮없이 일했다.

토지문서와 집문서를 발급 받고 열렬히 환영했던 북한 주민들이었으나 시간이 지나자 한때의 감격도 시들해졌다. 남한에서 잘 사는 친척이 찾아올 때마다 소외감을 느끼는 북한 주민들이 늘어났다. 남한 친척들은 보통 30~40평 넓이의 현대식 아파트에 살고 있었다. 그들은 주택과 토지, 상가를 마음껏 보유할 수 있었고 보유 부동산에서 오는 소득은 근로 소득을 훨씬 능가했다. 거기다 소유 부동산 대한 세금도 별로 없었다. 북한에 대한 집중적인 투자에도 불구하고 남북 주민 간의 재산 축적의 차이가 좁혀질 기미는 보이지 않았다. 북한 주민들은 점차 초조해졌다. 사유화 시책으로 불하 받은 15평 남짓한 허름한 주택과 부실한 국영 기업의 주식도 그들의 불만을 더 부추겼다. 그 허름한 주택을 10년 뒤에 과연 제대로 불하 받을 수 있는지도 막막한 일이었다.

사청각에 아카디아 승용차가 서자 현관 문 앞에 서 있던 재경원의 서기관이 도어를 열고 평양의 고위 관리를 맞았다.

"다들 기다리고 계십니다."

"재경원장께서는?"

"부총리께서도 와 계십니다."

"내가 제일 늦은 셈이군."

"제일 멀리서 오셨으니까요. 그래도 생각보다는 일찍 오신 셈입니다."

반도의 북쪽지역에서 시위의 조짐이 보인다고 제일 먼저 보고한 사람도 바로 그였다. 마지막으로 대책회의가 있는 사청각 별실에 도착한 사람은 통일이 이루어지고 여섯 달 뒤에 기왕에 있던 사유화추진위원회, 원상복구추진위원회, 국토계획위원회, 사회간접자본투자촉진위원회 등을 합쳐 설립된 국토통합청의 초대 청장이었다. 김일성대학 교수 출신인 그는 지금과 같은 토지관리정책이 계속 이어지는 한 북한 주민들의 불만이 고조될 것이라고 경고했다. 허 청장은 회의장으로 급하게 발걸음을 옮기면서 이번 회의에 자신이 북한지역 출신으로는 유일한 참석자임을 깨달았다.

사청각 별실에는 이미 재경원장과 건교부장관, 경찰청장 등이 도착해 있었다. 참석자는 적었지만 개성 시위에 대한 대책을 결정할 수 있는 수장들은 모두 모인 셈이었다.

회의장 전면의 대형 스크린에는 현장에서 TV방송들이 생중계하는 개성의 시위 모습이 비쳐지고 있었다. 리포터는 시위가 개성 북쪽으로 확산될 기미를 보이고 있다고 보도했다.

"우선 시위 현황 보고부터 듣도록 하지요."

국토통합청장이 자리를 잡자 TV가 순간적으로 꺼지고 슬라이드가 자막에 비추기 시작했다.

"현재의 시위 자체는 우려할 만할 정도는 아닙니다."

보고를 하는 사람은 재정경제원의 기획국장이었다.

남북국토계획의 통합 작업은 그에 의해 기획됐다. 국토통합의 설치도 그의 아이디어로 나왔다.

"그러나 사태는 지금부터입니다. 시위가 격화된다거나 시위 현장이 개성에 국한되지 않고 해주나 남포 등지로 번진다면 통일 작업에 막대한 타격이 될 수도 있습니다. 조금 전 시위가 북쪽으로 확산될 기미가 보인다는 보도를 보셨습니다만 대체로 경찰이 수집한 정보와 일치합니다."

"시위의 원인이 뭡니까."

재경원장의 목소리는 침착했다. 십수 년 동안 경제개혁의 일선에서 일하면서 보수와 혁신 두 세력의 질타를 받으면서도 교묘한 줄타기로 두 세력으로부터 '어쩔 수 없는 대안'으로 여겨지게 만든 그였다. 천여 명 정도가 모인 시위에 놀랄 그가 아니었다.

"워낙 돌발적으로 터진 사건이어서 아직 정확한 원인조차 파악되지 않은 상태입니다. 시위에 참가한 대부분은 계획적으로 모집된 사람들이 아님은 분명합니다. 개성시에 민원을 제기하러 왔다가 어떤 이유에서인지 몇 명이 전면적인 사유화 시책을 채택하라는 구호를 외치기 시작했고 인근을 지나던 주민들이 시위대에 합류한 것으로 파악되고 있습니다. 따라서 아직 시위대를 확실히 이끄는 주도자들조차 불분명한 상태입니다. 시위대 중에 말 좀 한다는 사람들이 나와서 연설을 하고 있습니다만 그들이 주도자라고 단정하기도 어렵습니다."

돌발적인 사태였다. 주모자도 없었다. 지금 시위에 참여하고 있는 주민들은 조직되지도 않았고 어느 누구의 사주도 없었다. 특히 사유화 시책에 대해서는 이미 국민적 합의가 이루어진 상태였다. 그렇다면 일부 주민들의 불만이 표출된 정도가 아닌가.

"그렇다면 오합지졸이 아닙니까? 저절로 해산될 듯도 하고……."

경찰청장은 긴급히 마련된 회합 자체가 마땅치 않다는 표정이었다. 경찰청장의 말에 재경원장도 동의를 표시했다.

"주모자도 없고 조직화된 시위도 아니다. 그렇다면 밤이 어두워지면

귀가들을 할 터이고 내일 아침이면 평온해진다는 뜻이 아니오."

"그런데 그렇지가 않습니다. 시위대가 조직화될 기미를 보이고 있습니다."

"아니, 그렇다면 결국 주모자가 있다는 말 아니오."

"그렇다고 말할 수도 있습니다만 주모자 아니 시위대의 대표가 만들어지고 있다는 것이 정확한 표현이 될 것 같습니다."

"지금 경찰은 어떻게 대처하고 있습니까."

재경원장은 경찰청장에게 물었다.

"잡아 넣는다던가 하지는 않았겠지요."

"아직은 지켜보는 중입니다. 우선 구경하는 사람들이 시위대와 합류하지 못하도록 시위대를 격리시키는 데 주력하고 있습니다. 그러나 시위대가 해산할 기미가 없으면 일단 전부 체포했다가 개별적으로 풀어주는 방법을 쓰는 것이 나을 듯도 한데요."

경찰청장은 회의가 시작되기 전 이미 개성 경찰서장에게 명령을 해 놓은 상태였다. "자정까지 기다려라. 그 때까지 해산하지 않으면 강제진압하라."는 명령이었다. 지금이 밤 9시. 3시간 후면 강제진압작전이 벌어지게 된다. 만약 시위대가 대항을 한다면 진압 과정에서 다치는 사람이 나올지도 모른다. 그러나 통일 한국에 질서를 강력히 심기 위해서는 불가피한 희생일 것이다. 경찰청장은 만약의 사태를 대비해서 경찰의 입장을 담은 성명서도 마련해 놓으라고 대변인에게 지시까지 해 놓았다. 독단적인 조치였다. 만약 이 회의에서 강제진압은 안된다고 결론이 나온다면……. 그럴 수는 없는 일이다. 진압작전의 실시 여부는 경찰의 일이고 그들은 소요를 일으킨 범법자들에 불과하다.

"시위대의 대표가 선출되기 전에 작전을 펼치는 것이 나을 성싶습니다. 대표가 생기면 골치 아픈 일도 생깁니다. 대표와 협상을 해야 되고 협상을 하지 않았다가는 여론이 들썩거리겠지요. 대표자를 집회와 시위에 관한 법률위반으로 구속시켰다가는 괜히 순교자를 만들어 줄 가능성도 있습니다. 사태가 더 악화되기 전에 행동에 나서는 것이 유리합니다."

경찰청장의 생각은 재경원장의 지지를 받았다.

"그렇겠지요. 일단 시위대를 해산시키고 나서 시위를 유발하게 된 배경을 조사하고 강력하게 시정조치를 취하는 것이 나을 성싶기는 한데 어떻습니까. 혹시 다른 생각이 있다면 말씀하시지요."

재경원장은 다른 참석자들을 둘러보았다.

"경찰의 생각이 그렇다면……."

건교부장관은 자신이 결정한 것은 아니라는 점을 확실히 밝혀 두고 싶었다. 경찰의 생각이 그럴 듯하기는 한데 진압작전이 능사라고 단정지을 만한 상황은 아니었다. 시위대가 집시법을 위반한 것은 사실이지만 돌발적으로 일어난 시위라는 점을 감안해야 한다. 아직까지 격렬한 파괴행위나 가두로 진출하여 교통을 방해한다는 보고도 없다. 그런데 강경진압에 나섰다가 오히려 시위를 격화시킨다거나 저항을 유발해서 사상자라도 나온다면 오히려 상황을 악화시킬 것이다. 상황은 애매하다. 애매한 상황이란 결정을 곤란하게 만드는 법이 아니던가. 진압작전이 실패한다면 어디까지나 경찰이 책임을 질 일이라는 사실을 명확히 해 두어야 한다. 그러나 이 자리에서 직설적으로 경찰이 책임을 지라고 말할 계제는 아니었다.

"경찰의 생각이 아니고 이 자리에서 결정할 상황이오."

재경원장은 건교부장관의 속셈을 익히 알고 있다는 듯 일침을 놓았다. 이 날 회의는 건교부장관이 사회를 봐도 충분했다. 처음에 시위가 발생했다는 보고를 접하고는 무척이나 놀랐다. 그래서 자신이 직접 주재하는 긴급 대책회의를 갖게 됐는데 점점 괜한 짓을 했다는 자책감이 일기 시작했다. 물론 그럴리야 없겠지만 자칫 잘못하다가는 책임을 뒤집어쓸 일이 생기게 될지도 모른다.

"경찰이 조기에 진압작전을 펼쳐야 된다는 점에서는 제 생각도 같습니다. 그러나 진압작전에 나서기 전에 이번 사태가 일어나게 된 원인을 직시해야 됩니다."

묵묵히 듣고만 있던 국토통합청장이 입을 열었다. 그는 이와 비슷한 일이 일어날지도 모른다고 사전에 경고한 사람이었다. 때문에 그의 말에는 무게가 실렸다.

"사태에 대한 원인을 소상히 살펴 본 뒤에 확실한 사후 대책을 세워 놓는다면 당장 진압작전에 나서도 되겠지요."

"아니 그렇다면 결국 진압작전을 당장 실시해서는 안된다는 뜻 아니오."

"진압작전의 실시 여부를 떠나 사태의 본질을 바로 알아야 된다는 뜻이지요."

"그럼 청장께서는 사태의 본질을 아시오."

"일전에 제가 올린 보고서를 보셨겠습니다만."

국토통합청장은 재경원장을 잠시 바라보았다. 그의 눈에는 원망이나 비난이 담겨 있지 않았다. 아무런 감정도 섞여 있지 않은 그야말로 무표정한 시선을 받자 재경원장은 눈이 따끔거렸다. 그의 보고서는 아직 겉장도 펼쳐지지 않은 채 그의 책상 위에 놓여 있었다. 청장의 보고서를 보기에 앞서 더 화급하게 처리해야 될 일이 너무도 많지 않았던가.

"사실은 저도 확신을 하지 못하고 있었습니다. 그러나 시위가 개성에서 일어났고 시위대의 요구 사항이 전면적인 사유화라는 사실을 알고 나서는 제 판단이 옳았다고 확신하게 됐습니다. 시위는 KTR 다시 말해 한반도횡단철도의 건설과 관련이 있습니다."

"KTR이라니요. KTR은 경의선이 복원되면서 이미 완공되지 않았습니까?"

건교부장관은 충격적이라는 듯이 말을 받았다.

"경부고속철도를 신의주로 연장하는 공사 말입니다."

"그건 KTR과는 차원이 틀리지요. 물론 고속철도가 평양과 신의주로 이어지면 기존의 경의선 철도는 화물전용으로 쓰이게 될 테니까 KTR과 관계가 없는 것은 아니지만……."

"그렇다면 말을 정정하겠습니다. 경부고속철도 아니 몇 년 뒤면 한국특급으로 개명될 고속철도가 이번 사태의 직접적인 원인이 된 것은 틀림없습니다."

국토통합청장은 검은색 서류가방에서 자신이 이미 주요 부처에 제출했던 보고서를 꺼내 들었다.

"제 보고서에 적혀 있는 내용이기는 하지만 다시 한번 읽어 드리겠습니다."

그의 보고서는 경부고속철도를 평양까지 연장한다는 정부 방침이 발표된 이후 북한지역의 동향을 조사한 내용부터 시작되고 있었다. 처음에는 아무런 일도 일어나지 않았다. 북한지역 주민들은 고속철도가 평양과 신의주로 이어진다는 것에 대해서 기뻐했다. 신의주에서 단동과 심양으로 이어질 수도 있다. 북한지역 주민 중에 상당수가 만주에 친척이 있었기 때문에 하루 빨리 고속철도가 국경을 넘어 만주땅으로 달리기를 고대하는 분위기였다. 이 같은 분위기가 바뀌기 시작한 것은 고속철도 노선에 대한 토지수용령이 발동되고 수용되는 토지에 대한 보상 작업이 시작되면서부터 였다.

보상 작업은 옛 휴전선 이북지역은 애당초 제외하고 있었다. 애당초 북한지역 주민들은 고속철도가 지나는 노선에 소유하고 있는 땅이 없었던 터라 보상할 근거도 없었다. 그 바람에 구(舊)휴전선을 경계로 보상이 되고 안되는 지역이 갈리는 사태가 초래됐다.

"여기까지는 당초 고속철도를 확장하기로 결정할 당시에도 염두에 두었던 사안이지요."

사실 보상 작업은 정부가 상당히 신경을 쓴 문제였다. 처음부터 북한지역에 전면적인 사유화조치를 단행하지 못한 것도 고속철도나 고속도로 등 사회간접자본의 확충 문제 때문이었다. 북한지역에 투자되는 사회간접자본은 통일 한국이 감당하기 어려울 정도의 막대한 투자비를 요구했다. 토지가격을 제외하더라도 공사비와 자재비만도 엄청난 규모였다. 그러나 사회간접자본은 재정 형편이 나쁘다고 결코 건설 시기를 늦출 수 없는 시급한 현안 과제였다. 북한지역의 경제 회복이 사회간접자본의 확충에 달려 있는 데다가 북한지역 주민들에게 일자리를 제공하기 위해서도 공공공사는 조기에 발주되어야 했다.

"때문에 정부에서는 수용하는 주민에 대해서는 다른 지역에 농토나 집을 제공하게 됐지요. 일부 지역의 수용자들은 당초 자신의 집보다 훨씬 좋은 집을 배정 받게 되었다고 좋아하기까지 했습니다."

국토통합청청장의 말은 새삼스러울 것이 없는 내용이었다. 이미 신문이나 방송에 여러 차례 보도된 터라 관심을 기울일 만한 일이 못 되었다.

"그러나 우리는 이미 상당수의 농토나 집터가 서울이나 부산, 대구 등 남한지역 대도시 주민들에게 넘어가 있다는 점을 간과했지요. 바로 여기서 문제가 복잡하게 얽히기 시작했습니다."

국토통합청청장은 참석자들을 한번 둘러보았다. 그의 눈에는 알 수 없는 노여움이 섞여 들었다. 고속철도의 부지 위치가 어디서 새어 나갔을까. 확실한 단서는 없으나 그가 부하 직원들을 시켜 은밀히 조사한 결과 고속철도의 부지가 결정되고 나서, 지난 몇 달 사이에 북한 주민들의 토지임대권이나 집터불하권 등이 무더기로 남한의 투기꾼 손에 넘어갔다는 정보가 잡혔다.

"이미 고속철도가 지나갈 부지 다시 말해 용지를 매입하거나 주민들을 이주시킬 지역에 대한 정보가 새어 나갔던 것입니다. 부지 위치에 대한 공람이 있기 전 이미 광범위한 지역에서 불하권이 매각된 흔적이 잡히기 시작했습니다. 지역 주민들의 불하권이 아직 5년 이상이나 남은 상태에서 불하권이 대거 남한 주민들에게 넘어간 것이지요. 고속철도가 지난다는 정보를 얻어 들은 남쪽의 부자들이 불하권을 사들이고서는 북쪽의 어리숙한 주민들을 선동하고 있다고 봅니다. 시위대의 요구 사항이 '사유화를 시행하라.'는 다시 말해 완전한 소유권을 달라는 요구라면 십중팔구는 남쪽 부자들의 선동에 이끌렸을 가능성도 있습니다."

"남쪽 사람들이 데모를 조종하고 있다는 뜻인가요."

경찰청장이 힐난조로 물었다.

"꼭 그렇지는 않겠지요. 어쩌면 갑작스럽게 시위가 일어나는 일은 바라지 않았을지도 모릅니다. 그러나 민원을 제기하라고 부추겼을 가능성은 높습니다."

"일리가 있는 분석입니다. 청장의 말은 금방 확인할 수 있으니 확인해 보도록 하지요. 시위에 합류한 사람들이 지금 청장이 말하는 대로 경부고속철도의 땅에 대해 보상해 달라는 요구라면 어떻게 해야 되겠습니까?"

재경원장이 재경원기획국장에게 개성시에 전화를 걸어 민원인들의 오늘 행동이나 어떤 민원을 가지고 왔는지를 알아보라고 지시한 뒤 회의는 자못 진지해졌다.

"그들의 요구 사항을 들어 줄 수는 없는 일이지요."

사회간접자본의 건설 책임을 맡은 건설교통부의 수장은 "일고의 가치도 없다."고 잘라 말했다.

"만약 개성 시민들에게 보상해 준다고 칩시다. 개성에만 국한된다면 그럴 수도 있겠지요. 그러나 경부고속철도가 지나는 북한지역 전 주민에게 보상을 해 주어야 할 것입니다. 경부고속철도만 국한된다면 그래도 낫지요. 문제는 거기서 끝나지 않아요. 평양에서 원산까지 닦고 있는 고속도로는 어쩌할 겁니까. 아마 모르긴 몰라도 북한 전 지역에서 보상 시비가 끊이지 않고 발생할 겁니다."

건교부장관의 목소리가 한참 높아지고 있었다. 그가 목청을 높이고 말을 하는 동안 기획국장이 회의장에 다시 들어와 개성시의 보고를 전했다.

"국토통합청장님의 말이 맞기도 합니다."

"맞기도 하다니요?"

"민원인들의 요구 사항은 두 가지였습니다. 국토통합청장이 지적하신 대로 불하 시기를 앞당겨 완전한 소유권을 넘겨 준 뒤에 남한지역과 같이 토지수용에 대한 보상을 해 달라는 요구가 있는가 하면 이전지에 대한 불만도 상당수에 달한다는 보고입니다. 개성시장의 말로는 이전지에 대한 불만이 더 많은 것 같습니다만……"

"지금까지 철거민들의 이전은 그들이 원하는 가장 좋은 곳으로 정해 주지 않았던가요."

재경원장이 답답한 듯이 대답을 재촉했다.

"처음에는 이전지에 대한 불만이 없었지요. 그러나 최근에는 이전지에 대한 불만이 많은 것 같습니다. 많아질 수밖에 없다는 것이 개성시의 설명입니다. 우선 많은 사람을 이전시키다 보니 이제는 이전시킬 만한 적지를 찾지 못하고 있습니다. 그러다 보니 자연 이주대상자들의 불만을 사게 된 듯합니다."

상황은 확실해졌다. 이주만으로는 해결하기 어렵게 된 것이다. 고속도로와 국도를 넓히고 공업단지를 조성하는 과정에서 생겨난 이주민들을 수용하기 위해 북한지역 대도시 외곽에 건설한 신도시는 바닥이 나 버렸다. 최근에 이주한 김포·해주 공업단지의 철거민들은 상하수도

설비조차 완비되지 않은 곳에 우선 임시로나마 정착해 살 수밖에 없었다.

"그렇다면 결국은 새로운 신도시를 또 조성해야 된다는 말 아닌가요?"

재경원장은 한숨을 내뱉었다. 마치 신음소리처럼 회의장 안을 퍼져나가는 소리가 들렸다.

"무조건 신도시를 만드는 것이 능사는 아니라고 봅니다."

건교부장관이 단호하게 자신의 입장을 밝히기 시작했다.

"지금까지 한반도 북쪽지역에 건설되거나 정비가 된 도시가 스무 개가 넘습니다. 처음에는 북한 주민들이 서울이나 수도권으로 대량 이주하는 것을 막기 위해 신도시를 서둘러 건설했습니다만 공단의 배후지역이나 개성시의 경우와 같이 사회간접자본을 건설하는 과정에서 철거되는 이주민들을 대상으로 한 신도시도 여섯 개나 됩니다. 그들을 위한 신도시 건설 비용은 당초 책정했던 것보다 훨씬 많습니다. 주택뿐만 아니라 상가나 공공시설을 지어야 하고 또 마을 입구까지 도로도 닦아 주어야 합니다. 대중교통도 유치해야 되고. 신도시를 다시 건설할 바에야 아예 보상을 해주는 쪽이 비용이 덜 들지도 모릅니다."

결국 돈이 문제였다. 경부고속철도를 건설하거나, 이주민을 위한 신도시를 건설하거나 통일 정부의 한정된 돈주머니로 충당하기 어렵다보니 여기저기서 걸림돌이 생기는 것이다. 그 와중을 비집고 투기꾼들이 다시 발호하기 시작한 것이다.

어느새 회의는 두 시간 반을 지나고 있었다. 경찰청장은 몸이 달기시작했다. 이제 30분 후면 그의 명령대로 개성 경찰서 병력의 진압작전이 벌어지게 된다. 경찰청장은 지금이라도 진압작전을 취소시켜야 할 것인지 망설여졌다. 아마 이 회의에 모인 사람들은 이미 진압명령이 떨어져 있음을 어렴풋이나마 짐작하고 있을 것이다. 진압작전은 강

행해야 한다. 시위대 중에는 선량한 주민 외에도 투기꾼의 사주를 받은 주민들도 포함되어 있으니까. 그들이 불하권을 팔아 먹은 사람들이라면 우선 그것만으로도 옛 북한지역 주민의 재산 형성에 관한 법률을 위반하고 있지 않은가. 경찰청장은 당초 예정대로 진압을 강행해야겠다고 결심했다. 그리고 시위대를 개별 취조하여 옥석을 구분해야겠다는 새로운 결심도 했다.

"여러분들께서는 개성의 시위를 북쪽 사람들의 문제만으로 파악하시는 것 같습니다."

다시 국토통합청장이 말머리를 끄집어냈을 때 그의 목소리는 어딘지 허전했다.

"땅을 불하할 것이냐, 이주민들에게 신도시를 건설해 줄 것인가 하는 논의는 모두 북쪽 사람들만을 대상으로 한 발상입니다."

"지금 문제가 된 지역이 반도의 북쪽이 아닙니까. 문제가 된 지역이 북쪽이라면 당연히 북쪽을 대상으로 대책을 세울 수밖에요."

건교부장관의 대꾸에 국토통합청장은 고개를 내저었다.

"그렇지가 않습니다. 휴전선에 가까이 있다는 개성의 지역적 특성을 간과할 수 없습니다. 통일 후 지금까지 한반도의 북쪽지역에서 숱한 사회간접자본 건설이 이루어지고 그 때마다 수몰민이나 도로에 집을 내준 사람들이 마지못해 혹은 기쁜 마음으로 이주했고 잡음은 없었습니다. 그 이유는 새로운 이주단지가 종전에 살던 집보다 거주 환경이 낫다는 점 때문이기도 하지만 대상지역이 남북으로 걸쳐있지 않고 북쪽지역에만 국한되었기 때문이기도 합니다. 말하자면 비교 대상이 없었던 까닭이지요. 고속철도 건설로 남북 간에 처음으로 비교 대상이 생긴 것입니다. 그것도 아주 가까운 인근 지역에서 말이지요. 차로 10분만 가면 되는 지역에 사는 사람들은 토지보상비로 평당 300만 원씩이나 받는데 한쪽은 강제로 철거당할 뿐 보상비란 전혀 없다는 상대적 박탈감은 대단한 것입니다. 이 같은 상대적 박탈감이 우발적인 시위를 초래했다고 보여지지 않습니까?"

유일한 북쪽 참석자의 말은 오히려 호소에 가까웠다.

"그렇다고 법을 무시하고 실력 행사에 나서는 것을 좌시할 수도 없는 일 아니오."

경찰청장은 이번 시위를 안일하게 대처했다가는 유사한 시위가 발생했을 경우 전례를 남길까 걱정이 되기까지 했다.

"제가 말씀드리고자 하는 것은 북쪽 주민들이 느끼는 상대적 박탈감을 해소하는 방안을 함께 강구하자는 것입니다. 물론 법을 어긴 만큼 응분의 대가를 치러야 할 것입니다. 그러나 통일 정부가 남북 주민들을 폭넓게 수용하고 공평하게 대우하겠다는 통일 당시의 정신으로 되돌아간다면 상대적 박탈감을 해소시켜 주는 것도 정부의 몫이 아니겠습니까?"

"그렇다면 상대적 박탈감, 꼭 이 말을 동의하는 것은 아니지만, 그 상대적 박탈감의 해소 방안이 있겠소?"

경찰청장의 발언을 잠시 제지하고 재경원장이 대신 말을 받았다.

"단기적인 처방은 아마 찾기 어렵겠지요. 그러나 장기적으로는 가능하리라고 봅니다. 지금 개성 남쪽의 토지보상가격은 경부고속철도가 발표되기 전보다 한참 오른 것으로 알고 있습니다. 오른 땅값을 불로소득으로 사회가 환수하는 방안을 강구한다면 북쪽 주민들의 상대적 박탈감도 덜해지리라는 것이 제 개인적인 생각입니다."

국토통합청장은 이 날 회의에서 자신의 의견이 전혀 받아들여지지 않을 것이라는 생각이 불현듯 들기 시작했다.

"개발부담금과 같은 제도를 공공사업으로 인한 토지보상지역에도 적용하자는 말씀이신 것 같은데, 그렇게 했다가는 한 평의 땅도 제대로 사기 어려울 겁니다."

건교부장관은 현실적으로 받아들이기 어렵다고 일침을 놓았다. 만약 그런 법을 제정했다가는 위헌 시비가 일기 십상이며 반도의 남쪽지역에서는 토지수용을 포기해야 될 상태가 된다고 맞섰다. 북쪽지역의 토지문제를 해결하기 위해 남쪽의 토지문제를 악화시키는 행동은 어리석기 짝이 없는 행동이라는 것이 건교부장관의 지적이었다.

"그러니까 제 말은 장기적으로 이 제도를 시행하자는 뜻이지요. 당장 불로소득을 100% 환수하려 들다가는 문제가 커질 테니까 우선은 단계적으로 자신이 땀을 흘리지 않고 벌어들인 불로소득을 대상으로 해서 그것도 모든 소득의 30이나 40%쯤 환수해서 북쪽지역의 개발에 쓰자는 뜻입니다. 부동산이 주는 이득이라 해도 민간이 스스로의 아이디어로 토지가치를 높인 것이라던가, 투자 리스크를 안고 개발한 부동산 등에까지 적용하자는 말은 아닙니다. 개인의 공이 들어갔다면 그것은 인정해 주어야 합니다. 그러나 국가 사회의 개발 정책으로 인해 땅값이 오른 것은 다르지요. 땅을 보유하고 있다는 사실만으로 엄청난 이득을 챙기게 만들면 경제질서는 교란됩니다. 저는 이 방법을 채택할 경우에는 남북 간에 느끼는 불공평성도 어지간히 해소되리라고 생각합니다. 또 이 같은 불로소득에 대한 과세체계야 말로 자유민주주의와 자본주의를 표방하는 통일 한국의 경제가 응당 나아가야 할 길이라고 확신합니다. 토지에 대한 세금을 제대로 징수하고 개발 이익을 환수하는 것은 사회의 몫을 사회가 되찾는 것일 뿐입니다. 토지가 가져다주는 불로소득은 토지 소유자의 것이 결코 아닙니다. 토지가격의 상승이 국가정책에 의해 이루어진 것이라면 상승분은 의당 국가의 몫입니다. 개발 이익을 국가가 환수하는 것은 논리적으로도 부당하지 않다는 뜻입니다. 또 개발 이익이 100% 국가에 환수된다면 개발지역에서의 땅값 상승도 상당히 억제할 수 있으리라고 봅니다. 땅값이 상승하지 않으면 개발비 부담도 적어지겠지요."

국토통합청장은 열심히 회의 참석자들을 설득하고 있었으나 불로소득의 사회 환수에 대해 의견의 일치를 보기는 어려운 분위기였다. 불로소득을 세금으로 환수하는 것은 좋으나 국민들의 조세 저항을 감당해 내기 어렵다는 예측이 재경원장이나 건교부장관의 지배적인 생각이었다. 특히 통일비용을 염출하기 위해 갖가지 세목이 신설된 판국에 종합토지세를 현실화 시킨다거나 개발부담금을 강화했다가는 차기 선거에서 현 정부가 이기리라고 보장할 수도 없는 노릇이었다.

국토통합청장의 의견은 검토할 가치는 있으나 어디까지나 검토 단계에서 끝낼 사안이었다. 대책회의는 세금문제가 나오면서 사실상 마감이 되어 버린 상태였다. 부동산 공개념이나 부동산실명제의 확대 실시라면 강행할 수 있겠으나 부동산에 관련된 세제의 개편문제는 건드리기 어려운 미묘한 사안이었다.

사실 통일 이전에 부동산 관련 세제를 정비해야 된다는 여론도 거세게 일었다. 남과 북의 토지제도가 다른 만큼 남쪽에서는 부동산 관련 세제를 탄탄히 정비해 놓아야 남북이 하나가 되는데 장애를 받지 않을 것이라는 학자들의 논문이 잇따라 발표됐다.

그러나 부동산세제에 대한 개혁 조치는 난산에 난산을 거듭할 뿐이었다. 정부는 잇따라 개혁 프로그램을 발표했으나 개혁 조치의 집행은 거듭 연장됐다. 종합토지세의 과세표준을 공시지가에 맞춘다는 정부의 스케줄도 난산 끝에 기한이 연장되다가 결국 통일 이후까지 미루어진 상태였다.

여론은 부동산세제 앞에서는 이중적인 태도로 일관했다. 특히 민족지를 자처하는 거대 매스컴들의 이중적인 태도는 관리들을 괴롭혔다.

신문들은 부동산세제를 바로잡아야 경제정의가 실현된다고 십자포화를 터트리다가는 정작 과표를 조정하면 세금을 배 이상 올릴 수 있느냐고 힐난했다. 종합토지세의 경우 현실에 부합시키기에는 시가와 과표와의 괴리가 워낙 컸다. 게다가 과표의 현실화는 토지에 따라 들쭉날쭉했다. 공시지가의 100%를 반영한 땅이 있는가 하면 공시지가의 20% 선에서 맴도는 땅도 부지기수인 상태에서 과표의 현실화 작업이 추진되기 시작했다. 공시지가 반영률이 일정하다면 과표 현실화 없이 세율만 조정해도 부동산에 대한 보유 세금을 제대로 챙길 수 있을 터였지만 반영률 자체가 뒤죽박죽인 상태에서는 결국 과표를 바르 잡는 데 난산을 치를 수밖에 없었다. 그러나 과표를 바로 잡으려 할 때마다 언론이 세제개혁 작업의 발목을 붙잡았다.

종합토지세가 난산을 거듭하면서 양도소득세의 감면 조항을 대폭 줄이려던 작업도 차일피일 미루어졌다. 통일되기 이전 부동산 등에서 걷는 직접세의 비중을 늘이는 쪽으로 세금 구조를 전환하려던 정부의 계획은 서류 작업으로만 이루어졌다.

토지세제에 대해 책임을 질 수밖에 없는 입장인 재경원장과 건교부 장관은 남한의 토지제도와 토지세제를 고치지 못한 작업이 통일 작업의 암초로 작용하고 있음을 실감하게 됐다. 대책회의장에 무거운 침묵이 흘렀다. 시간은 말이 없는 상태에서도 자정으로 흘렀다.

경찰청장은 기획국장 앞에 놓여 있던 리모콘으로 TV를 켰다. 방송국 리포터가 열띤 목소리로 개성의 현장 상황을 전하고 있었다.

"12시 5분 전 개성 경찰서의 공식입장 발표가 있었습니다. 경찰은 오는 자정을 기해 해산하지 않은 시위대에 대해서는 전원 연행하겠다고 공식 발표하였습니다. 다시 한 번 말씀드리겠습니다. 경찰청은 오늘 자정을 기해 진압작전을 펴고 시위대 전원을 연행하겠다는 공식발표를 했습니다."

시계가 자정을 가리키자 시위대를 둘러싸고 있던 진압경찰이 한발 한발 시위대 앞으로 나다가기 시작했다. 군화 소리가 저벅저벅 들렸다. 시위대 일부가 무너졌다. 시위대 뒤를 받치던 군중들이 뒤로 돌아 뛰기 시작했다. 그러나 경찰과 정면으로 대치한 시위대는 전혀 미동도 없었다. 구호도 외치지 않았다. 그들은 말없이 자리에 버티고 서 있었다. TV 화면에서 움직이는 것은 진압경찰이었고 들리는 소리는 군화 소리였다.

재경원장은 저벅저벅하는 군화 소리에 암울했던 냉전 시대를 떠올렸다. 호남과 영남이 갈라서 무한 대치했던 80년대의 정치 상황이 그의 뇌리를 스치고 지나갔다. 남북의 대치 상황을 곧잘 정권 안보에 활용했던 지도자들의 얼굴도 겹쳐졌다.

"부동산세제를 전면 개편하고 사회가 개발 이익을 환수하는 제도를 추진해 보기로 합시다. 우리 모두가 자리, 아니 우리 자신 모두를 걸고 일을 추진한다면 불가능하지도 않겠지요."

부총리의 말이 대책회의장에 긴 여운을 남겼다.

제2부

땅에서 발을 떼고 살 자 아무도 없다

들어가는 말

6·25 전쟁을 좀 다른 각도에서 조명하는 시각도 있다. 1948년, 대한민국 정부가 수립되면서 토지개혁을 단행했기에 망정이지 토지개혁이 없었더라면 유엔군이 개입했더라도 형세를 역전시키기는 어려웠을 것이라는 해석이 있다.

북한은 해방이 되자마자 토지개혁을 단행했다. 군비 축적을 하느라 고율의 현물세를 징수하였으나 자기 땅을 갖게 된 북한 주민들은 감격했을 것이다. 만약 당시 남한 정부가 토지개혁을 실시하지 않은 상태에서 전쟁이 터졌더라면 '농민들의 마음이 곧 민심'인 당시의 정황에서 남쪽 주민들의 심리적 교란이 엄청났으리라는 주장은 설득력이 있다.

남북의 전사들은 자기 땅을 지키기 위해 싸웠다. 해방 이후 자기의 농토가 된 땅을 지키기 위해서는 같은 민족이지만 총부리를 겨눌 수밖에 없었다.

토지제도는 전쟁에만 관련이 있는 것이 아니다. 한국의 경제개발 단계마다 토지정책은 변해 왔다. 공업단지를 조성하기 위해 토지개발정책이 전개되었고 대단위 공업단지 조성으로 경제개발의 발판을 구축했다.

한국경제의 기적이 이루어지기 위해서도 토지에 대한 정부의 종합적인 관리는 불가피했다. 한국뿐만 아니라 싱가폴, 홍콩, 대만 등 아시아의 네 마리 용은 모두 토지개혁과 토지제도의 개편을 통해 기적의 싹을 틔었다. 싱가폴은 대말레이시아 연방으로부터 독립한 직후 개인의 토지를 국가가 대대적으로 사들였으며 영국이 중국으로부터 조차한 홍콩은 '반환될 땅'이라는 특성으로 인해 개인의 토지소유가 억제되었다. 자금은 토지가 아니라 생산현장으로 흘렀다. 그리고 국가는 합목적인 정책에 따라 국유지에 개발 청사진을 마음껏 그렸다.

한국의 토지정책은 광활한 대지를 가진 미국의 제도를 원용한 것이었다. 그 결과 개인들의 트지소유와 이용은 보기 드물게 국유지가 적은 나라가 되었다. 반면 북한은 토지에 대한 개인의 소유뿐만 아니라 개발까지 억제된 상황에서 사회주의 국가에서도 가장 강력하게 토지가 규율되었다.

한반도 남쪽의 땅에서는 투기 자금으로 문란할 정도로 역동성이 넘쳐났으며 북쪽의 토지는 생명력을 잃고 죽은 땅이나 다름없이 되어 버렸다.

제1장 땅의 역사

격동기마다 땅의 지배자는 바뀌었다. 그리고 땅을 지배하는 법도도 바뀌었다. 역사는, 땅이 가장 합리적으로 백성들에게 배분되었을 때, 시절의 평탄함과 왕조의 번성함을 가르친다. 전시과(田柴科) 체계를 정립한 고려 성종 때는 태평 세월을 노래하였으며 이조의 개국공신들은 관리들에게 나누어주는 땅을 경기 일원에 국한시킴으로써 조선의 기틀을 다졌다.

이 땅의 논과 들이 외세에 강점 당하기 전까지 한반도 토지제도의 뼈대는 국유제였다. 단군조선 왕조 이래 땅은 나라의 땅이었고, 왕의 땅이었다. 물론 어느 왕조든지 국유제는 명목뿐이었고 사실상 권문세가나 토호가 땅을 지배하였다. 그러나 '왕의 땅'이라는 원칙이 흔들린 적은 없었다.

'왕의 땅'이라는 원칙이 망각될 때 평화는 깨졌다. 백성들은 굶주렸고, 흉년이 들었으며, 민란이 일어났다. 그리고 결국은 지방 토호들이 득세하여 왕을 권좌에서 밀어냈다. 통일신라와 고려는 귀족과 장군들이 땅을 탐함으로써 스스로 멸망의 길을 걷는 역사

를 되풀이하였다. 땅에 집착하다가 먼저 백성을 잃고 그리고 나라
와 권세를 잃었다.

1. 토지제도의 역사

골고루 땅을 나누어 가진 고대 한민족

　전기(前期) 청동기 시대인 단군조선의 토지제도는 땅을 우물 정(井)
자로 그려 나누어 가진 구정제(邱井制)였으며, 세제(稅制)는 수확량의
20분의 1을 거두는 낮은 세율 체제였다.

　부루단군 10년(檀紀 102년) 4월에 확정된 구정제는 환웅천황이 다스
리던 배달국의 토지제도인 정전법(井田法)을 승계한 것이었다. 부루단
군은 논밭을 우물 정(井)자로 그려 전결(田結)을 만들어 농토를 평등하
게 분배했다. 백성들이 지나친 욕심을 갖지 못하게 한다는 것이 구정
제의 취지였다. 부루단군 12년에는 신지 귀기(貴己)가 칠회력(七回曆)
과 함께 구정도(邱井圖:지적토지대장)를 만들어 단제(檀帝)에게 바쳤
다.

　단군조선 시대의 세금은 비교적 낮은 비율로 부과되었다. 고대 중국
의 기본 세율은 수확의 10분의 1이었으나 조선은 20분의 1 또는 80분
의 1에 불과했다. 『맹자(孟子)』「고자(告子)」에는 '貊(맥)지역에서는 수
확의 20분의 1을 세금으로 거두어들인다.'는 기록이 있으며, 『한단고기
(桓檀古記)』에는 8세 우서한단군 원년(단기 340년)에 세율을 20분의 1
로 정했다는 기록이 있다. 15세 대음단군 원년(단기 672년)에는 세율이
80분의 1로 더욱 낮아졌다는 것이 『한단고기』가 전하는 단군조선의 세
제이다.

그러나 단군조선 말기에 접어들면서 구정제의 원칙이 혼들리기 시작했다. 단기 19~20세기경(서기전 2~3세기), 철기가 청동기를 대체하면서 생산력이 증대되자 자신의 토지를 확보하려는 움직임이 강하게 일기 시작했다. 석기나 청동기 시대에는 농경지를 개간하는 데 한계가 있었으므로 주거지 주변의 농경지만이 경제적 가치를 지녔다. 그렇지만 철제농구가 노동 능률을 높여주게 되자 '더 넓은 토지'에 대한 욕구가 분출되었다. 토지 쟁탈전이 지배귀족과 서민사회에 일어났고 대규모 토지의 소유자가 나타나기 시작하면서 기존의 경제사회 질서는 쉽사리 붕괴되었다.

국유화의 원칙을 세운 고구려 백제 신라 3국

고구려, 백제, 신라 3국은 귀족 중심의 중앙집권화 체제를 갖추었고, 나라의 토지는 '왕의 땅(王土)', 주민은 '왕의 신하(王臣)'라는 생각이 뿌리깊게 자리잡았다. 그러나 개별적인 토지소유가 없었던 것은 아니다. 전투에서 공을 세운 장군에게는 식읍(食邑)이나 녹읍(祿邑)과 같은 토지를 주었으며 후대로 가면서 점차 귀족의 토지가 증가하는 일반적인 경향을 보였다.

양인(良人)인 자영농민들은 자기들의 자영지를 경작하였다. 이들은 조세(租稅)와 역역(力役)의 주요 부과 대상자였다. 직할지(直轄地)나 관유지(官有地), 사전(賜田) 등의 경작은 생산계급인 하호(下戶)들이 맡았으며, 국토와 백성은 3국 모두에서 왕의 재산에 불과했다.

밭이랑으로 땅을 나눈 고구려

고구려의 토지제도와 수취(收取)제도는 세습 왕권의 확립과 율령정치의 시행에 따라 중앙집권적으로 정비되었다. 왕국 내의 모든 토지는 왕토라는 의미에서 토지국유의 원칙이 세워지고 이 원칙에 의해 처분되었다.

밭이랑을 기준으로 삼는 경무법(頃畝法)으로 토지가 분배되었으나 왕실 직속령이나 귀족들에게 나누어 준 사전이나 식읍은 대토지 소유의 원천이 되었다. 사전은 세습되었으나 식읍은 상속 대상에 포함되지 않았다. 토지를 분배 받은 자는 토지에서 나오는 조세(租稅), 공부(貢負), 역역 등의 수취권을 지배했다. 토지사유화는 족장을 중심으로 전개되기 시작했으며, 주변지역을 정복하여 국토가 확대되면서 귀족들의 토지도 커졌다. 전투에서 공을 세운 장신(將臣)들은 전쟁 포로를 이용하여 황무지를 개간하는 방식으로 사유토지를 확대시켰다. 일반 농민들은 원래 자신의 소규모 경작지에서 농사를 지었으나 각종 수탈과 빈번한 요역(徭役)으로 경작지를 잃고 귀족들의 땅을 맡아 부치는 고농(雇農)으로 전락했다.

고구려의 율령은 관제(官制)와 더불어 수취제도의 정비와 밀접하게 연결되어 있다. 조세제도로는 매호마다 곡식으로 받는 조(租)와 포(布)가 있고, 매인에게 곡식으로 받는 인두세가 있었는데 빈부에 따라 1등은 1섬(石), 2등은 7말(斗), 3등은 5말(斗)을 바쳤다. 자경지가 없는 고농에게는 소액의 세포(稅布)를 3년에 한번씩 공동부담케 했다. 농민에 대한 부세(負稅)의 기반은 토지에서보다 오히려 15세 이상의 남자를 대상으로 하는 역역 노동에 의존하였다.

논이 많은 백제의 두락제(斗落制)

한강 유역에서 융성한 백제의 왕실은 원래 이 지역의 부족세력과는 관계없는 유이민(流移民) 세력이었다.

족장들이나 중앙귀족들이 중앙집권적인 관료 체제로 **흡수**되면서 그들이 지배하던 땅은 토지국유의 원칙에 따라 재편되었다. 그러나 왕실이나 국가의 직할지를 위시하여 식읍, 사전의 형태로 전공(戰功) 등 특수한 공훈이 있는 귀족 장신에게는 국왕으로부터 토지가 사여(賜與)되었고 전쟁 포로의 분배와 그들을 이용하여 토지를 개간하는 것에 의해 토지의 사유화가 진전되었다. 고구려에 이어 백제에서도 불교가 공인을 받으면서 절에도 사사전(寺社田)을 소유하게 되었다.

백제는 다루왕 6년 각 군·현에 도전(稻田)을 일구게 했고 초기부터 제방을 쌓아 저수지를 만들었다. 논이 많은 백제는 씨앗을 심는 넓이를 단위로 하여 두락제를 실시하였으며, 고구려와 마찬가지로 직할지, 관유지, 사전을 운영하였으며 일반 평민에게는 분전(分田)을 주었다.

농민들의 토지소유를 보면 고구려와 마찬가지로 각기 소규모의 경작지를 차지하고 있었다.

노예와 예민(隷民)의 노동력으로 황무지를 개간한 신라

신라의 토지제도도 공동체적인 지배에 놓여 있다가 왕권의 확립에 따라 '토지국유'의 원칙에 입각하여 재분배되었다.

왕실 직할지로서 여러 관서에 직속된 광대한 토지가 있었고, 덕(德)을 행한 자에게는 상사전(賞賜田)이 내려졌다. 사원(寺院)이 유지비 조로 받는 시납전(施納田), 왕릉 유지경비인 능위전(陵位田), 일반 관리의 봉급인 녹전(祿田)이 토지제도의 뼈대를 이루었으며 만 15~59세의 농사를 지을 수 있는 남자(丁男)에게는 구분제(九分制)로 정전(丁田)을 주어 먹고살도록 했다.

본가야의 마지막 왕인 김구해(金仇亥)왕은 신라에 항복하면서 자신이 지배했던 본가야 전역을 식읍으로 받고 조세와 공부 및 역역 등 수취권도 받았다. 가야의 왕뿐만 아니라 공로가 많은 귀족과 장군들은 백성 수(數)로 쳐서 식읍을 받았다. 귀족들은 유랑민의 토지를 점탈(占奪)하여 사유지를 확대시켰다. 불교 사원들은 광대한 토지를 시납전으로 받는데다가 왕실과 귀족들이 희사한 토지를 챙기며 대토지 소유자의 대열에 끼었다.

일반 농민들의 토지와의 관계는 고구려나 백제와 다름없었다. 정복에 의해서 새로 편입된 지역의 농민은 일종의 예민 집단으로 전락하였으며 경작지는 그대로 유지되었다. 예민들도 국가나 전주(田主)의 수취 대상이 되어 신분상의 차이에도 불구하고 일반 농민의 경우와 큰 차이가 없었다.

이러한 토지에는 결부제(結負制)가 시행되었으며 1결(약 2,000평)에 해당하는 토지에서 생산되는 산물의 약 10분의 1을 조세로 바쳤다.

신라 시대의 토지제도를 알 수 있는 유물 가운데 특기할 만한 것으로 경북 영일군 신광면 냉수리에서 발견된 석비(石碑)가 있다. 국보 264호로 지정된 이 비에는 임금(22대 진흥왕)이 절거리(節居利)라는 사람에게 재산취득을 인정하는 내용이 적혀 있다.

통일신라 시대의 신라 장적(新羅帳籍)

통일신라는 지금의 울산항을 국제무역항으로 멀리 아라비아제국 등과 여러 가지 교역을 했을 정도로 번성했다. 그러나 일반 민중의 생활은 점점 가난해져 갔다. 골품에 의한 사회계층의 분화가 점점 심화되어감에 따라 빚을 갚지 못해 노비가 되는 양민들이 늘어났다. 특히 귀족의 근거지인 경주에는 많은 노비가 있었다. 왕실에는 노비의 신분을 가진 수많은 수공업자들이 소속되어 있었고 귀족들은 상당한 수의 노비를 거느리고 있었다.

노비라고 불리는 신분노예는 노예가 된 이유에 따라 포로노예, 부채노예, 형벌노예, 매매노예로 구별되고 주인에게 매인 정도에 따라 솔거(率居)노비, 외거(外居)노비로 구분되었다.

지방의 농민들은 촌(村)이라고 불리는 말단 행정구역에 소속되어 있었다. 촌은 혈연 집단적인 자연부락으로 대략 10호 정도로 구성되었으며 몇 개의 촌락이 한 사람의 촌주를 통하여 국가의 지배를 받았다.

일본(日本) 정창원(正倉院)에서 발견된 경덕왕 14년(서기 755년)에 작성된 신라 장적은 국가에서 촌락 단위의 조사를 행하였음을 알려 준다. 이 조사는 국가가 농민에 대한 요역과 부세를 확보하기 위한 기본조사였던 것으로 보인다. 3년마다 개정되는 이 장적에는 촌의 호수, 인구, 우마 수와 그 증감, 토지 면적, 뽕나무, 잣나무, 대추나무의 숫자 등이 기입되어 있다. 이 장적에서는 인정(人丁) 수의 많고 적음에 따라 상상(上上)에서 하하(下下)까지 9등급으로 호를 구분하였으며, 인구는 연령에 따라 남녀 구별없이 정(丁), 조자(助子), 추자(追子), 소자(小子), 제공(除公), 노공(老公)의 6등급으로 나뉘었다.

촌락에는 관모답(官謨畓), 내시령답(內視令畓), 마전(麻田)이 있었고 촌주에게는 촌주위답(村主位畓), 촌민에게는 인수유답(人收有畓)이 주어졌다. 촌락민은 인수유답을 공동으로 경작하여 수확물의 일부를 국가에 조(租)로 바쳤고 나머지로 생계를 꾸려 나갔다. 토지뿐 아니라 뽕나무, 잣나무, 대추나무 등에도 세금이 부과되었다. 중앙귀족들은 농민으로부터 가능한 한 많은 것을 거두어들이려고 하였다.

이러한 촌락과는 달리 향(鄕), 소(所), 부곡(部曲) 등으로 불리는 행정구역이 있었다. 이들 지역은 대체로 피정복민이나 반역죄인들로 형성된 천민 집단촌이었다. 농경, 목축, 수공업 등에 종사한 천민집단은 전국에 널리 퍼져 있었으며 고려 시대까지 존속되었다.

대토지 소유자로 변하는 신라의 촌주들

신라의 토지제도는 귀족들의 성쇠에 따라 변하였다. 부족의 족장들은 녹읍의 형식으로 자신들이 소유, 지배해 오던 토지와 인민에 대한 지배권을 합법적으로 인정받았다. 그러나 왕권이 강화되고 관료정치화가 진전되면서 삼국통일 후 신문왕 때에는 내·외관의 녹읍이 폐지되었다. 신문왕은 녹읍 대신에 직전지(職田地)를 내려 매년 그 조곡을 봉으로 지급했다. 신라 왕실은 관료들이 토지와 인민을 직접 지배하는 것을 금하려 했던 것이다.

그러나 이러한 토지제도의 전환은 곧 귀족과 관료들의 반발을 불러일으켰다. 귀족들과 관료화된 족장 세력의 반발로 말미암아 경덕왕 때에는 다시 녹읍제가 부활되었고 관료들은 토지와 인민을 직접 지배하게 되었다.

이후 녹읍제가 폐지되었으나 그 후에도 권력기관에 의한 토지 점유는 확대되어 갔다. 왕실 직속지와 관유지, 귀족사원에 의한 점유토지 등은 여전히 확대 일변도의 추세였다. 왕조는 녹읍제를 폐지하고 정전제(丁田制)의 실시를 통해 토지의 지배형태와 수취 체제의 전환을 시도했으나 귀족, 관료, 대·소 족장세력의 반발에 무너지고 말았다.

하대(下代)의 신라는 중앙집권 체제가 약화되었고 이에 따라 중앙 정계에서 배제되어 몰락한 귀족들은 지방으로 내려가 농민의 토지를 사들이거나 점탈하여 대지주로 성장했다. 지방의 토호와 귀족들이 소유한 토지는 농장으로 확대되었다. 남해의 왕으로 군림했던 장보고가 일족의 무리를 거느리고 자기 고향인 완도에 설치한 군진(軍陣), 청해진도 일종의 거대한 농장이었다.

진골들은 왕위 쟁탈전을 벌이면서 그 소요 비용을 녹읍, 식읍, 관료전 등을 경작하는 농민층으로부터 징수했다. 왕위 쟁탈전이 장기화되면서 농민들의 부담은 가중되었다. 엎친 데 덮친 격으로 서기 9세기 이후 거듭되는 흉년과 창궐하는 전염병은 농촌의 황폐화를 가속시켰다. 농민들은 결국 토지를 떠났다. 더 이상 조세와 부역의 부담을 감당할 능력이 없었고 장래에 대한 희망을 상실한 농민들은 유민(流民)이 되어 사방으로 흘러 다니거나 무리를 지어 산 도적이 되었다. 지방 토호인 촌주들은 주변의 토지와 인민을 자기들의 손 아래 넣고 성을 쌓아 스스로 성주라고 칭하면서 반 독립적인 지방 세력을 구축했다.

지방 토호의 세력을 꺾은 전시과(田柴科)

어느 시대를 막론하고 정치와 경제는 항상 톱니바퀴처럼 서로 맞물려서 상호의존적이고 보완적인 관계를 형성한다. 경제의 기초는 땅이며, 땅을 기반으로 권력을 키웠다. 땅은 권력의 기초인 셈이다.

고려 초기, 호족들이 지방에서 할거할 수 있었던 것도 각기 독자적인 군사력과 함께 경제력을 갖고 있었기 때문이었다. 고려 태조 왕건과 역대 왕이 정치제도와 함께 당시 경제적 기반을 구축하는 기반인 토지제도를 시급히 정비하려 했던 데에는 그러한 배경이 깔려 있었다. 토지제도의 확립은 통일신라 말기의 시대적 과제로 부각된 농민들의 고단한 삶을 개선하는 것뿐만 아니라 중앙의 지배권을 확립하기 위한 절대 절명의 과제였던 것이다.

고려 왕조는 전시과 체제의 토지제도를 확립한 뒤에야 호족의 경제적 기반을 제거하고 중앙으로 권력을 모을 수 있었다. 전시과는 당(唐)의 균전제(均田制)를 모방하여 국유를 원칙으로 하되 개인에게 수조권(收租權)과 경작권을 준 제도이다. 개인이 수조권을 가질 경우는 사전, 관청이 수조권을 가진 땅은 공전으로 나뉘게 된다.

고려의 전시과제도는 태조 23년의 역분전(役分田:신왕조에 대한 충성도와 공로에 의거한 논공행상 성격의 분지제)으로 시작되어 경종(景宗) 때의 시정전시과(始定田柴科:지급의 기준을 인품으로 함), 목종(穆宗) 때의 개정전시과(改定田柴科:문무 양반 및 군인전시과, 관품을 18등급으로 나누어 일원적으로 지급), 덕종(德宗) 3년에 도입한 한인전시과(閑人田柴科:양반이나 군인의 자제에게 지급)를 거쳐 문종(文宗) 30년에 경정전시과(更正田柴科:문무 양반으로 구분 지급함)로 완성되었다.

경정전시과는 모든 관리를 18등급으로 나누어 농지(田)와 임야(柴)를 차등 지급하는 제도이다. 중서령(中書令), 상서령(尙書令), 문하시중(門下侍中) 등 최고위 관리들에게는 1과로서 전(田) 100결(結)과 시(柴) 50결을, 한인(閑人)과 잡류(雜類)들에게는 18과로 전(田) 17결을 주었다. 전시과 체제 아래서 현직 관리의 생활 보장책으로 지급되는 토지는 사후에 즉시 국가에 반납되었고, 토지 지급의 실제 내용은 경영 관리와 관계없는 수조권(收租權)의 지급에 불과하며 급전도감(給田都監)에서 지급과 환수 업무를 관장했다.

전시과 외의 사전(私田)은 공신과 상급관리에게 주는 공음전(功蔭田, 일명 永業田), 일반 군인에게 주는 군인전(軍人田), 군인 유가족과 연로자로 자손이 없는 군인에게 주는 구분전(口分田), 관청비용을 위한 공해전(公解田), 사원이 소유하는 사원전(寺院田), 6품 이하의 자제에게 지급되는 한인전(閑人田), 퇴역 군인에게 주는 퇴역전(退役田)과 왕실에 지급되는 내장전(內莊田) 등이 있었다. 그러나 전국에 국가가 특별히 관리하지 못하는 농민들의 땅(民田)이 곳곳에 산재해 있었다.

군인이 지급 받는 토지는 직무를 기준으로 분급(分給)되어 60세가 되면 적자(適者) 또는 적손에게 직무와 함께 세습되었다.

전시과 외에 중요한 것은 공음전이었다. 5품 이상의 고관에게 준 공음전은 세습이 허락되었으며 이는 문벌귀족의 경제적 기반을 다련해

주기 위한 배려로 이해된다. 이 제도는 5품 이상의 관리 자손에게 무시험으로 관직에 오를 수 있도록 한 음서제(蔭敍制)와 맥을 같이하는 제도로서 고려가 귀족사회였음을 보여준다.

고려의 토지제도도 원칙적으로 국유론에 입각해 있었다. 그러나 민전은 일반 농민들이 조상 대대로 물려받은 삶의 터전이었으며, 일반 농민들은 생산량의 4분의 1을 조세로 부담했기 때문에 국가의 입장에서 본 민전은 세금을 받는 국고수조지(國庫收租地)였을 뿐이었다. 자기의 땅이 없어서 전시과의 토지를 경작하는 농민은 생산량의 2분의 1에 해당하는 높은 전세(田稅)를 토지 주인에게 납부해야 했다.

토지에는 국유토지 외에 국가가 임의로 처분할 수 없는 토지도 있으므로 토지국유는 왕토사상에 따른 하나의 의제였을 뿐 고려의 현실적인 토지소유관계를 규율하지는 못했다.

공음전도 토지에서 나는 조를 받는 권한에 지나지 않았다. 그러나 과전(科田)도 실제 운영에 있어서 실제로는 세습되었고, 공해전이나 사원전 등은 거의 각 기관에 영속되어 버렸다.

고려의 농장(農莊)

고려의 귀족들은 국가에서 받은 과전과 공음전 외에도 왕으로부터 특별히 별사전(別賜田)을 받아 땅을 키웠다. 왕실의 외척 권신인 이자겸은 왕으로부터 식읍과 전지, 노비를 받았고 족당들도 그의 권세를 배경으로 땅을 늘려 나갔다. 귀족들은 이에 만족하지 않고 권력을 이용해 남의 토지를 겸병, 개간하면서 땅덩이를 키워 나갔다. 무신(武臣) 집권기에 접어들면서 토지겸병은 더욱 무자비하게 이루어지기 시작했으며 고려 귀족들 간에 땅을 기반으로 세력 분포가 나타나게 되었다. 귀족의 토지는 통칭 농장(農莊)이라고 불렀다. 귀족들은 토지의 겸

병, 개간, 투탁(投託) 등의 수단을 동원하여 전국 각지로 농장을 확대시
켰다. 농장의 확대는 공전(公田)을 감소시켰으며 면세특권이 주어진 귀
족들의 토지 증대로 나라 재정은 궁핍하게 되었고 결국 파탄지경에 이
르렀다. 관리에게 지급할 녹봉을 조달할 길이 없어 전시과가 붕괴되었
다. 전시과의 대체 수단으로 녹과전(祿科田)이 설치되었으나 경기 8현
의 토지를 현직 관료들에게 배분하는 이 제도는 관리들에게는 인기를
얻지 못했으며 효과도 없었다.

　농장을 소유한 권문세가들은 개경(開京)에 거주하면서 가신이나 노
비를 보내 조를 징수하였다. 14세기 초, 충선왕은 절박한 사태에서 벗
어나기 위해 토지겸병의 제한과 염철(鹽鐵) 전매의 방법으로 왕권의
부흥을 시도해 보았으나 이미 비대해질 대로 세력을 키운 권문서가를
누르기는 역부족이었다.

　권문세가는 산천이 쩡쩡 울릴 정도로 토지를 독점하였으며 조상으
로부터 농장을 물려받지 못한 신진 관료들은 지위고하를 막론하고 곤
궁한 생활을 면치 못했다. 그러나 신유척불(新儒斥佛)을 부르짖는 신진
관료들에 의해 토지제도에 대한 개혁의 움직임이 싹트기 시작했다. 무
신정권이 붕괴되고 신흥관료층으로 등장한 사대부 계층은 권문세족에
게 다양한 전법으로 도전하였다. 공민왕 때에는 전민변정도감(田民辨
整都監)에 중(僧), 신돈을 중용하고 토지제도의 개편을 시도하였으나
이를 뒷받침할 개혁 세력이 힘을 갖지 못해 실패하고 말았다.

　위화도 회군 후, 실권을 장악한 이성계는 같은 신흥귀족인 조준과
합세하여 창왕 원년에 사전개혁안을 상소하기에 이르렀으나 이 개혁안
은 조민수의 반대로 실패하였다. 조민수는 이로 인해 탄핵을 받고 추
방당했다. 이 당시 토지개혁의 찬성론자는 조준, 정도전, 윤소중 등이
며 반대자는 이색, 권근, 우현보 등이었다.

　조민수 등 구귀족 세력을 숙청한 이성계 일파는 급전도감을 설치하

고 전국의 공·사전적(公私田籍)과 토지문서를 불태우고 전국의 토지를 다시 측량하여 공양왕 3년에 과전법(科田法)을 공포하게 된다. 과전법의 공포는 사실상 고려의 멸망을 뜻한다.

이씨 조선의 틀을 다진 과전(科田)

고려 말에 단행된 토지개혁은 조선왕조 토지제도의 근간이 되었다. 과전을 실시한 개혁 세력은 귀족들의 농장을 몰수하여 신흥관료에게 재분배하였다. 과전법은 전시과를 복구시킨 것과는 다르다. 과전은 세습될 여지가 많았으며 전시과에 비해 지주적 성격이 농후했다.

과전법에 의해 관리는 현임이냐 전임이냐를 불문하고 18등급의 관직계급에 따라 과전을 지급 받게 되어 있다. 관료에게 과전이 지급되는 지역은 경기지역으로 제한했다. 생활 기반을 중앙에 두게 함으로써 지방호족으로 성장하는 것을 억제하자는 목적에서였다. 과전의 지급은 원칙적으로 1대에 한했으나 수절하는 처에게는 수신전(守身田)이라는 명목으로 전수되었고, 부모가 모두 사망한 유약자에게는 휼양전(恤養田)이라는 이름으로 전수되었다.

실질적으로 과전은 세습화되어 가는 경향을 보였다. 정변이 있을 때마다 배출된 공신에게는 과전 외에 별도로 세습이 인정되는 공신전이 지급되었다. 이 밖에 국가에 특수한 공로를 세운 자에게는 별사전이 지급되었는데, 공신전과 별사전을 지급하는 지역도 과전과 마찬가지로 경기지방에 한했다.

경기지방에 집중 지급된 과전, 공신전, 별사전은 세습이 인정되었을 뿐만 아니라 나날이 증가하는 추세여서 이들 수조권이 부여된 사전의 확대로 일반 토지는 차츰 부족하게 되었다. 신진 관료에게 줄 토지가 부족하게 되자 태종은 과전의 3분의 1을 충청, 전라, 경상 하삼도(下三

道)도로 이전하였다. 세종조 때 와서 다시 경기도로 한정시켰다. 세조 11년에는 과전법이 폐지되고, 직전법(職田法)으로 대체되었다.

직전제 실시로 수조권은 현직 관료들에게 주어졌으나 16세기경에는 사실상 유명 무실하게 되었고 대·소 관료들은 녹봉만을 받게 되었다. 과전, 공신전, 별사전 이외에 군전(軍田)이 있었는데 양반 관료 외에 각 지방의 토착 세력인 한량에게 급여된 군전 역시 온갖 명목으로 세습되었다. 이 밖에 중앙과 지방의 관아나 공공기관에는 그 경비와 소속 하리(下吏)의 급료에 충당하기 위한 각종 명목의 토지가 급여되었다.

조선왕조의 토지제도는 왕토사상에 근원이 있는 토지국유화의 정신에 입각하여 국가에서 직접 수조하고, 공전을 제외하고는 이를 적절히 분배해서 수조권을 위임할 것을 기본으로 하고 있다. 그러나 내용에 있어서는 원칙적으로 세습이 인정되었거나 또 실질적으로 세습된 많은 토지가 결국 사유지로 변해 갔다. 왕토사상은 현실과 부합되지 않았던 것이다.

국가와 경작자 중간에는 민전의 소유자인 전주(田主)가 별개로 존재했고, 그들이 병작제(竝作制)의 원칙에 따라 수확량의 반을 받아 냈다. 그리고 전주는 수확량의 10분의 1을 세금으로 국가에 바쳤다. 이러한 병작반수제(竝作半收制)는 과전이나 공신전 등에도 확대 적용되어 조선 초부터 양반들에 의한 토지사유는 날로 증가하는 양상을 보였고 그것은 고려조 때나 다름없이 농장으로 발전해 갔다.

양반 관료와 지방 토호들은 매입, 겸병, 개간 등 각종 방법을 동원하여 농장을 키웠다. 농장의 확대는 자연히 농민들로부터 토지를 앗아가게 되었으며 계층 간의 갈등을 증폭시켰다. 이조의 농장이란 서양의 장원과는 성격이 다르고, 중국의 당·송 시대의 장원과 비슷했다. 개인의 농장 중 지역적으로 국한되어 규모가 확대된 것도 있으나 일반적으로는 전국 각처에 논밭과 임야를 분산 소유하는 분산하는 방식으로 확대되어 갔다. 양반 관료 1명이 3개 도에 걸쳐 수십 개 처(處)의 사유지를 점유하는 경우도 있었다. 특히 훈구파 양반들이 3남 지방의 공전을 침식해 간 것은 주목할 사례이다.

농장은 노비들이 주로 경작했으나 양민들도 이곳에서 농사를 지었다. 이들은 전호라고 불렸다. 전호는 대부분이 양민이었으나 신분적으로 천민이 되는 경우도 있었다. 농장에 소속되어 있는 전호에 대해서도 사실상 요역이 면제되었고 이조 말엽에는 공납(貢納)까지도 면제되었다. 때문에 양민이 자신의 땅을 농장에 투탁(投託)하거나 유랑 생활을 하던 양민들이 농장으로 흘러 들어갔다. 전주와 전호 사이의 관계는 병작반수(竝作半數)로서 수확을 절반씩 나누어서 차지했다.

재정 파탄이 부른 대동법

임진왜란과 병자호란에 시달린 뒤, 조선 조정은 극도의 재정 궁핍을 겪었다. 농토는 전란으로 황폐해졌으며 경작 면적은 줄어들었다. 토지 대장이 상실되자 이를 기회로 삼아 고의적으로 대장에서 누락하는 토지가 생겨났다. 임진왜란 이전에 170만 결에 달하던 토지가 광해군 시대에는 54만 결로 대폭 줄어들었다. 이는 조세 수입이 그만큼 감소했다는 것을 뜻한다.

조선 조정에서는 이를 타개하기 위해 공납제의 채택이 거론되었다. 현물 징수인 공납제는 임진왜란 이전부터 대두되었으나 공납제 자체가 안고 있는 갖가지 폐단으로 인해 전면적인 실시는 미루어져 왔다. 임진왜란 이전에도 특산물을 관청에서 대납하거나 청부업자로부터 사다가 내는 일이 흔했다.

특산물을 대주는 청부업자들의 농간으로 농민들은 고난을 당했다.

이를 시정하기 위해 일부 관료는 공물을 미곡으로 대납시키자고 주장했다. 미곡 대납은 공납의 전세화(田稅化)를 의미한다. 단위 경작 면적에 대해 일정한 세미를 징수하고, 징수한 공납미를 관에서 지정한 공납 청부업자에게 지급하여 궁(宮)이나 관(官)에서 필요로 하는 공물을 조달케 하자는 방법이었다. 미곡 대납제는 전란 후에 부족한 정부 양곡을 보충하여 민생을 안정시키려는 의도가 있었으며, 종래에 불법적으로 행해진 공납 청부의 관행을 일정한 규제하에서 합법화시키자는 의미도 지녔다.

미곡 대납제는 율곡 이이(李珥)가 이미 선조에게 바친 동호문답에서 상소한 수미법(收米法)에서도 비춘 적이 있었으나 율곡의 주장은 임진왜란 이전에는 시행되지 않았다.

미곡 대납제는 광해군 원년 이원익의 주장에 따라 우선 경기도에 시범적으로 시행되었으며, 그 후 강원, 충청, 전라도를 거쳐 숙종 34년에 전국으로 확대되었다. 각종 토산물 대신에 일률적으로 징수한다는 의미에서 이 제도를 대동법이라고 불렀으며 징수되는 미곡을 대동미라고 하였다.

대동법이 틔운 한국 자본주의의 싹

대동법은 자본주의의 중요한 배경이 되었다. 대동법의 당초 목적은 조선왕조의 재정 확보에 있었지만 이 세법이 전국적으로 실시됨에 따라 조정은 자기의 수요를 경제 외적인 강제에 의해서가 아니라 상품매매를 통해서 조달하게 되었다. 자본주의의 요체인 시장이 생기고 성숙되기 시작한 것이다. 그리고 공물을 조달하는 광범위한 계층의 수공업자가 등장했다. 봉건왕조가 수요를 충당하기 위하여 직접 장악했던 관영 수공업 대신에 사영 수공업이 비약적으로 성장하였으며 특정 물품의 전매권을 가진 시전(市廛) 또한 크게 성장하였다. 이 세법은 또 공물의 대납 품목이 쌀에서 포(布) 등 다른 품목으로 대치될 가능성을 내포하고 있었으며 실제로 대납 품목의 전환은 쉽게 이루어졌다.

전국의 농민 수공업자들이 빈번하게 접촉하면서 시장을 위한 생산이 전개되기 시작하였다. 봉건적 조세수취 체제로서의 결부제는 의미를 상실하게 되었으며 교환경제의 발달, 사유재산의 형성, 생산력의 증가에 따른 합리적 농업경영 단위로서의 두락제가 전면에 나타났다. 시장의 발달과 시장을 위한 생산은 상호작용하면서 촉진되었고 상품유통을 매개하는 보부상, 객주 등의 상인들이 성장하였다.

상업자본의 역할은 처음에는 봉건제의 붕괴작용으로 한정되었다. 그러나 점차 생산 활동과 결부되면서 자본주의의 싹이 트였다. 부상대가(富商大家)들이 토지에다가 자본을 투자하는 경우가 늘어났다. 상업자본이 토지자본으로 변하기도 했으나 토지에 상업자본이 침투하면서 토지를 가지지 못하게 된 많은 농민들은 생존을 위해 자기의 노동력을 상품으로 팔게 되었다.

2. 땅에 얽힌 슬픈 이야기

일제의 침탈과 더불어 생긴 사유지

구한말까지 서울 장안의 토지는 모두 나라 땅이었다. 개인이 법적으로 소유하고 있는 민유지(民有地)라고는 장안에 단 1평도 없었다. 조선을 개국한 이태조는 도읍을 서울로 옮기면서 먼저 궁가(宮家), 종묘(宗廟), 관청의 부지를 결정하고 도로와 시장으로 쓸 땅을 떼어 놓았다. 귀족, 관리, 백성은 나머지 땅을 신분에 따라 집터로 받았다. 그러나 백

성들이 받은 땅은 대대손손 넘겨줄 수 있는 사유지가 아니었다. 왕족
이나 고관대작들의 땅은 대를 거치던서 불어났으나 법상으로는 사용권
일 따름이었다.

물론 집터로 부여받은 넓이는 신분에 따라 차이가 컸다. 대군과 공
주는 30부(負), 왕자 옹주 25부, 1품 15부, 3품 10부, 5~6품 8부, 7품
이하와 양반의 자손은 4부씩 받았다. 일반 서민은 나라로부터 2부씩
받았다. 집터의 단위는 소위 3등 양전척에 따라 주척(周尺) 5자 7치 7
리를 기준으로 하였다.

땅의 크기에 차이가 있기는 했지만 지금과 비교하면 그 차이는 미미
했다. 대군이 받은 땅은 서민의 15배. 날고 기는 세력가라고 하더라도
가난한 일반 백성에 비해 그리 넓지 않은 집터를 받은 셈이다. 나라에
서 내준 집터에 집을 짓고 살게 되면서, 집이 들어선 땅 자체도 집 임
자의 소유물처럼 간주되기는 하였으나 국유지라는 사실은 엄연했다.

집을 짓고 싶은 백성들이 한성부(漢城府)에 청원하면 2년 이상 계속
빈터로 남아 있던 땅일 경우 건축을 허가 받았다. 그러나 2년 이상 계
속 빈터로 방치되어 있는 땅이라고 하더라도 허가가 나지 않는 경우도
있었다. 먼저 허가를 받은 사람이 지방에 나가 있는 벼슬아치일 경우
라던가 부모의 상중이어서 집을 짓지 못할 경우에 그랬다.

'어느 공지(空地)나 밭을 막론하고 백성에게 집을 짓도록 허락한 터
는 그 땅에 울타리를 치지 못한다.' '서울 장안의 택지에 관한 소송 중
5년이 넘은 것은 받지 않는다.' '집터나 집이 너무 호화롭거나 넓게 꾸
민 것은 나라에서 이를 헐어 버린다.' 고종 2년에 편찬된『대전회통(大
典會通)』이나『육전조례(六典條例)』등에서 나타나는 기록들은 이조 말
엽까지도 국유 제도가 엄하게 시행되어 왔음을 보여 준다.

새로 집을 살 때는 그 집에 딸린 대지에 대한 수속은 따로 밟지 않
아도 되었다. 그렇다 해도 대지를 사용하는 데 불편이 생길 턱이 없었

다. 또 새로 지을 집터가 이미 누군가 집을 짓고 살다가 헐어낸 자리라고 하더라도 그 터에 허가를 얻어 집을 지을 경우에 그 터의 전 주인이 자기 권리를 주장할 방법도 없었다.

그러나 이조 말엽 개항이 되고 일본인 등 외국인이 서울 장안에 들어와 살면서부터 집터의 개념은 달라지기 시작했다. 서울에서 집을 사는 외국인들은 집과 함께 집에 딸린 토지도 사는 것으로 받아 들였다. 그들은 사들인 지역에 울타리를 치기 시작했다. 아직 건물을 짓지 않은 상태에서 다른 사람들의 침범을 막는답시고 철조망을 치기 시작한 것이다. 이조 개국 이래 500여 년을 내려오던 집터의 개념은 이렇게 허물어졌다.

집문서도 달라졌다. 집문서는 1893년 한성부에서 처음으로 가권(家卷)을 발행, 집을 사고 팔 때 옛문서를 거두어들이고 새문서를 내어주면서 생겨났다. 그러다가 1900년에 '가권발급규칙'을 제정, 서울 이외의 다른 지방에서도 이 제도를 확대 시행하게 되었다. 토지와 건물 증명 규칙도 공포되었다. 건물을 매매했을 때에는 소관 관청의 증명을 얻어야 했다. 집을 매매할 때는 그 집에 딸린 토지도 동시에 권리가 넘어간 것으로 인정된 것은 이 규칙의 규정에 따른 매매증명서가 발급되기 시작하면서부터였다.

1914년에 생긴 소위 '시가지세'로 집터에 세금이 부과되면서 집터에 대한 소유권은 합법화되었다.

1914년 12월 말 현재, 경성부가 시가지세를 부과하기 위하여 서울 시내의 밭, 논, 대지, 잡종지를 대상으로 조사한 땅값을 보면 일본인들이 진작부터 얼마나 많은 땅을 사들였는가를 짐작할 수 있다. 이 기록에 나타난 일본인 소유의 밭은 29만 9,898평에 40만 3,353원, 조선인 밭은 65만 9,129평에 52만 1,288원이고 기타 외국인이 소유한 밭은 2만 7,316평에 4만 1,316원이다. 대지는 일본인 소유가 62만 2,955평에

890만 3,401원, 조선인 소유가 147단 8,430평에 1,446만 553원, 외국인 소유가 19만 6,460평에 190만 3,227원이었다.

예나 지금이나 금싸라기이기는 마찬가지인 도로변 상가터도 비슷한 과정을 거쳐 상당수가 일본인의 손으로 넘어갔다.

애초 서울 장안의 길은 구획이 정연하였다. 『경국대전(經國大典)』은 '황토현에서 지금의 동대문인 홍인지문(興仁之門)에 이르는 길과 대광통교에서 숭례문(崇禮門)에 이르는 길은 노폭이 50~80척이나 되는 큰 길이었다.'고 전해 토지구획이 정연하게 이뤄져 있었음을 알려 준다. 그러나 길 양쪽의 도랑을 넘어 가게들이 들어서면서 넓은 길이 침범되기 시작했다. 길가에 늘어선 상점을 가가(假家)라고 불렀는데, 가가라는 명칭에서 알 수 있듯이 이들 가게는 언제든지 철거할 수 있는 가건물이었다. 나라의 행차가 있을 때면 철거하기로 한 조건이 붙은 임시 건물이었다. 임금이 행차할 때면 가가들은 모두 헐렸다. 그런데 가가들이 들어서면서 80척이나 되던 길은 자꾸 좁아져 1896년에는 한성부 내 도로 노폭은 규정상 55척으로 줄어들었다.

1908년에는 내부 훈령을 고쳐 10년 시한부로 허가되었던 가게의 설치 허가 기간이 다시 5년 연장되었다. 그러나 가게들은 임시건물이 아닌 주거용 가옥으로 변했으며 외국인이 주거 가가를 샀을 경우 단단한 벽돌집으로 변했다. 외국인들이 사들인 도로변의 금싸라기는 이런 방식으로 일본인들과 세도가의 소유로 넘어갔다.

토지측량의 애환

조선에도 측량술이 없었던 것은 아니다. 이조 정조 때 쌓아올린 수원성은 성첩 등의 넓이와 길이를 잴 때 삼각측량법을 사용했다.

1897년 3월 6일자 독립신문은 '한성부에서 오서자(五署字) 내에 준천(浚川)하는 데 개천 형편의 높고 낮은 데와 길이와 너비를 일일이 측량하여 일신케 준천하련다.'고 기술하고 있다. 세종대왕 이래로 범람이 잦거나 고약한 냄새를 내는 진흙탕이 된 청계천을 다스리기 위해 미국인 측량기사가 동원되었다. 서양의 측량술이 조선백성들을 위해 사용된 셈이다. 그러나 10년 뒤 서양의 측량술은 무지렁이 조선백성들을 울렸다.

토지조사령의 발동 전후로 실시된 1907~8년의 측량은 땅을 빼앗아 가는 전주곡이었다. '논밭의 좋은 곳은 신작로로 들어가고, 말깨나 하는 놈은 형무소로 잡혀가고, 얼굴깨나 반반한 년은 갈보집으로 들어간다.'라는 당시의 유행가 가사에서 당시 백성들의 서러움을 엿볼 수 있다.

1908년에 나온 측량법에서 정한 측량 시기는 1910년으로 한정되었다. 측량이 끝나지 않은 땅은 사유지이건 공유지이건 간에 이를 모두 불문하고 국유지로 환수하겠다는 것이 제국주의 일본의 한반도의 땅뺏기 전술이었다. 토지조사령은 고대 이래 계승되어온 토지국유화원칙의 봉건적 토지제도를 타파하고 면적이나 경계가 불분명한 토지를 수탈한다는 데 목적을 두고 있었다. 또 지방 토호들이나 양반들에게 그들의 토지사유를 인정해 줌으로써 토지를 가지고 있는 전직관료나 귀족지주들을 회유하려는 의도도 내포하고 있었다. 일본 제국주의는 국유지로 환수된 땅을 헐값에 동양척식회사나 불이홍업(不二興業)에 넘겼다.

조선인들은 측량을 하기 위해 안달병이 날 수밖에 없었다. 그러나 삼천리 강토를 2년 만에 모두 측량하기에는 시간이 너무 짧았다. 애당초 땅을 가로채기 위해 시간을 촉박하게 정한데다가 측량기계부터 부족했다. 측량기계는 값이 천정부지로 치솟았다. 황현은 『매천야록』에서 '측량기 한대가 35원이오, 수입해다가 파는 진고개의 왜상들은 돈을 싸리비로 쓸어 언덕처럼 쌓아 올리듯 앉은 자리에서 고스란히 10배의 이익을 남긴다.'고 적고 있다.

그 당시 시세로 참깨 1말에 75전, 팥 1말에 90전, 강릉베 1필에 2원 10전 정도였으니 측량기의 값이 엄청난 고가였음을 짐작할 수 있다.

서울 장안에는 측량기를 사거나 측량법을 배우려고 전국 방방곡곡에서 몰려든 학생 아닌 학생들로 득실거렸다. 땅마지기나 가진 시골의 토호들은 형제가 셋이면 그 중 한 명은 측량 공부를 시켰다. 안동 김씨 문중은 문중자금으로 측량 학교를 설치하고 문중자제에게 측량 공부를 시킨 것으로 전해진다.

그러나 무지렁이 농민들은 자신의 돈으로 측량을 할 도리가 없었다. 설사 측량을 용케 마쳤다손 치더라도 그것으로 끝날 문제가 아니었다. 측량을 마치고 토지문서를 등기부에 올리려면 인지를 붙여야 했는데 인지값이 땅값보다 비싼 일이 흔했다. 값이 안 나가는 모래땅이나 진황지(陳荒地)의 주인들은 아예 내팽개쳤다. 일본인 측량기사나 이들을 따라다니던 면서기나 군주사들은 내팽개쳐진 땅들을 쉽게 차지했다. 그리고 인근에 저수지가 생기고 옥토로 변하면서 거저 줍다시피 한 땅값도 뛰기 시작했다.

'장연읍에서는 각기 산 주인이 측량하여 증명서를 내려한 즉 측량비도 많이 들거니와 소위 인지값이 장당 1원이라 측량비와 인지값을 합계하면 시장(柴場)값보다 별로 적지 않다. 땅값이 싼 곳은 인지값이 땅값보다 배나 비싸다. 뿐만 아니라 청원을 하면 받아 두고 증명을 아니하여 주기가 일수이다. 고로 백성들은 시장(柴場)과 산림(山林)을 측량하라고 훈령함은 인지를 팔아먹자는 계교요, 증명서를 내어주자는 뜻이 아니니 측량을 하나, 아니 하나 빼앗기기는 마찬가지이다. 꿩 주고 알 주고 할 것이 무어냐 하며 측량을 정지하였다.' 1909년의 한 신문이 전하는 당시의 정황이다.

결국 측량은 지지부진해질 수부에 없었고 법정 기간까지 제대로 측량을 마친 사람은 불과 10분의 1도 채 안됐다. 1918년 동양척식회사가 소유한 사유지는 논 5만 134정보, 밭 1만 9,422정보, 산림 2,620정보, 잡종지 2,988정보 등 총 7만 5,175정보에 이르렀고 소작료도 미곡으로 50만 석에 달하였다.

측량과 함께 상당수의 종중 토지가 조선고등법원의 허락을 받고 종손 등의 명의로 등기되었다. 한국 땅에서만 유일하게 인정됐던 명의신탁은, 한 민족을 울리고 땅을 빼앗아간 토지조사령으로 태어났다.

제2장 땅투기의 역사

땅만큼 확실한 이익을 남겨주는 재산은 없다. 금이나 보석, 화폐의 가치는 믿지 못할지언정 땅의 가치를 의심하는 한국인은 드물다. 텃밭도 없어 남의 땅에서 품을 팔았던 대부분의 농민들도 악착같이 돈을 모아 땅을 사들였다.

서울과 부산, 대구, 광주, 대전의 논밭이 금싸라기로 변했다. 그들의 아들 딸들은 이 땅에 신흥 부호층의 대열에 합류했다. 선대의 모진 고생은 자식들에게 부귀 영화를 보장했다.

그러나 땅에서 불로소득을 얻은 사람 중 악착같이 땅을 사들인 가난뱅이들은 적었다. 토지정책을 펴는 정부관리와 정책에 입김을 불어넣은 정치가와 관변학자, 투자자금이 넉넉한 변호사와 의사, 세무사 등 세칭 사족들이 땅에 깊은 애착을 가졌고, 기업과 기업주들은 땅으로 불로소득을 향유했다.

땅의 가치는 정부정책과 기업의 개발전략에 따라 정해졌다. 정부당국이 개발구역의 선을 어떻게 긋는가에 따라 땅의 가치는 천차만별로 갈렸다. 박정희 대통령이 지도상에 그린벨트의 선을 그은 후 선 안팎의 토지 소유자들은 천국과 지옥으로 갈렸다. 토지 가치는 비옥도나 지리적 위치에 따라 정해지는 것이 아니라 정부 정책 당사자의 볼펜에서 결정되었다.

기업의 개발전략도 땅값을 좌우했다. 아파트단지나 공장이 들어서는 자리는 순식간에 땅값이 2~3배 치솟았다. 주택 건설업체의 용지 담당자 중에는 주택단지 조성에 필요한 땅을 사면서 자기 친척이나 제3자 명의를 내세워 땅을 사들인 적도 있다. 그리고 자신이 몸담고 있는 업체에 비싸게 되파는 수법을 동원했다.

일제에게 전수 받은 토지투기

1876년, 부산이 개항되고 용두동 일대 11만평이 일본 선주들이 사용할 수 있는 부두터로 나오면서 근대적 항구 시대의 막이 열린다. 4년 뒤인 1880년 5월에 부산에 이어 원산, 그 3년 뒤인 1883년 1월에는 인천항이 문을 열었다. 개항이 되면서 항구도시들의 땅은 일본과 중국인에게 대거 넘어가기 시작했다. 그리고 항구도시와 경부철도가 지나는 곳곳에서 토지사기와 투기바람이 휘몰아쳤다.

일본의 거부 하자마(迫間房太郞)는 창원과 마산포에 있는 땅까지도 꿀꺽 삼켜버렸다. 원산은 아예 일본인의 거리로 변했다. 삼학도의 파도 소리가 드높은 목포에는 유달산 바위덩이를 7~8번이나 팔아먹었다는 정병조(鄭昞朝)라는 희대의 사기꾼이 날뛰었다. 목포는 대원군의 사위요 총리대신 이완용의 서형인 이윤용이 가로챘던 항구이기도 하다.

이완용은 군산의 항구가 열릴 부둣가 수십만 평을 사들여 폭리를 취했으며, 진남포 역시 모두 거머쥐었다. 이완용은 나라를 팔아먹은 매국노일 뿐만 아니라 조선 땅의 투기꾼 반열에 함께 등록시켜야 할 인물인 셈이다.

1938년에는 나진에서 땅투기 바람이 불었다. 몇 해를 두고 새로 들어설 항구 자리를 놓고 수수께끼처럼 되어 있던 일본 제국주의의 군사 항구가 웅기를 제치고 나진으로 결정되면서 토지열풍이 일어났다. '여관은 가는 곳마다 대만원이었으며 거리에는 사람들의 어깨가 서로 부딪칠 지경이었다.'고 당시의 기록은 전한다.

항구부지로 공식 발표가 있기 직전 한 평에 불과 2전이었던 땅이 발표가 있은 후 사흘 만에 10원으로 뛰어 올랐고 한 달 뒤에는 평당 20원으로 1,000배나 치솟았다.

토지 투기꾼의 원조, 박중양(朴重陽)

해방이 되고 1949년 1월 13일 반민특위에 붙잡힌 일제 시대에 평남 지사를 지낸 거물 박중양(朴重陽)의 일화는 그가 시대를 앞선 땅 투기꾼이었음을 보여준다.

'군수 노릇할 때는 성첩 헐어 매식하고, 관찰사가 된 뒤에는 객사까지 훼손터니 황상 폐하 남순(南巡) 시에 일기불현(日旗不縣)하였다고 수창학교 폐지코자 학무대신에게 보고하니 포악하고 돈 잘 먹기 박중양이 날개로다.' 대한매일신보에 게재된 '춘불춘(春不春)'이라는 노래가 전하는 박중양의 행각이다.

구한말 통감부 시절 박중양은 대구 군수를 지냈다. 그는 양복을 입고, 머리를 깎고 대구로 내려와서 향교를 팔아먹고 성돌을 캐먹었다.

그는 대구와 진주의 수백 년이나 된 성돌을 파내어 왜인들에게 팔아먹은 돌군수였다. 왜인들은 그 돌을 점방을 짓거나 집을 짓는 데 사용했다. 임진왜란 당시 왜병 5만 명 앞에서도 난공불락이었던 진주성이, 박중양이 성첩을 전부 팔아먹는 바람에 촉석루 1채 만을 남기고 자취를 감추었다.

박중양이 대구 성첩을 헐어내고 돌멩이를 왜인들에게 팔면서 대구
의 부동산에 일대 혁명이 일어났다. 통감부가 설치된 1904년 당시에
대구에 들어와 있던 왜상들은 약 120명이었다. 경부선 공사 현장이 부
산에서 대구 쪽으로 뻗어 가면서 왜상들은 공사 현장을 따라 등짐을
짊어지고 내륙도시로 흘러들었다.

대구는 완강한 갓장이 영감들이 도사리고 있던 보수의 도시였고, 경
상도 일원에서도 기백 석이나 하는 부자들이 모여 사는 부자 동네였다.
러일전쟁에서 이기고 한반도 전체를 집어삼키기 직전의 일본인 세상이
라고는 하지만 경상도의 고집쟁이 양반들은 성 안으로 왜인을 들이기
를 거부했다. 게다가 철도공사 현장을 따라 대구 땅에 들어온 왜상들
은 보따리 상인들이어서 성 안의 비싼 땅에 발붙일 형편도 못되었다.

대구성의 성 안 백성과 성 밖 백성이란 안채 영감님과 행랑채 상것
과 같은 신분상의 차이가 있었다. 대구성의 크기는 둘레가 10리, 높이
가 20척. 영남문(嶺南門), 홍화문(拱北門), 진동문(鎭東門). 달서문(達西
門) 4개의 문은 인경 소리를 따라 날마다 여닫았다.

왜인들은 달서문 밖에 판잣집을 띄엄띄엄 짓고 살았다. 1906년, 일
본 이사청 부이사 오카모도(岡木)와 대구의 일본 거류민단 대표 격인
카게야마(影山)는 박중양을 구워 삶았다. 박중양도 경부선 대구역을 어
디에 지을지 알지 못했다. 철도역이 들어서면 역을 중심으로 도로를
새로 내야 하고 도로변에는 반드시 신흥주택가와 상가가 들어서게 된
다. 당연히 땅값도 달라진다. 카게야마 등은 대구역 건설에 편승해서
성을 헐고 떼돈을 벌어보라고 충동질했다.

성 안과 성 밖은 성 둘레 한 칸을 놓고 땅값이 4배나 차이가 난다.
성 밖 특히 왜상들과 경부선 철도공사 인부로 온 일본 노동자들의 숙
소 근처인 진동문 밖에다가 엄청난 땅을 사두고 성을 헐어 내기만 하

면 큰 돈을 벌 수 있다는 꼬임에 박중양은 혹했다. 카게야마의 제의대로 박중양은 성을 헐어 버리기로 결심한다.

경부선 철도역이 남문 밖으로 온다는 소문이 퍼지면서 돈 있는 사람들은 남문 밖 빈터를 사두기 시작했다. 정거장 바람은 남문 밖으로 휘몰아쳤으며 진동문 쪽의 땅값은 거꾸로 헐값으로 떨어졌다. 소문을 퍼뜨려 놓고 왜인들과 박중양은 비밀리에 동문 밖의 잡초밭을 마구 사들이면서 성곽을 헐어 버리는 비밀 작전에 들어간다.

박중양은 성을 헐어 버릴 계획을 오카모도와 카게야마 그리고 몇몇 일본 사람들과 함께 짜고 1906년 3월, '대구 도시계획상 방해가 되니 성첩을 헐겠다.'는 건의서를 조정에 올렸다. 건의서에 대한 조정의 회신은 '불가(不可)'였다. 그러나 중앙에서 회신이 내려왔을 때는 이미 성첩을 허물은 뒤였다. 박중양은 건의서를 올리기 열흘 전부터 카케야마가 부산에서 데려 온 60여 명의 일급 노동자를 배불리 먹이고 밤새 성에 구멍을 뚫기 시작했던 것이다. 성을 허무는 작업은 1908년까지 3년이나 계속되었다.

일본인 거류민단에서는 성 뚫린 동문 밖으로 도로를 놓아 달라고 박중양에게 5000원을 희사했으며 성을 헌 돌과 흙은 일본인 거류지역의 유곽 시설이나 건설 예정지를 메우고 집을 짓는 데 쓰였다. 비만 오면 물이 괴던 대구성 동부의 저지대에 자리잡았던 일본인 거류지역은 그야말로 일등 대지가 되었다. 성 안은 평당 23원, 성 밖은 6원씩 부르던 대지값은 같아졌다. 성내의 땅값은 떨어지고 철도 정거장이 들어 온 동문 밖 대지는 최고 60원까지 뛰었다. 박중양이 사들인 땅값은 순식간에 10배나 뛰어올랐다.

해방 직후의 주택 투기

해방 직후에도 주택에 대한 투기는 열병처럼 휘몰아쳤다. 해방 직후 몇 년 동안은 모든 물가가 엄청나게 뛰는 고물가 시대였다. 남과 북이 차단되면서 절대적으로 공급량이 부족했던 비료, 공산품 등은 하루가 다르게 앙등현상을 빚을 수밖에 없었다. 집값은 해방 이후 귀환동포들이 몰려들면서 폭등했다..

먹을 것이나 입을 것이나 모두 넉넉하지 못해 당시 서울의 주택난은 날로 심각해졌다. 인구의 자연 증가와 전재민의 격증, 건축 자재의 부족 등으로 주택 건설이 별로 이루어지지 않은 상태에서 해결 방안을 찾기도 어려웠다. 주택가격이 치솟은 요인에는 일반 물가의 앙등, 인구의 급격한 증가, 일본인이 남기고 간 적산(敵産) 가옥의 소수인 독점 등도 가세했다.

여기에 토지개혁 실시를 앞두고 지주들의 토지방매 자금이 주택가격 앙등에 한몫을 차지했다. 지방의 토호들은 토지개혁의 실시로 논밭에 투자할 수 없게 되자 도시의 주택을 투자대상으로 삼았다. 도회지에서 떠돌던 유휴자금들도 가옥으로 방향을 바꾸었다. 모리배와 중간 브로커들도 한몫 잡겠다고 돈푼이나 가진 사람을 부추겼다.

해방 전에 중급 가옥의 가격은 매 칸에 980원 정도. 해방 다음 해인 1946년에는 2,650원으로 그 해 7월에는 1만 3,000원으로 솟구쳤다. 다시 9월에는 2만 1,000원으로 해방 전보다 20여 배나 오르는 폭등세를 기록했다.

해방 직전에도 열 칸짜리 집은 9,000원이나 1만원은 주어야 살 수 있을 정도로 당시에도 비싸기는 했지만 해방 이후의 주택투기로 10칸짜리 집은 그야말로 천마지기들이나 구경할 수 있는 집이 되어 버렸다.

경제개발과 같은 궤적을 그려온 토지투기

해방 이후, 본격적인 토지투기는 경제개발과 거의 같은 궤적을 그린다. 그리고 그 때마다 강력한 토지투기억제책이 발동되었지만 2~3년간의 토지가격 상승을 막는 미봉책으로 끝났다.

토지투기가 일어나기 위해서는 우선 시중에 흘러 다니는 돈이 풍부해야 되기 때문에 경제의 활황기 뒤에 투기붐이 이는 것은 당연한 현상이기도 하다. 성장곡선이 꺾이면서 부동자금이 마땅한 투자처를 찾기가 힘들어지기 때문에 토지가 그 역할을 맡은 측면도 있다. 그러나 토지에 자금이 몰린 이면에는 토지야말로 안심하고 돈을 묻어 둘 수 있는 가치가 있다는 한국인의 정서가 자리잡고 있다. 그리고 실제로 토지가격이 떨어진 사실이 없다는 역사는 투자자나 투기꾼의 안전을 보증했다.

최초의 토지투기는 1962년 울산공업단지 주변에서 발생한 것으로 기록된다. 울산에 공업단지가 건설된다는 소문과 함께 시작된 토지투기는 대도시 전역으로 확산되었다. 토지투기에 대한 억제정책을 채택할 필요가 대두되어 1964년 국회에서도 토지투기 억제에 대한 논의의 장이 펼쳐지기 시작했다.

1967년 최초로 부동산투기억제에 관한 특별조치법이 제정되었다. 특별조치법은 이 땅에 선보인 최초의 투기와의 전쟁 선포식이었으나 1967년 12월 경부고속도로 건설계획과 1970년 1월 서울의 강남개발계획이 발표되면서 무기력하게 패퇴하고 말았다. 강남개발의 붐을 타고 투기가 절정을 이루면서 1969년에는 전국적으로 평균 80.8%에 달하는 지가상승률을 기록했다. 서울지역은 평균치보다 훨씬 더 높은 84.1%에 달해 토지판은 글자 그대로 '돈 놓고 돈 먹기 판'이 되어 버렸다. 무기력한 특별조치법은 1975년에 이르러 용도 폐기되었고 그 대신 양도소득세제로 대체되었다.

토지붐을 억제하기 위해 70년대 초에 도입된 비장의 수단이 기업의 비업무용 부동산에 대한 강제처분정책이었다. 기업의 비업무용 토지에 대한 강제매각조치는 지금까지 세 번에 걸쳐 시행되는데 그 첫번째가 1974년 5월 29일 박정희 대통령의 담화에서 발표된 기업의 재무구조 개선명령이었다. 비업무용 부동산의 매각조치는 1980년 9월 27일 국보위의 특별조치와 1990년 5월 8일 48대 재벌그룹을 대상으로 한 이른바 5·7 조치로 이어진다.

첫번째 비업무용 부동산매각조치가 박대통령의 입으로 발표되기 전, 1970년 4월 5일 국세청은 재벌 기업들에게 투기성 부동산을 처분하라는 권고를 했다. 그러나 기업들은 꿈쩍도 하지 않았다. 부동산시장에 국세청의 권고 정도는 영향을 미치지 못했다. 그 해 가을 재무부가 10억 원 이상의 은행부채를 가지고 있으면서 부채를 상환하지 않은 기업들에게 부채를 회수하겠다고 발표한 뒤에야 기업들이 움찔했다. 기업들은 1970년 12월 20일까지 채무를 그들의 은행잔고로 상계하거나 비업무용 토지를 처분하여 얻은 대금으로 상환하겠다고 약속했다. 1970년 11월 30일까지 83억 원이 회수되었으며 그 가운데 21억 원은 재벌그룹이 부동산을 처분하여 마련한 자금이었다. 1971년 개발제한구역(그린벨트)이 지정되면서 부동산시장은 안정됐다.

그러나 부동산시장의 안정은 두 해를 채 넘기지 못했다. 1973년 1월, 경공업 산업 체제에서 중화학공업 중심 체제로 전환시키겠다는 박정희 대통령의 연두회견이 있은 뒤 철강, 기계, 화학, 조선, 비철금속, 전자산업 등이 들어설 후보지의 땅값이 일제히 들먹거렸다. 포항, 울산, 여천 등 산업기지 주변의 공업지역 지가가 급등하면서 해방 이후 최초로 지방의 땅값 상승률이 서울을 앞지르는 진기록이 수립되었다.

1974년 소득세법을 개정하여 유휴토지에 대한 중과세부과 근거를 만든 뒤에도 땅값이 잡히지 않자, 5월 29일 '기업의 체질 개선과 자금동원에 관한 특별조치'라는 이름으로 박대통령의 결단이 내려졌다.

그러나 이 조치의 유효 기간은 1977년 말 제1차 비업무용 토지의 처분이 끝날 때까지였다. 중동 건설붐으로 쏟아져 들어온 오일 달러와 중화학공업에의 집중투자로 경기가 되살아나면서 2차 토지투기붐이 일기 시작했고, 1978년에는 절정으로 치달았다. 기업들도 토지매입에 적극 가담했다. 비업무용 토지처분정책이 끝난 1977년 말 비업무용 토지는 333만 평이었으나 1978년 8월 30일을 기준으로 조사된 비업무용 토지는 520만 평에 달했다. 2차 토지투기붐 기간 중 8개월 사이에 기업의 비업무용 토지만도 200만 평이 증가한 것이다.

급기야 1978년 8월 8일 투기억제종합대책이 발표되었고, 9월 들어 비업무용 토지를 모두 처분하라는 재무부의 경고가 발동한다. 이 때의 이른바 8·8 조치는 부동산 투기억제를 위한 종합대책이라는 역사적인 의미를 가지고 있다. 8·8 조치는 이후의 부동산 투기억제대책의 기본 지침이 되었으며 실제로 80년대 후반까지 투기바람을 잠재우는 역할을 했다. 8·8 조치로 토지거래허가 및 신고제가 도입되어 투기 우려가 있다고 판단된 지역은 토지거래허가 및 신고구역으로 지정하여 해당 지역의 토지거래는 허가를 받거나 신고토록 의무화시켰다. 토지거래 허가구역에서는 토지를 구입한 후 허가 받은 목적대로 사용하지 않거나 2년 이상 유휴지로 방치할 경우 유휴지로 지정, 강제처분하는 규정도 마련되었다.

또한 8·8 조치는 그 이전까지 건물 30%, 토지 50%로 되어 있던 양도소득세 세율을 토지, 건물 모두 50%로 올리고 매입 후 2년 이내에 거래할 경우 40%의 가산세를 부과하며 만일 미등기로 전매할 때에는 100% 중과토록 했다. 당시 시행 중이던 공한지세도 강화되었다. 과세 대상에 비업무용 토지가 추가되었으며 세율도 5% 정률에서 보유 기간에 따라 최고 10%까지 높였다. 건설부 내에 토지국이 생겼고 한국토지개발공사가 설립된 것을 보면 토지투기를 다스리겠다는 정부 당국의 의지를 엿볼 수 있다.

1980년 9월 27일, 제5공화국 정부가 제2차 비업무용 토지정책을 발표하면서 토지투기와 지가앙등은 가라앉았다. 80년대 초 주택건설업체들은 부동산 경기의 침체로 아파트 분양이 안 돼 곤혹을 치른 경험을 가지고 있다.

경기가 침체의 늪에서 헤어나지 못하자 1981년부터 투기억제조치들이 완화되고 1982년 12월 제2차 비업무용 토지처분정책이 공식적으로 끝난 후 기업들은 토지구입에 다시 나서기 시작한다. 1982년 말 현재 기준으로 재벌과 기타 토지 소유자들의 비업무용 부동산은 1,800만 평. 1983년에는 3,800만 평으로 1년 사이에 2,000만 평이 급증했다. 특히 이 때 기업들이 사들인 토지의 88%가 농경지와 임야여서 산업활동과 관계가 있는 투자라고 인정하기는 어렵다. 심지어 일부 재벌 기업은 한국토지개발공사에 처분하였던 비업무용 토지를 다시 사들이기까지 했다. 땅값은 다시 상승곡선을 그리기 시작했다. 그리고 또 다시 투기억제조치가 발동되었다. 1982년 7월에 금융기관의 여신규정이 마련되었고, 1984년 7월에는 계열 기업군에 대한 여신관리세칙이 제정되었다.

1980년대 말 제3차 토지투기가 재발되었다. 1980년대 중반의 무역흑자로 인한 여유 자금의 발생과 1987~88년의 양대 선거 기간에 풀려나온 통화가 물가를 상승시켰으며 부동산 가격을 자극했다. 노태우 후보가 선거 유세지를 돌며 개발을 약속한 후보지의 땅값이 뛰었고 특히 서해안 지역의 투기는 극에 달했다. 1980년에서 87년 사이에 전국의 지가 상승률은 연평균 10.5%였으나 1988년에는 24.5%, 1989년에는 32%, 90년에는 20.6%에 달했다. 기업의 토지 사들이기도 만만치 않았다. 1986년부터 1988년까지 3저 호황기에 거둔 286억 달러의 무역 흑자 중에서 26%가 토지에 투자되었다. 정부는 88년 8·10 조치를 발표했고 1989년에는 공개념 관련제도를 선보였다.

아파트가 주도한 80년대 투기

80년대 말의 부동산 투기는 땅값과 함께 주택 가격이 치솟은 점이 특징적이다. 아파트는 이 때를 기점으로 주요 투기 대상에 본격적으로 포함되었다. 6공 정부는 주택 200만 호 건설계획을 발표하고 수도권에 분당, 일산, 평촌, 중동, 산본 등 5개 신도시를 건설하여, 아파트 투기를 잠재우려고 했으나 투기 심리를 잡지는 못했다.

당시 8·10 조치로 1가구 1주택 허용 기간이 단독 및 연립주택은 1년, 아파트는 6개월로 단축되었고 1가구 1주택 비과세 기간도 거주 1년 보유 3년에서 거주 3년 보유 5년으로 강화되었지만 한번 오른 주택 가격은 내려갈 줄을 몰랐다.

8·10 조치 이후 종합토지세 도입을 비롯한 세제의 개편과 토지초과이득세, 개발부담금, 택지소유상한제 등 이른바 공개념 3형제가 등장했다. 미실현 이득에 대한 과세의 정당성 문제로 논란을 불러 일으켰던 토지초과이득세는 개인의 유휴토지와 법인의 비업무용 부동산을 대상으로 땅값 상승으로 생긴 불로소득의 50%를 3년마다 환수하는 제도이다. 개발부담금제도는 공단 조성이나 골프장 조성 등 각종 개발 사업으로 발생한 차익의 50%를 환수하는 것으로 토초세와 비슷한 취지를 갖고 있으며 1993년 8월 용도지역 변경으로 인한 지가 상승분도 대상으로 삼기 시작했다.

1992년부터 시행된 택지소유상한제로 6대 도시에서 개인의 택지보유는 200평 이하로 제한되었으며 법인은 원칙적으로 주택지의 취득이나 보유가 금지되었다. 이 규정을 어기고 상한면적 이상을 보유할 경우에는 초과소유부담금을 물도록 했다. 이들 공개념제도와 함께 1990년 5월 8일 비업무용 토지강제처분을 담은 5·8 조치를 단행했다. 이후 지가는 계속 하락하여 1992년에는 1963년 이래 처음으로 마이너스로 떨어지게 되었다. 그러나 사회간접자본의 민자 유치, 시·군 통합, 준농림지의 광범한 행위제한 완화, 그린벨트 지역에서의 주유소 설치 등의 허가와 중국을 향한 서해안 개발붐, 광역개발계획으로 지가는 하락 국면에서 벗어나 다시 고개를 쳐들기 시작했다. 부동산실명제의 도입은 이 같은 부동산시장의 움직임에 치명타를 가하며 발표되었다.

● 부동산투기대책

74년 12월 개인 양도소득세, 법인 특별부가세제 도입
78년 8월 부동산 투기억제대책(8·8 조치)
　　　　 ― 토지거래 허가 및 신고제
　　　　 ― 유휴지 처분 또는 이용촉진조치
　　　　 ― 양도소득세 중과
　　　　 ― 공한지세 강화
88년 8월 부동산 투기억제대책(8·10 조치)
　　　　 ― 토지거래허가, 신고제 확대
　　　　 ― 양도소득세 과세 특정지역 추가
　　　　 ― 200만 호 주택 건설
　　　　 ― 1가구 2주택 허용 기간 단축,
　　　　 ― 1가구 1주택 양도소득세 비과세 조건 강화
　　　　 　 (거주 3년, 보유 5년)
　　　　 ― 관인계약서 사용 의무화
　　　　 ― 공시지가 체계 확립
89년 1월 양도소득세 누진과세로 전환
90년 1월 토지초과이득세 도입
　　　　 ― 종합토지세제 도입
　　　　 ― 개발부담금제 도입(스키장, 공단, 골프장 조성)
90년 3월 택지소유상한제 도입
90년 7월 임야매매증명제 도입

91년 9월 개발부담금제 부과대상 확대(용도지역 변경)
92년 3월 택지소유상한제 실시
92년 8월 개발부담금 부과대상 규모 확대
93년 12월 종합토지세 비과세대상 축소
94년 1월 토지거래허가제 사후관리 강화
95년 1월 부동산실명제 도입, 발표

그러나 부동산실명제가 토지투기를 막을 수 있을지 여부는 아직 미지수이다. 부동산실명제가 부동산 거래의 투명성은 보장해 줄지 모르나 부동산시장의 안정을 확보해 주지는 못한다. 실제로 실명제 발표 이후 주춤했던 아파트 가격은 다시 고개를 쳐들고 있다. 분당과 일산 등 신도시의 아파트는 약세를 보이고 있으나 강남의 중·상류층이 거주하는 아파트 가격은 실명제에도 끄떡하지 않는 저력을 보이고 있다. 상가, 빌딩, 오피스텔은 물론 토지시장에서도 실명제의 위력은 별반 없을 것이라는 것이 지배적인 전망이다. 실명제를 피해 나갈 방법은 얼마든지 있기 때문이다. 세제가 뒷받침되지 않는 금융실명제의 위력이 사채시장 앞에 무릎을 꿇었듯이 세제 개편으로 보완되지 않는 한 부동산실명제도 비슷한 역사적 궤적을 그릴 가능성이 높다.

조세정책은 투기와의 전쟁에서 가장 중요한 전사이다. 법인의 비업무용 부동산에 대해 여신관리 등 금융정책과 취득제한 등 물리적인 방법도 약효를 나타내기는 하지만 즉효약은 역시 조세정책이다.

부동산에 대한 조세 체계는 매우 단단하다. 현재 토지와 관련되어 시행되고 있는 세금은 주민세를 포함하여 17개나 된다. 보유하는 데 적용되는 세제는 종합토지세, 도시계획세, 공동시설세 등이 있으며 토지이용 시에는 소득세와 농지세, 법인세 등이 뒤따른다. 자본이득이 생기거나 이전 시에는 양도소득세, 특별부가세, 토지초과이득세, 자산재평가세, 취득세, 등록세, 상속세, 증여세 등이 부과된다. 토지 소유자들은 또 주민세와 개발부담금 택지초과부담금을 물어야 한다. 그러나 모두 다 병졸에 불과할 뿐이다. 가장 강력한 세금인 종합토지세는 과표의 비현실성으로 인해 효력이 없다. 종합토지세의 과표가 공시지가의 24%선에 머무는 것은 둘째 문제이다. 현실화 비율이 토지에 따라 너무나 달라 국민을 납득시키지도 못한다. 분당 신도시의 아파트 거주자들이 압구정동이나 강남 일대 또는 현재 시세가 가장 강한 수서지구 아파트 주민에 비해 거의 같거나 오히려 더 많은 종합토지세를 문다는 사실은 세정 당국에 대한 국민의 불신을 자초하는 것이다. 종합토지세와 함께 부동산세제의 양대 지주인 양도소득세는 예외 조항이 너무 많아 효력이 반감되어 있다. 세금의 종류가 많다는 것은 쓸모 있는 세제가 없다는 것과 매한가지이다.

현행 토지관련 조세 체계

	세목	과세대상	주된 내용
보 유	종합토지세	모든 토지	종합합산: 0.2~5% (9단계 초과누진) 별도합산: 0.3~2% (9단계 초과누진) 분리과세: 0.1%, 0.3%, 5%
	도시계획세	도시계획구역내 토지	표준세율
	공동시설세	공공시설로 편익이 있는 토지	소방시설: 0.6%~0.16% (6단계누진) 기타시설: 0.03% (표준세율)
이 용	소득세	부동산 임대사업 소득	5~50% (5단계 누진)
	법인세	부동산 임대사업 소득	20~34%
	농지세	농지소득	3~50% (8단계 누진)
자 본 이 득	양도소득세	양도소득	세율: 40~60% (5단계누진) 특별공제 : 5~10년 10% 　　　　　 10년 이상 30%
	법인세 특별부가세	법인의 양도소득	세율: 25% (미등기 40%)
	토지초과이득세	유휴토지의 미현실자본	세율 : 50% 3년 정기과세와 1년 특별과세
	자산재평가세	재평가차액	3%
이 전	취득세	취득가액	일반토지 세율: 2% 사치성 재산 등: 15%
	등록세	취득가액	세율 : 3%
	상속세	상속재산가액	55% (5단계 누진)
	증여세	증여취득가액	15~60% (5단계 누진)
기 타	주민세	소득세, 법인세, 농지세액	7.5%
	개발부담금	개발이익	50%
	초과택지부담금	과다보유택지	4~11%

제3장 남북한의 토지개혁

한반도의 남과 북은 전혀 다른 토지제도의 역사를 펼친다. 토지개혁은 북에 이어 남으로 이어졌다. 북은 무상 몰수, 무상 분배 방식으로 토지개혁을 단행했다. 그러나 농민에게 돌아간 농토는 국유로 변했다. 북한의 국유화는 소유권 외에 사용권마저도 통제된다는 의미에서 홍콩이나 싱가폴 등 자본주의의 국유화와 다르다. 그리고 개혁과 개발에 나선 현재 중국의 토지제도와도 다르다. 북한의 토지는 철저히 당에 의해 통제됐다. 토지의 소유와 사용을 철저히 통제함으로써 북한은 권력을 당으로 모을 수 있었다.

북한과 달리 남한은 지주에게 돈을 주고 농토를 강제 매수했다. 그리고 농민에게 돈을 받고 팔았다.

자유민주주의와 자본주의를 표방한 정부는 토지의 소유와 비용을 개인의 자유로 돌렸다. 경자유전(耕者有田)의 원칙이 적용되었으나 물론 토지의 이용에 한계가 없었던 것은 아니다. 도시토지로 상업, 공업, 준주거, 주거, 녹지 지역으로 구분되면서 건폐율과 용적률을 달리했다. 그러나 도시계획의 잇따른 변경으로 주거지역

이 산업지역으로 변하거나 녹지지역이 주거지역에 편입되는 경우
는 흔했다.

도시의 용도지역이 변하면 땅값은 두 배 이상 뛰었다. 공업화
의 진전으로 도시로 인구가 집중되면서 도시의 팽창은 불가피했
다. 한반도의 안보 상황은 더욱이 도심을 고밀도로 개발하기보다
는 평면적으로 확장시켰다. 서울 강남의 개발선은 테헤란로를 마
지노 선으로 삼다가 남부순환도로와 양재대로로 확장했다. 서울
의 평면개발이 그린벨트에 의해 저지된 후에야 고밀도 개발이 이
루어지기 시작했다.

1. 북한의 토지개혁

토지법은 북한 토지의 유일법

토지는 자본, 노동과 함께 생산의 한 요소이다. 그러나 제2차 세계대
전 이후 체제에 따라 토지의 중요성은 달리 인식되었다. 자본주의 경
제 체제하에서 토지법 제도는 소유권문제의 테두리를 크게 벗어나지
못했다. 그러나 토지에 대한 사유를 인정하지 아니하는 사회주의 체제
에서는 토지에 관한 문제가 바로 체제의 중심적 문제로 다루어졌다.

물론 근래에는 자본주의 체제 내에서도 한정된 자원인 토지의 이용
관리에 대한 관심이 높아졌고, 토지법이 차지하는 비중 역시 증대됐다.
토지의 개념은 독일 등 유럽 국가에서 더욱 뚜렷하게 자리를 잡았다.

우리 나라에서도 1950년대까지의 토지법 제도는 농지개혁 등 특수
한 경우를 제외하고는 대체로 민법 체계의 측면에서 다루어졌다. 경제
개발이 본격화되는 1960년대에 토지수용법(1962년), 국토건설종합계획

법(1963년)이 제정됨에 따라 토지법 제도는 행정법 내지 경제법 체계 내에 주요 분야의 하나를 점하게 되었고, 도시계획법(1971년), 국토이용관리법(1972년), 농지확대개발촉진법(1975년) 등 토지의 이용, 관리에 관한 법제가 정비됨에 따라 토지법 제도와 관련한 법은 비로소 하나의 독자적인 법 체계를 갖게 되었다.

특히 1989년 토지공개념 관련법제 즉 택지소유상한에 관한 법률, 개발이익환수에 관한 법률 등이 제정, 시행됨으로써 토지법은 민사법이나 다른 경제법과는 다른 독특한 법 체계를 형성하기에 이르렀다.

북한의 경우, 1948년 제정된 북한 헌법에서 토지문제는 제1장 「근본원칙」에서 다루었으며, 1972년 전면 개정된 사회주의 헌법에서는 제1장 「정치」 다음에 제2장 「경제」에 포함되어 기본법에 앞서 다루었다. 이는 북한의 토지법이 항상 그 체제의 중심에 자리잡고 있음을 의미한다. 북한은 민법, 형법과 같은 기본법 등 대부분의 법률을 대외적으로 공표하기를 꺼리면서도 토지법에 대해서는 '사회주의적 토지소유관계'가 전면적으로 확립되었다고 공개적으로 선전한다.

북한이 '토지법'이라는 하나의 법률 체계로 토지문제를 담은 것은 토지의 소유, 이용, 관리 체계가 단순하기 때문이다. 자본주의 체제에서는 모든 경제활동 분야 중 가장 민감한 사항인 토지문제를 단일법으로 규제하기란 불가능하다. 때문에 북한의 토지법을 남한의 법과 평면적으로 비교하기는 어렵다. 북한의 토지제도는 토지법을 통해 한눈에 파악할 수 있다. 북한의 토지제도를 살펴보기 위해서는 1977년에 토지법이 제정되기 전까지 북한에서 이루어진 토지개혁과 토지관리제도의 변천 과정을 알아 볼 필요가 있다.

몰수한 토지는 가족 수에 따라 분배

토지는 생산 수단의 가장 중요한 요소이다. 때문에 토지제도는 정치 경제와 밀접한 관련을 갖는다. 역사적으로 볼 때 정치제도의 변혁과 토지제도의 변혁은 거의 동시에 이루어지곤 했다. 북한의 토지개혁도 실상은 개혁이라기보다 변혁의 성격을 지닌다.

토지개혁은 8.15 해방 이후 사회주의 도입 과정에서 체제의 하부구조를 형성하는 데 가장 기초적인 역할을 담당했다.

북한은 정권 수립 이전인 1946년 3월 5일 '임시인민위원회 위원장 김일성'의 명의로 「토지개혁에 관한 법령」을 공포하였다. 당시의 토지개혁은 일본인 소유의 토지몰수와 소작제 철폐, 경자유전(耕者有田)의 원칙에 따른 농지를 농민 소유로 돌려주는 것 등에 목적을 두었다.

이 법령 제1조에는 '토지개혁의 과업은 일본인의 토지소유와 조선인 지주들의 토지소유 및 소작제를 철폐하고 토지이용권을 경작하는 자에 주는 데 있다. 북조선에서의 농업제도는 지주에게 예속되지 않은 농민의 개인 소유인 농업경리(農業經理)에 의거한다.'고 다소 어색한 표현이기는 하지만 개혁의 대상과 목표를 분명히 밝혔다. 몰수 대상은 일본인 소유지, 일제 협력자의 소유지, 소작을 주는 전(全) 토지, 5정보 이상을 소유한 지주의 소유지, 5정보 이상을 소유한 성당, 절 기타 종교단체의 소유지 등이었으며 학교, 병원 등과 북조선인민위원회가 인정하는 독립운동자의 소유지는 몰수 대상에서 제외되었다. 지주의 가축과 농기구 주택 등도 몰수 대상에 포함되었다.

이들 토지는 전부 농민의 영원한 소유로 규정하되(5조), 그 처리는 인민위원회에 일임하였다. 토지가 몰수된 지주들은 토지를 분배 받을 수 있게 함으로써 사실상 강제 이주 대상에 포함시켰다. 토지를 분배받은 농민에게는 도인민위원회가 토지소유권에 관한 증명서를 교부하고 이를 토지대장에 등록했다. 그리고 분배된 토지는 매매는 물론 저당도 금지하였다.

북한의 토지개혁 결과

용도별 항목	면 적	경지면적	과수원	호 수
몰수한 토지	1,000,325	983,954	2,692	422,646
일본인 및 일본국의 토지	112,623	111,561	900	12,919
민족반역자, 도피자 토지	13,272	12,518	127	1,366
5정보 이상 소유지주 토지	237,746	231,716	984	29,683
전부 소작시킨 자의 토지	263,436	259,150	292	145,688
계속 소작시킨 자의 토지	358,053	354,093	381	228,866
교회, 사원, 종교단체 토지	15,195	14,916	8	4,124
분배한 토지	981,390	965,069	–	724,522
보통 농민	22,387	21,960	–	17,137
토지 없는 농민	603,407	589,377	–	442,973
토지가 적은 농민	345,974	344,134	–	260,501
이주한 지주	9,622	9,598	–	3,911
인민위원회 보유지	18,935	13,885	(2,692)	–

※ 지주에게는 타 지역으로 이주하는 조건부로 5정보가 넘지 않는 토지를 나누어주었음.

　북한은 토지개혁의 실행이 1947년 3월까지 이행되도록 시행 기간을 1년으로 정했다. 북한은 이와 함께 같은 날 「토지개혁실시에 관한 임시조치법」을 발동시켜 지주로 하여금 주택, 가축, 농기계를 처분하지 못하게 하였다. 이를 위반하는 지주는 인민의 적으로 간주하여 5년 이하의 징역 또는 20만원 이하의 벌금에 처하며, 이를 매수한 자도 3년 이하의 징역 또는 5만원 이하의 벌금에 처하도록 하였다.

　「토지개혁에 관한 법령」이 공포되고 사흘 뒤인 1946년 3월 8일에는 「토지개혁에 관한 세칙」이 공포되었다. 이 세칙에서는 토지개혁을 실시할 농촌위원회의 조직 임무 등을 정했다. 5정보 이상의 소유자도 자력으로 경작하는 경우 그 자작분은 몰수 대상에서 제외시켰다. 또 '가족 수와 그 가족 내의 노동 능력을 가진 자의 원칙'에 의한 점수계산 방식을 토지분배방식으로 채택하였다. 이에 따라 예컨대 남자 18~60세 또는 여자 18~50세의 경우는 1점, 18세 미만 청소년은 0.7점, 9세

이하는 0.1점, 남자 61세 이상 여자 51세 이상을 0.3점으로 하여 가족의 각 점수를 합산하여 분배의 기초로 삼았다.

「토지개혁에 관한 법령」은 그 시행 기간을 1년으로 정했으나 사실상 토지개혁은 즉각 단행되어 불과 20여 일 만에 완료되었다.

20일 만에 완료된 농지개혁과 현물세

1946년 4월 13일, 「토지개혁 법령 실시 결산에 대한 결정서」에서 북한은 "금번 토지개혁 법령 실행에 의하여 전 북조선에 봉건적 토지소유와 소작제를 철폐하고 농민의 개인소유에 의한 농촌경리에 의거하는 제도를 수립하기 위하여 지주소유의 토지와 소작지 100만 6,000정보를 몰수해서 토지 없는 농민이나 토지가 적은 농민 70만 호에 무상 분여한 위대한 사업을 완수하게 된 것을 본 위원회는 만족히 생각한다."고 스스로 자랑하였다.

북한의 토지개혁은 세수확보를 위한 현물세로 이어졌다. 임시위원회는 1946년 6월 27일 「농업 현물세에 관한 결정서」를 공포, 수확고의 25%를 농업 현물세로서 징수하도록 결정하였다. 이어 1946년 7월 22일 「농업 현물세에 관한 결정서 위반자 처벌규칙」을 제정하여 고의로 그 납부를 해태하는 경우에는 2년 이하의 징역 또는 현물의 3배 이상에 해당하는 벌금에 처하도록 하였고 보관된 곡물에 방화 따위의 행위를 하는 경우에는 사형 등에 처하도록 하였다.

농업 현물세는 부분적인 완화를 거쳐 토지의 개인 소유가 사라진 1966년 4월 29일 「농업 현물세제를 완전히 폐지한 데 대하여」라는 최고인민회의 상임위원회의 결정에 의해 완전 폐지된다.

농지 외 토지에 대한 개혁조치

북한의 토지개혁은 농지에 한정되지 않았다. 1946년 11월 1일 「토지 개간 법령」을 통하여 토지를 개간하려는 자는 허가를 얻도록 하고 개간된 토지는 매매할 수 없으며, 저당도 금지하였다. 1947년 3월 22일에는 「산림에 관한 결정서」가 공포되어 묘지 등을 제외한 전 산림이 국유화되었다. 같은 날짜로 공포된 「대지 및 잡종지에 관한 결정서」는 토지개혁 법령을 보완한다는 명분 아래 타인에게 빌려준 집터(대지)는 그 집터에 주택을 갖고 있는 자에게 무상으로 넘겨주게 함으로써 빌려준 대지를 사실상 몰수, 무상 분여(無償分與)했다. 함께 주택의 사적(私的)임대제도 자체를 없앴다. 동시에 타인에게 빌려준 공장, 기업소, 광산, 병원, 학교, 사무실 등은 모두 무상으로 국유화되었다.

일체의 잡종지(풀밭, 하천부지, 저수지) 또한 몰수되었다. 이 결정서에 시기를 1947년 4월 30일까지로 잡고 있었음을 감안한다면 북한은 정권 수립 이전에 이미 농지 외에도 상당 부분의 다른 용도 토지를 몰수하여 새로운 토지제도가 확립되었음을 짐작할 수 있다.

2년 뒤에야 헌법으로 추인된 토지개혁

북한의 토지개혁 관련 법령은 1948년 9월 8일 제정된 북한 헌법에 의하여 사후 추인되었다. 당시 북한 헌법 제6조는 '전 일본 국가와 일본인의 소유 토지 및 조선인 지주의 소유 토지는 몰수한다.' '소작제는 영원히 폐지한다.' '토지소유의 최대 한도는 5정보 또는 20정보로 한다.' '토지소유의 최대 한도는 지역 및 조건에 따라서 따로 법령으로 정한다.'는 내용을 담고 있다. 북한은 토지개혁 2년 뒤에야 비로소 그 헌법적 근거를 확보한 셈이다.

당시 헌법은 또한 '아직 토지개혁이 실시되지 아니한 조선 안의 지

역에 있어서는 최고인민회의가 규정하는 시일에 이를 실시한다.'고 남
한의 토지개혁까지도 따로 예비하고 있었다.

이를 구체화한 것이 6·25 전쟁 전 해인 1949년 「공화국 남반부의
토지개혁 실시를 위한 법령기초위원회 조직에 관한 결정서」(내각 결정
46호)와 6·25 전쟁 직후인 1950년 7월 4일의 「공화국 남반부 지역에
토지개혁을 실시함에 관하여」(상임위원회 정령)이다.

이 정령(政令)은 남한지역에서도 북한에서 이미 실시한 토지개혁의
내용과 마찬가지로 '무상 몰수, 무상 분여'의 원칙에 따르며, 현물세 납
부를 규정했다. 실제로 북한은 6·25 동란을 일으키고 남진하면서 동
리마다 농촌위원회를 조직하고 토지개혁을 단행했다.

농지관련규정은 남북한이 유사하다

북한 토지법에 규정된 농지제도는 체제의 차이에도 불구하고 남한
의 그것과 어느 정도 유사성이 있다는 것을 발견할 수 있다. 농지제도
가 토지법 제도의 중심을 점한다는 사실은 북한의 경우 60년대를 일관
하여 중공업 우선정책을 펼쳤음에도 불구하고 농업의 비중이 크고 산
업이 고도화되지 못하였음을 반영한다.

또한 농지제도에 있어 남한의 제도와의 유사성은 한민족의 전통적
인 농업관에서 유래된다고 해석할 수도 있다. 그러나 60년대의 국토건
설계획과 70년대의 새마을운동 및 이에 관련된 법제가 북한의 토지법
에 영향을 미친 것으로 추정할 수도 있다.

북한의 토지소유관계는 남한과는 근본적으로 대비되지만 이용, 관리
체계는 제한된 범위 내에서나마 형식적인 유사성도 내포하고 있다. 이
는 토지가 본래 한정되고 공공적인 성격을 지닌 데에서 비롯된 것으로
풀이할 수 있다.

국가 소유화되는 북한 농토

북한은 토지개혁으로 농민에게 분배된 토지는 매매하지 못하며, 소작을 주지 못하고, 저당도 하지 못하도록 제한했다. 농민은 분배 받은 농지에 대해 일체의 처분권을 행사할 수 없었다.

1950년 1월 7일, 내각 결정 3호로 나온 「토지 행정에 관하여」는 '분여결지(分與結地) 및 개간지의 소유자가 사망한 때는 동거 가족 중에 경작 능력이 있는 적당한 자가 그 토지의 소유권 증명서를 받아야 한다.'고 하고 있으며, '그 가족이 농토를 유지하지 못할 경우 그 토지는 도인민위원회에 반환하여야 한다.'고 보완 규정을 두고 있다.

또한 '토지 소유자가 경지를 폐경하려고 할 때에는 시·군 또는 구역인민위원회 위원장의 허가를 받아야 한다.'고 규정하여 이농 자체를 철저하게 규제하였다. '물건을 사용, 수익, 처분할 수 있는 권리'를 지칭하는 본래적 의미의 소유권이 북한에서 명칭만 소유권이지 사실상 '경작권' 내지는 '관리권'이나 다름없었다. 그러나 이 같은 관리권마저도 농민은 마음대로 포기할 수 없었다.

농민들의 농지관리권(소유권)은 '농업협동경리'의 이름으로 협동농장의 소유로 전환된다.

전후 복구사업과 농업협동화 사업

1953년 휴전 이후, 북한의 당면 과제는 전후 복구사업이었다. 북한은 전쟁 이후 남한보다 훨씬 심한 어려움을 겪었다. 1968년 9월 7일, 김일성 주석은 북한 정권 수립 20주년 보고에서 "전쟁으로 인하여 도시와 농촌이 잿더미가 되어 인민 경제의 모든 부문이 파괴되었으며,

인민들은 생활 토대마저 거의 잃어버린 형편이라 무엇부터 시작하고 어떻게 복구해야 할지 갈피를 잡을 수 없을 정도로 할 일이 태산 같았으며 사정은 너무나 어려웠다."고 토로하였다.

더욱이 전쟁이 끝난 상태가 아니어서 북한은 전후 복구와 전비 확충을 동시에 겨냥하는 중공업 우선정책을 채택하였다.

농촌 노동력의 동원이 필요한 상태에서 농촌을 개인의 지배 아래 두는 것은 사업 추진에 당연한 장애가 될 수밖에 없었으며 농촌 역시 극도로 피폐하여 농업구조 조정의 필요성도 제기된 상태였다. 북한은 1953년 8월 조선노동당 중앙위원회 제6차 총회 이후 정권 수립 당시부터 '농업의 사회주의적 개조'를 기도하여 본격적으로 전개하기 시작했다.

북한의 농업협동화는 토지분배→농업협동화→토지국유화 과정을 거쳐 완전히 당의 지배 아래 놓였다. 이는 사회주의 정권 창설 이후 전개되는 전형적인 토지소유권 변동 형태이다. 그러나 북한의 경우는 이같은 과정이 6·25 전쟁으로 급속히 진전되었다는 데 특색이 있다.

북한에서는 조선노동당 중앙위원회의 결정으로 1954년 1월 「농업협동조합의 조직문제」가 공포되어 협동조합의 형태와 관리, 운영 원칙이 제시되었다. 같은 해 3월 「농업협동경리의 강화 발전의 대책에 관하여」가 내각 결정 제40호로 공포되어 협동조합에 대한 본격적인 지원이 이루어졌다. 개인농들에게 협동조합 가입을 강력하게 유도하였다. 「농업협동조합의 조직문제」에서 제시된 당초의 농업협동조합 형태는 3가지로 나누어졌다.

작업만을 공동으로 하는 고정적 노동협조 형태, 토지를 통합하고 공동경리로 운영하되 노동과 토지를 분배하는 반(半)사회주의적 형태, 토지를 기본 생산 수단으로 모두 통합하고 노동에 의해서만 분배하는 완전한 사회주의 형태가 그것이다. 이같이 협동조합의 형태로 나뉘게 된 이유에는 농민의 형편과 준비 정도가 다르다는 사정이 감안된 점도 있지만 '중농으로 하여금 협동경리를 쉽게 받아들일 수 있게 한다.'는 목적 때문이었다.

농업협동화의 강제성은 "우리는 농업협동화 운동에서 자원(自願)성의 원칙을 엄격히 지키면서도 결코 이 운동을 자연발생성에 내맡기지 않았으며 농촌에서 사회주의제도의 발생과 공고한 발전을 위하여 노동계급과 국가의 지도를 강화하였다. 우리 당과 국가는 상이한 계층의 농민들을 협동경리에 끌어들이는 데 있어 빈농에 튼튼히 의거하면서, 중농과의 동맹을 강화하고, 부농은 수탈하고 청산한 것이 아니라 우리나라 실정에 맞게 그를 제한하고 점차적으로 개조하는 계급투쟁을 시종일관 견지하였다."는 김일성 주석의 보고에서도 읽을 수 있다.

「농업협동경리의 강화 발전의 대책에 관하여」는 농업의 협동조합화를 더욱 강화할 목적으로 「농업협동경리의 국가등록에 대한 규정 초안」 「농업협동조합 기준 규약 초안」을 농업상(農業相)에게 제정하게 하는 동시에 도 행정 간부학교 내에 농업협동 경리일꾼들을 양성하는 특설반을 설치 운영하는 등 행정적 사항을 정하고 협동조합에 대하여 농기계 우선 지원, 종축용 우량종자 우선 보급, 가축 방목지 보장과 우선 융자, 기타 기술 지원 등 지원책을 강구했다. 또 문화선전상으로 하여금 협동경리의 우위성에 대한 정치·문화 사업을 조작(造作) 진행토록 했다.

1955년 12월 22일에 개정된 「농업 현물세제에 관한 법령」은 농업협동조합에 대하여는 현물세율의 5%를 감하도록 하는 조치를 취하였다. 이에 따라 농촌에 있어서 개인경리는 급속도로 사라지기 시작하였다. 농업협동화는 상당한 강제력이 수반되면서 1958년에 완료되었다. 당초 3가지로 나뉘었던 농업협동사업의 조직 형태는 토지를 비롯한 생산 수단을 협동조합에 넘겨주고 노동에 의하여 분배하는 사회주의적 형태만이 남게 되었다.

산림의 경우에는 1947년 3월 22일 「산림에 관한 협정서」(인민위원회 결정 12호)에 의해 묘지 및 집터에 부속된 소산림을 제외한 모든 산림이 국유화되었다. 이 밖에 공장지와 광산, 학교, 병원부지와 풀밭, 하천부지 등도 「대지 및 잡종지에 관한 결정서」(인민위원회 결정 13호)에 의해 국유화되면서 1958년 이후 북한에서 개인이 소유한 토지는 거의 사라지게 되었다.

초기의 토지 관련법령은 행정기관에 대한 준칙

농업의 협동화가 완료된 이후, 1960년 북한은 새로운 토지소유 체제에 적용할 토지 법령으로서 「토지관리규정」을 시행하게 되었다. 내각 결정 37호로 1960년 7월 5일 나온 「토지사업을 일층 강화하는 데 대하여」라는 규정은 별지에 게재하는 형식의 문건으로 되어 있으나 북한 최초로 나름대로의 토지이용과 관리 체계를 체계화한 것이다.

토지관리규정은 농업협동화 작업이 완료되고 동시에 상공업의 개인 소유도 사라짐에 따라 '토지의 사적 소유 배제'에 적용하기 위해 마련되었다. 「토지 사업을 일층 강화하는 데 대하여」의 다음과 같은 구절은 북한 토지제도를 확연하게 보여 준다.

'오늘 조선민주주의 인민공화국 도시와 농촌에서 사회주의적 생산관계가 유일적으로 지배하게 되었으며 특히 농촌경리분야에서는 사회주의적 농업협동화가 완성되고 농업 생산이 급속히 향상되고 있다. 조선민주주의 인민공화국 내각은 농촌경리분야에 조성된 새로운 조건에 적합하게 유일적인 토지관리 체계를 확립하고 토지의 실태를 정확히 장악하여 토지의 관리 및 이용에서 제도와 질서를 엄격히 수립한다.'

총 3장 25조로 되어 있는 토지관리규정은 표면적으로는 주로 토지를 관리하는 행정기관 등의 책임자에 대한 지침 내지는 준칙적인 성격을 갖고 있는 듯하나 이는 행정기관의 책임이 전 인민의 책임으로 직결되는 북한 사회상을 투영한다. 또 사적소유형태가 사라져 단순화된 만큼 그 정도의 규정만으로도 토지관리를 할 수 있으며 주민의 노력동원 등을 통해 충분히 소기의 성과를 거둘 수 있다는 자신감의 반영이기도 하다.

5가지 유형의 토지구분

토지관리규정에서 토지는 농업용토지(농경지, 농촌대지, 방목지, 갈밭, 간석지, 초원지, 하천부지)와 산림토지(임목지, 무림토지), 도시토지(대지, 도시 내 산업용지, 공공이용지, 기타 부속지), 특수용토지(군사용지, 철도·도로·항만용지, 도시 외 산업용지, 광산용지), 기타 토지 등 5가지로 구분된다.

농업용토지, 산림토지 및 기타 토지는 농업상이 관리하며 도시토지와 특수용토지는 해당되는 부서의 대표가 각각 관리권을 갖는다. 토지의 이용권 증명서 및 농업협동조합 소유토지에 대한 소유권 증명은 해당 도인민위원장이 교부하도록 하였다.

이 규정은 국가농업기업소, 지배인, 농업협동조합 관리위원회, 토지를 경작하는 기관, 기업소, 단체의 책임자들에게 토지 개간 등 농경지의 확장과 강, 하천 보수 등 토지의 유실 방지, 시비(施肥) 등 토지의 비옥도를 높이는 사업, 단위당 수확고의 재고 등 모든 책임을 지웠다.

농촌 부락들은 산기슭이나 척박한 땅을 개간하도록 하고 농촌지대의 도로 폭을 극히 필요한 정도로 제한시켰다. 다른 나라에서 찾아볼 수 없는 토지남용방지에 관한 특이한 규정은 당시 북한의 유일무이한 목표인 식량 증산을 위한 것이었다. 농업용토지의 관리방안에서 농산물의 유통이나 농촌생활개선 등은 거의 고려의 대상이 될 수도 없는 처지였다.

토지관리규정은 이 밖에 농지의 이용·관리를 위해 각급 단체 책임자들에게 농경지가 확장, 감소되는 경우에는 반드시 보고하도록 하고 화전(火田)을 폐경(廢耕)할 때에는 승인을 받도록 했다. 농경지를 농업목적 이외로 전용하는 것은 허가를 받아야 가능했다.

시·군인민위원장에게는 토지관리규율을 위반하는 행위에 대해 엄격한 통제를 가하도록 하는 책임이 지워졌으며, 현지 확인을 통해 토지문건을 사후 관리하는 동시에 '농경지를 자의로 휴경, 폐경하거나 허가 없이 전용하거나 남용한 경우'에는 해당기관, 기업소, 단체의 책임자를 관계법에 의해 처벌하고 그가 이용하던 토지를 원상 복구시키도록 하는 권한을 부여하였다.

토지관리규정에 농업 목적 외의 토지에 대하여 별도의 장을 두고 있었으나 구체적인 내용은 규정되어 있지 않다. 이는 당시 북한의 토지문제가 거의 농업용토지에 한정되었으며 다른 토지의 경우에는 용도만 구분하고 있을 뿐 별도의 규정을 둘 필요성이 크게 제기되지 않은 때문으로 보인다. 토지관리규정에는 산림토지, 도시토지, 특수용토지 및 기타 토지의 관리와 이용 절차 등은 따로 규정한다는 위임 근거만을 두고 있다. 이들 규정은 1963년 토지법으로 체계화된다.

1963년 「토지법」

1963년 12월17일, 정령(政令)으로 채택된 「조선민주주의인민공화국 토지법」은 앞에서 본 토지관리규정을 비롯하여 북한사회에서 시행되고 있었던 당시의 토지관련법령을 통합 체계화한 것으로 알려지고 있다. 그러나 그 전문이 공포되지 않아 상세한 내용은 알기 어렵다.

북한의 법 제정사(制定史)를 보아도 1963년 토지법은 언급조차 되어 있지 않다. 이를 감안하면 토지법이 북한법제에서 차지하는 비중은 그리 크지 않은 것으로 추정된다.

북한 법학사전은 1963년 토지법에 대해 '우리 나라에 확립된 사회주의적 소유를 공고히 발전시키며 토지를 온갖 피해로부터 보호하며 농경지를 부단히 확장하면서 토지이용을 최대한으로 높이는 것을 기본 과업으로 삼고 있다.'고 이 법의 목적을 소개한다. 1963년 토지법이 토지의 '사회주의적 소유'를 법적으로 확인, 고착시키는 내용이었다는 것을 쉽게 알 수 있다.

여기서 1963년 당시의 북한 「헌법」 제6조에서 '토지는 자기의 노력으로 경작하는 자만이 가질 수 있다. 토지소유의 최대 한도는 5정보 내지 20정보로 한다. 토지의 개인 소유와 아울러 국가 및 협동단체도 토지를 소유할 수 있다. 국가 및 협동단체의 토지소유 면적에는 제한이 없다.'고 규정하여 토지의 개인소유를 제한적이나마 인정하고 있었다는 사실을 주목해야 한다.

이러한 사실을 미루어 보아 1963년에 제정된 북한의 토지법은 위헌적인 성격을 지닌 것으로 평가된다. 그러나 헌법이 프로그램적(선언적) 성격에 불과한 북한에서 위헌은 전혀 문제가 되지 않았다. 1963년도 토지법에 나타난 '개인소유금지' 내지는 '사회주의적 소유'는 1972년에 전문 개정된 사회주의적 「헌법」에서 추인되었는데 이는 해방 후, 토지개혁이 그 뒤에 제정된 법에 의해 추인된 것과 같다는 점이 이채롭다.

1963년 토지법은 토지관리규정과 같이 토지를 농업용토지, 도시토지, 산림토지, 수역토지, 특수용토지로 구분하고 있다. 그러나 '기관, 기업소, 단체 및 공민들이 그것을 수용할 수 있는 질서를 규정한다.'고 목적을 정해 토지관리규정이라는 행정 준칙적인 성격에서 벗어나 일반 공민을 규율하는 법적 체제를 갖추었다.

이처럼 토지의 사회주의적 소유가 확립된 뒤에는 토지의 배정이 후속문제로 제기된다. 국가의 소유토지를 기업소, 단체, 공민에게 배정하여 국가 목적에 맞도록 이용할 수 있게 하는 제반 절차의 마련이 필요하기 때문으로 이는 토지관리규정에서도 약간 언급되었다.

북한의 법학사전에는 토지의 배정을 '기관, 기업소, 단체와 공민들에게 토지를 나누어주는 토지관리기관의 행정적 행위'라고 전제하면서 1963년 토지법에서는 '토지관리기관(각급 인민위원회, 해당 농업경리기관)이 토지를 경제적 사명에 따라 기관, 기업소, 단체와 공민들에게 배정하되 해당 관리기관의 토지이용 허가에 관한 문건에 기초하여 이용계획이 작성되며 토지배정이 이루어진 후에야 비로소 이용권이 발생하는 구조로 규정되어 있다.'고 적고 있다.

1963년 토지법의 또 한 가지 중요한 사항은 북한의 토지법 제도는 당시까지도 역시 농지가 주요 규율대상이었다는 점이다. 이는 북한의 식량문제가 심각하다는 사실을 설명하는 것이지만 다른 한편으로는 당시까지도 북한이 농업사회의 틀을 벗어나지 못했다는 점을 시사한다.

사회주의 헌법 제정 이후의 북한 토지법
모호한 표현이 오히려 위력적이다.

1960년대 초, 북한은 이미 농업은 물론 상공업의 사회주의적 개조 작업을 끝마쳐 생산 수단에 대한 개인소유는 완전히 사라진 상태였다. 이 같은 배경에 덧붙여 이른바 '주체사상'이라는 김일성 사상의 확립을 위해 1972년 「사회주의 헌법」이 제정되었다. 종전의 인민민주주의 헌법에 대신한 사회주의 헌법이 등장함에 따라 새로운 법 체계의 구성도 불가피해졌다.

"사회주의 국가의 기능을 높이고 사회주의 사회를 더욱 공고 발전시

켜 나가기 위하여서는 사회주의 헌법에 기초하여 그것을 부문별로 전
개하고 구체화한 법률이 있어야 한다."는 김일성 주석의 교시는 새로
운 법 체계 구성을 위한 법규정리 작업의 서곡이었다.

70년대 북한의 법규정리 작업은 2가지 형태로 진행되었다.

하나는 종전 법규의 내용과 형식을 분류 종합하는 작업, 다른 하나
는 일정 부문의 법규를 종합하여 그 중 현실에 맞지 않는 것은 폐기하
거나 수정 보완하여 하나의 체계로 정리하는 작업이다. 북한의 법 제
정사는 6 · 25 시기를 제외하고는 북한사회의 구조 변화를 반영하여 반
봉건 민주주의혁명시기(1945~1947), 사회주의로의 과도기(~1950), 사
회주의 기초 건설시기(1962), 사회주의 전면 건설시기(1972), 사회주의
의 완전 승리를 앞당기기 위한 투쟁시기(1972~)로 구분된다.

이 같은 법규정리 작업을 거쳐 나온 것이 형법과 형사소송법(1974
년), 재판소구성법과 민사소송법(1976년 1월) 등이다. 이 같은 일련의
과정 속에서 조선민주주의인민공화국 토지법은 1977년 4월 29일 최고
인민회의 제5기 7차 회의에서 채택되었다.

1946년 토지개혁실시를 통해 능민에 대한 관리권(경작권)부여, 1950
년대의 농업협동화 과정, 1972년의 사회주의 헌법에 의한 토지사유금
지에 대한 법적근거 확보 등 여러 과정을 거쳐 탄생된 사회주의 법제
도의 전형적인 표현이 토지법이다.

북한이 토지법을 공포, 선전한 것은 토지법의 이 같은 체제적 성격
을 강조하기 위해서이다. 북한의 토지법은 그러나 세밀하게 체계화되
어 있지는 않다. 또 국민의 편의를 위한 법률도 아니다.

개인의 토지소유가 배제되어 토지의 소유관계가 획일화된 북한 토
지법의 내용은 자본주의 사회의 토지법 제도와는 비교할 수 없이 단순
하며 또 획일적이다.

남한의 경우 토지의 소유, 처분 관계를 기본적으로 규정하는 민법,

부동산등기법 등 민사법과 세제를 반영하는 세법을 제외하고도 국토계획법, 건설업법 등 건설관계 법률과 농지관련법, 산림법 등 농수산 및 산림관계법률과 공업배치 및 공장건립에 관한 법률, 광공업관계법률, 철도법 등 교통체신관계법률, 그리고 기타 매립 및 묘지에 관한 법률, 환경관련 법령, 문화재보호법 등 모두 70~80건에 달하는 법률의 규율 대상이 되는 것과는 극히 대조적이다. 남한의 경우 북한과 같이 토지법전 하나만으로 토지관계를 규정하기는 불가능하다.

북한 토지법은 개별 규정에서 기관, 기업소, 단체 등으로 하여금 '… 을 제 때에 알려야 한다.' '… 을 철저히 보관, 관리해야 한다.'는 등 추상적인 표현으로 일관한다. 일반 국민들이 알기는 쉬우나 구체적인 내용은 결여되어 있다. 누가 언제 어떻게 해야 하는가에 대한 확고한 지침이 없다. 다분히 이현령 비현령 격이며 자의적인 해석이 가능하다.

이는 김일성의 교시 내용을 그대로 토지법에 옮겼기 때문으로 풀이된다. 그렇기 때문에 우리의 입장에서 북한 토지법은 법령이라기보다는 준칙에 가깝다. 국민의 권리, 의무를 규율하는 법률이라고 부르기조차 어렵다.

예컨대 김일성 저작선집에서 '우리는 하천을 정리하고 제방을 쌓으며, 보호림을 조성하고 사방공사를 널리 실시하여 큰 물의 피해를 막아야 하겠습니다.'고 씌어 있는 것이 거의 그대로 토지법에 원용되고 있음이 확인된다.

물론 북한의 토지법이 북한 주민의 권리, 의무 관계에 영향을 미치는 것은 당연하다. 토지소유권과 같이 이미 북한에서 확정된 제도는 차치하더라도 구체성, 정확성이 결여된 토지법의 제(諸)규정들이 행정기관, 농업협동단체 등을 통해 언제나 주민들을 동원하거나 규제하는 법적 근거가 된다는 것은 문제로 지적된다.

애매 모호한 규정들은 오히려 주민을 무한대로 노력 봉사하게 하는 무서운 결과를 낳을 수 있으며, 그 효과는 북한 주민에게 무서우리 만큼의 위력을·발휘하면서 토지의 생명력도 앗아갔다.

◉ 북한 토지제도의 변천

1946년 3월 = 토지(농지)개혁 실시로 대지주 및 일본인 소유 토지를 무상 몰수, 농민에게 무상 배부. 1948년 헌법 제정 이후 추인

—— 생산 수단으로서의 농지는 농민의 소유로

—— 일본인 적산토지와 소작토지가 주 대상

—— 농민에게 처분권을 박탈한 소유권의 무상 분배와 생산량의 25%를 현물세 부과

—— 분배된 토지는 토지대장에 등록(구대장은 폐기)

—— 분배된 토지의 매매, 소작, 저당 금지

1947년 3월 = 묘지를 제외한 전 산림을 몰수 국가관리

1947년 12월 = 도시토지를 모두 국유화하고 사적인 임대차제도 폐지

1954~58년 = 모든 토지의 국공유화 및 집단농장화

—— 기존의 부분적인 개인소유권도 완전 박탈.

1972년 12월 = 사회주의 헌법 제정.

—— 모든 생산 수단의 국가 및 협동단체 소유를 천명.

1977년 4월 = 토지법 제도 제정

1992년 4월 = 도시경영법 제정

—— 도시 및 농촌의 건물과 시설물들의 보호관리. 도시와 마을의 계획적인 경영방침 규정

1993년 10월 = 토지임대법 제정

—— 외국인 및 외국기업에 대한 토지임대제도

1993년 10월 = 건설법 제정

—— 국토건설총계획의 작성과 실현, 건설설계 및 시공, 준
공검사의 규율

2. 남한의 토지개혁

해방 후, 미군이 한반도 남쪽에 잔류하고 3년간 군정을 실시하
는 동안 미국식 정책이 토지와 국토관리에 채택됐다.

지역을 잇는 기간 교통축은 철도 대신 도로로 재편됐다. 교통
망 형성에 대한 투자는 고속도로에 집중됐고, 철도에 대한 투자는
극히 미미했다.

토지관리에 있어서도 공공의 이익을 강조하는 유럽 대륙의 전
통보다는 광활한 대지에 사람들을 정착시키는 데 역점을 두었다.
미국의 제도가 뿌리를 내리게 된다.

60년대 말에 끝난 남한의 토지개혁

1948년 7월 17일 공포된 「제헌 헌법」에는 토지제도를 일반적으로
규율하는 규정은 별도로 설정되지 않았다. 다만 86조에서 '농지는 농민
에게 분배하며 그 분배의 방법, 소유의 한도, 소유권의 내용과 한계는
법률로 정한다.'고 농지에 관한 경자유전의 원칙이 천명되었다.

이 조항을 근거로 하여 1949년 6월 21일 법률 제31호로 「농지개혁
법」이 제정되었다. 이 법에서 신설 정부는 북한과는 달리 대상 농지를
유상으로 사들여 유상으로 분배하는 방법을 채택했다.

농지개혁법은 법령이나 조약에 의해 몰수되거나 국유로 된 농지 또

는 소유권자가 분명치 않은 농지는 정부에 귀속시켰다.

정부에 귀속된 재산은 주로 일본인 소유의 농지였다. 이 귀속재산은 1945년 11월 30일 군정법령 제33호 '조선 내에 있는 일본인 재산 취득에 관한 건」에 의하여 미(美)군정 당국에 의해 이미 몰수된 것들이었다. 1948년 3월 26일 군정법령 제173호(귀속농지 매각령)에 의하여 일부 농지가 농민에 매각되었으며 정부 수립 이후에는 정권이양협정에 의해 대한민국 정부의 재산이 되었다. 이 재산 중 농지를 제외한 재산은 1949년 12월 9일 귀속재산처리법에 의하여 국유화되었거나 매각대상으로 분류되어 일반에 불하되었다.

정부가 매수대상으로 삼은 농지는 농민이 아닌 자의 농지와 소작농지, 개인이 소유한 3정보 이상의 농지였다. 그러나 교육기관이나 종교단체가 가진 농지는 정부가 인정하는 일정한 범위 내에서 매수대상에서 제외되었다. 매수보상가격은 쌀이나 보리, 잡곡 등 주산물 생산량의 15할을 기준으로 했으며, 보상은 정부에서 지급을 보증하는 유통증권으로 지불되었다.

보상가격은 각 농지의 임대가격에 공동배율을 곱해 정했다. 그리고 공동배율은 중급농지 평균 성산고×1.5×법정가격 / 중급 농지 임대가격의 방식으로 산출했다.

보상가의 지불은 50년부터 54년까지 5년 동안 균분하여 지불했다.

농지를 분배 받을 수 있는 자는 당해 농지의 소작인이나 빈농, 순국열사의 유가족, 피고용(被雇用)농가, 국외귀국자 순으로 정하고 3정보 이상은 분배하지 않았다. 농지를 분배 받은 농민들은 토지가격으로 당해 농지의 주 생산물 생산량의 1.25배를 5년간 똑같이 나누어 현금이나 현물로 납입했다. 따라서 한 해에 갚아야 하는 토지가격은 주 생산물 생산량의 25%였다.

상환이 끝날 때까지 농민들은 분배 받은 농지를 팔거나 증여할 수 없었으며 저당도 할 수 없었다.

1949년 6월 20일, 정부는 매수대상 소작지의 조사에 나서 그 해 11월 21일 조사 결과를 국회에 보고하고, 1950년 2월부터 필지별 농지도표 작성을 시작으로 농지개혁 작업에 본격 착수했다. 그러나 시행상의 문제점으로 매수 작업에 들어가기 직전인 1950년 3월 10일 법률 제108호로 농지개혁법이 개정되었다. 시행상의 난점이란 농지보상액과 상환액의 차이를 정부가 지원하기 곤란하다는 것이었다. 개정법령의 골자는 농지가격의 상환액을 당해 농지의 보상액과 같도록 한다는 내용이었다.

1950년 3월 24일, 농지분배일람표가 확정되어 열람에 들어갔으며 이승만 당시 대통령의 지시로 분배 받을 농민들에게 예정통지서가 교부되었다.

이같이 농지개혁은 농지개혁법에서 정한 절차에 따라 시행되기는 했으나 농지개혁을 위한 준비는 사실상 법률이 공포되기 전부터 진행되고 있었다. 1950년 4월 29일 농지개혁의 세칙인 「농지개혁법 시행규칙」이 공포되고 법령의 기반이 완비되기 이전 농지개혁을 위한 준비는 상당히 진척된 상태였다. 이는 북한이 이미 농지개혁을 마친 상태였으며 제2차 세계대전이 끝난 뒤 일본이나 대만, 중국 등지에서도 농지개혁이 진행된 데 영향을 받은 때문으로 풀이된다.

그러나 남한의 농지개혁은 민족상잔이 벌어지기 전까지 매듭되지 못했다. 농지개혁 진행 중에 6·25 전쟁이 터지자, 분배가 끝난 후에 상환이 이루어지지 않은 농지가 상당수에 이르게 되었다. 남한의 농지개혁이 사무적으로 완료된 것은 1960년대 말이 되어서였다.

무상이냐, 유상이냐 —— 남북한 농지개혁의 차이

북한의 토지개혁과 남한의 농지개혁의 커다란 차이점은 토지의 분배방식에서 나타난다.

북한의 경우, 토지의 무상 분배는 대부분의 농민 계층으로부터 당장은 열광적인 환영을 받았고 북한 정권 수립의 상당한 지지 기반을 닦았다. 북한의 토지개혁은 레닌의 소련 볼셰비키 혁명, 중국의 토지개혁과도 맥을 같이한다. 사회주의 정권은 정권의 창출 과정에서 두상 몰수를 원칙으로 삼는 토지개혁을 단행했다.

그러나 북한의 토지개혁에 뒤따른 현물세는 무상 분배의 성격을 흐리게 했다.

북한은 토지개혁에 관한 법률 공포 후 불과 3개월 만에 수확고의 25%를 현물세로 납부하게 하였고, 현물세 체납자에 대해서는 상당한 벌칙을 가하였다. 농지를 농민에게 유상분배한 남한의 경우는 수확고의 15할을 5년간 분할하여 납부토록 하였으므로 사실상 매년 수확고의 30%를 5년간만 납부하면 분태 받은 토지는 완전히 농민의 것이 되었다.

남한의 「농지개혁법」 15조는 '분배 받은 농지는 농가의 대표자 명의로 등록하고 자산으로서 상속한다.'고 규정하여 농지대 상환 이전에도 이미 농민 소유임을 확정하고 있다. 다만 상환을 하지 않으면 소송에 의해 정부가 매수할 수 있게 했으며 상환 완료 전에는 소유권 등의 처분을 할 수 없게 했으나 그 벌칙은 경작권의 상실과 100만 환 이하의 벌금뿐이었다.

그나마 6·25 전쟁으로 상당 기간 상환이 지연되었다. 농지개혁법 13조 3항은 농가의 희망과 정부가 인정하는 사유에 따라 일시 상환하거나 상환 기간을 연장할 수 있다고 정했으며, 홍수 등 불가항력의 재해로 인해 농지가 유실 또는 폐전, 폐답되었을 때에는 그 상환액을 감면할 수 있다는 조항도 두고 있었다.

실제로 법에서 정한 농지대의 상환 기한인 1954년도 말까지의 상환율은 76% 정도에 불과했다. 상환 만료 기간으로부터 4년 뒤인 1958년 이후에야 상환율이 90%를 넘어섰고, 1960년대 말이 되어서야 상환은 끝났다.

이를 감안한다면 실질적으로 무상 분배를 내세운 북한의 토지개혁과 유상분배 방식의 대한민국의 농지개혁에서 농지대의 차이는 거의 없었던 것으로 평가된다.

남북한은 모두 분배된 농지에 대해 일단 처분을 제한했다. 그러나 북한은 분배된 농지의 처분을 영구히 금지하여 경작권만을 인정했고, 남한에서는 농지대금을 상환하면 완전한 소유권을 행사할 수 있게 하였다.

농지개혁의 목적을 '소작제의 폐지'에 두었더라도 새롭게 창출된 자작농들을 가급적 중농(中農)구조로 정착시킬 필요가 있었다. 이는 농업의 생산성을 높이기 위한 것인데, 중농구조의 정착은 농지분배방식이 좌우하게 된다.

대한민국의 농지분배방식은 상한제를 채택하고, 3정보 미만의 땅에서 농사를 짓던 소작농들은 자신이 경작하던 소작지를 그대로 인수 받게 하는 구조였다. 물론 당초 농지개혁법에도 점수제의 규정이 있어 '농지의 분배는 농지의 종목, 등급, 농가의 능력에 기준한 점수제에 의거하되……'라는 근거 조항이 있었으나 행정적 이유로 점수제를 채택하지 않게 법률이 개정됨으로써 유명 무실해졌다. 농지개혁법의 점수제 조항을 근거로 하는 농지분배 점수제 규정도 6·25로 시행되지 못했다. 이로 인해 영농구조에서 영세농의 구조가 심화되는 결과도 초래되었다.

이에 비해 북한은 철저한 점수제를 시행했다. 자작이냐, 소작이냐를 불문하고 모든 농지는 가족 수에 따라 균등하게 분배되었다. 토지개혁의 철저함에 있어서는 북한이 남한을 앞지른 셈이다.

남한에서 점수제 채택이 실패하고 토지개혁이 불철저했음은 8·15 해방 이후 군정의 비효율성과 일부 소유계층의 비협조로 인한 결과이기도 하다. 실제로 8·15 해방 이후 1947년까지 발생한 소작쟁의는 농지개혁을 예상한 지주들이 소작지를 매매한 것에서 비롯된 것이다. 그러나 남북한은 체제를 달리하는 만큼 개혁 강도도 다를 수밖에 없음을 감안해야 한다.

다시 말해 남한의 농지개혁도 과소평가할 수는 없다는 뜻이다. 우리와 비슷한 시기에 농지개혁을 단행한 일본의 경우 1947년부터 1950년까지 3년 이상의 기간이 소요되었고 농지개혁이 종료된 시점까지 전 농지의 9.9%가 여전히 소작지로 남았다. 우리의 경우는 전체 농지의 65%에 달했던 소작지가 1951년 말에는 8.1%(15만 8,000정보)에 불과하였다.

토지보유에 생명선을 걸었던 기업

지난 89년 토지공개념연구위원회가 정부에 제출한 토지공개념 도입 필요성에 대한 최종보고서는 대한민국의 토지보유실태가 극심한 편중현상을 나타내고 있음을 보여 준다. 이 보고서에는 전 국민의 0.1%가 민유지의 23.4%를 보유하고 있다고 적혀 있다. 극소수의 땅부자들이 대지의 12.6%, 농경지의 52.7%, 임야의 35.5%를 독식하고 있다.

개인뿐만 아니라 기업들도 땅부자들이다. 특히 재벌 그룹의 계열사들은 땅 소유에서 결코 뒤지지 않는다. 88년 말 현재 시점으로 기업의 보유토지는 전 국토의 4.1%인 4,496㎢에 달한다. 공업용지 전체의 79%를 기업이 보유하고 있다는 것은 자연스러운 현상일 수도 있다. 그러나 그 내용을 지목별로 자세히 들여다보면 기업이 현재와 장래의 사업계획을 위해 토지를 보유하고 있는 것만이 아님을 알 수 있다.

　법인 보유토지 중에 64%가 임야이며 그 다음이 전답, 목장용지 등 농경지가 9.4%나 된다. 대지는 5.8%, 공장용지는 4.1%의 비중에 머문다.

　기업의 토지소유도 대기업과 중소기업 간에 심한 편차를 보인다. 약 7만 개에 달하는 기업이 보유한 토지 중 403개 대기업이 차지하는 비중이 67.4%에 이른다.

한국의 부 세습 (1967~1991)

연도	부 동 산			금 융 자 산				기타
	소계	토지	건물	소계	주식 등	예금	채권	
61	68.21	50.74	17.48	23.70	20.91	2.03	0.75	8.09
72	76.78	61.72	15.06	13.57	6.22	5.81	1.54	9.65
79	66.12	49.16	16.96	23.52	20.32	2.56	1.04	9.96
82	83.37	59.16	24.21	11.58	8.54	1.87	1.17	5.05
83	83.60	57.04	26.56	12.16	9.73	1.51	0.92	4.24
84	86.15	65.57	20.58	11.12	8.97	1.51	0.65	2.79
85	87.28	59.57	27.71	7.78	4.38	1.57	1.83	4.94
86	85.83	59.47	26.36	9.25	4.37	2.55	2.33	4.92
87	85.42	59.90	25.52	10.28	6.85	2.83	0.60	4.30
88	74.02	55.30	18.72	16.54	13.22	3.34	3.84	9.42
89	89.52	65.02	24.50	13.93	9.83	3.03	0.88	4.89
90	85.08	67.27	17.81	9.75	5.83	3.92	0.99	5.17
91	78.53	65.31	13.22	16.32	－	－	－	5.16

지가와 경제지표의 상승률

구분	75	80	83	85	87	88	비고
지가	100	328.1	440.5	533.5	656.5	839.0	8.4배
주택가격	100	355.3	328.7	397.0	440.8	466.5	4.7배
국민소득	100	142.1	178.6	204.2	256.9	287.9	2.9배
도매물가	100	225.4	284.4	289.0	286.1	293.9	2.9배

　토지에 대한 기업의 갈망을 보여 주는 자료는 또 있다. 지난 1971년 우리 나라 제조업체의 자산 중 토지의 비중은 5.4% 정도였다. 이 비중은 1992년 7.6%로 높아지고 같은 기간 중 토지자산은 716억 원에서

8,635억 원으로 늘어났다. 토지 자산의 증가는 대기업이나 중소기업, 수출산업이나 내수산업, 중화학공업이나 경공업 등 어느 분야 할 것 없이 공통적으로 나타나는 추세이다.

기업은 생리상 이윤의 극대화를 추구한다. 토지에 대한 투자도 같은 의미로 해석할 수 있다. 토지에 대한 투자가 늘어난 것도 결국 현재나 장래의 사업계획에서 가장 많은 이윤을 보장한다고 기업이 판단하고 있음을 시사한다.

실제로 한국의 기업들은 토지를 통해 알짜 수익을 거두어 왔다. 70년대까지 버스업체들은 운수사업보다는 토지로 회사를 유지했다고 할 정도였다. 버스업체들은 버스종점 부근에 넓은 주차장부지를 필요로 했고, 실제로 주차장 확보란 불가피한 일이었다. 운수사업법에는 버스들이 박차(泊車)하기에 지나치게 넓다 싶을 정도의 주차장 확보를 강제했다. 그러나 버스종점은 교통의 편리함으로 인해 사람들이 몰려들게 마련이고 그렇게 되면 버스종점 자리로서는 부적합한 상태가 된다. 버스회사들은 좀더 외곽지역으로 종점을 옮겨간다. 그 때쯤에는 이미 구(舊)종점은 금싸라기 땅으로 변한 뒤여서 버스회사들은 손쉽게 큰 돈을 만질 수 있었다.

이 같은 논법은 연탄공장이나 봉제공장뿐 아니라 서울시에 둥지를 틀었던 모든 사업체에 적용되었다. 섬유나 봉제공장의 경우 3저 호황의 물결이 흘러 간 뒤에 공장부지는 알토란처럼 고스란히 남아 뒷날에 부를 축적할 수 있는 기반이 되었다. 상당수의 제조업체들은 건설업체로 변신하거나 건설 면허를 매입하여 공장부지에 아파트를 짓기 시작했다. 3저 호황의 말기부터 때마침 아파트 투기붐이 일어나 이들이 돈방석에 앉는 데 일조했다.

토지가 없는 기업들은 서러움을 맛보았다. 그들은 토지가 없다는 사실로 인해 막대한 기회비용을 상실했다. 삼성전자조차도 자체 사옥이 없어서 연간 1000억 원 이상의 기회비용을 지불하고 있다고 밝힐 정도였다. 토지는 유력한 포트폴리오의 대상이라기보다는 기업의 생명선으로 여기게 되었던 것이다. 게다가 한국경제의 가장 취약점인 금융기관의 허약하고 안일한 경영이 기업의 토지보유 욕구를 부추겼다. 은행들은 정부의 직접적인 통제를 받았다. 경제개발을 주도한 정부는 은행에 대해서 중소기업자금 대출, 부실기업 지원 등 정책금융을 지원하는 역할을 강요했다. 은행에는 경제적 논리보다 정치적 논리가 우선시 되는 풍토가 엿보일 정도였다. 은행들은 리스크(위험 부담)를 짊어지기를 꺼렸다. 이미 정책금융이 부실 채권화되어 있다는 점도 은행의 약점이었고, 시중 금리와 은행 대출 간의 금리 차로 은행으로부터 돈을 꾸는 것 자체가 이권이었다. 은행은 돈을 꾸러 오는 기업들에게 토지나 건물 등 부동산을 담보로 잡힐 것을 요구했다. 토지나 부동산이 없으면 은행에서 운영자금을 한푼도 꾸어 쓸 수 없는 형편이다 보니 기업들은 자의 반 타의 반 토지를 구입하게 된다.

토지의 편중현상은 기업만의 문제가 아니다. 토지는 부의 세습 원천이 되면서 사회적 갈등 구조를 낳았으며 계층을 구획 짓는 결정적인 역할을 담당했다. 특히 토지로 쌓은 부는 대부분 불로소득이었기 때문에 사회로부터 부의 정당성을 인정받지 못했다. 자본주의 사회에서는 보기 드물게 부의 정당성이 부인되면서 부(富)는 동경과 멸시의 대상이라는 2중성을 지니게 됐다.

소득은 공평, 토지는 불공평
부동산이 있어야 넉넉한 삶이 보장된다.

한국경제는 한강의 기적을 창출하는 과정에서 동남아나 남미 국가에 비해 소득의 분배가 상당히 균등하게 이루어졌다. 그러나 토지는 충격적일 정도로 불공평하게 배분되었으며 토지에서 얻는 자본 이득이 너무나 크기 때문에 소득의 공평성은 완전히 의미를 상실했다. 이는 사회경제적으로 지하시장을 부추기고 경제구조 자체를 불건전하게 만드는 가장 큰 요인이 되었다.

　　※ 경제기획원 등 정부의 통계에 따르면 소득의 집중계수(1990년 지니계수)는 0.338인데 비해 금융자산은 0.561, 부동산은 0.660, 토지는 0.849의 집중도를 보인다. 1991년도의 경우 토지, 건물 등 부동산이 78.53%가 상속자산이며 나머지가 금융자산 등 기타 상속자산이다.

자본주의 사회에서 토지에 대한 투자를 사회악으로 단죄할 수는 없다. 일부 학자들은 토지에 대한 투자뿐만 아니라 투기조차도 순기능이 있다고 주장한다. 투자에 대한 위험 부담을 사회적으로 분산시키고 재화가격의 급격한 상승이나 하락을 조절하는 기능이 있다는 주장이다. 나대지 상태로 방치하거나 저밀도로 이용하는 것도 장래의 최효율적 이용을 위해 지불하는 대가라는 해석도 있다.

여기서 한 걸음 더 나아가 '토지투기는 자본주의 체제를 유지하기 위한 필요악'이라는 주장도 제기된다. 그러나 토지가격은 경직성을 가지고 있다. 지가는 상승하기는 쉬우나 떨어지기는 어렵다. 단기적으로 기업에 이익을 허용할지 모르나 장기적으로는 기업의 자본축적에 불리해진다.

기업이 생산자금에 써야 할 돈을 토지자산에 쓰게 되면서 자본생산성이 떨어진다. 제조업체들이 지난 1976년도에 토지구입비로 사용한 비중은 총운영경비의 2.9%였으나 이 비중은 1992년에 4.8%로 높아진다. 게다가 토지가격의 상승은 물가와 인건비를 압박한다. 노동자들의 생활비 중에서 주거비 비중은, 1978년 15.2%에서 1992년에는 29.2%로 상승했다. 20평 주택을 마련하기 위해 4년제 대학 졸업자는 총급여의 20%를 26~36년 동안 저축해야 된다. 자기 집을 가질 수 있다는 희망이 사라지면서 노동자들의 근로 의욕은 약화되고 노동생산성은 급격한 하락 곡선을 그리게 된다. 봉제, 신발, 완구, 섬유, 의류, 피복 등 대부분의 경공업의 국제 경쟁력이 급격히 하락한 뒷배경에는 80년대 말의 급격한 토지가격 상승이 버티고 있었던 것이다.

지난 30년간 토지투기의 역사는 토지붐이 일고 난 뒤에는 한국경제의 GNP(국민총생산) 성장률이 예외없이 하락했다는 것도 알려 준다. 1969년 1차 토지투기붐이 일어 난 뒤 경제성장률은 3년 연속으로 떨어졌으며, 1978년 2차 토지투기붐이 전국을 휩쓸고 지나간 2년 뒤에는 마이너스 성장의 참담함을 맛보게 된다. 1988년의 3차 붐 이후에도 성장률은 전년도의 12.4%에서 6.8%로 급격히 떨어지는 현상을 보인다. 토지가격상승이 사회간접자본의 확충을 가로막으면서 사회간접자본의 미비는 한국경제의 구조적인 문제로 발전하게 된다.

고속도로 용지매입비는 1969년 경부고속도로의 평당 평균이 191원에서 93년도에는 평균 79,785원으로 417배나 올랐다. 지난 26년간 연평균 5.4배 가량 상승하는 용지매입비로 도로, 철도, 항만 등 사회간접자본의 건설은 주춤할 수밖에 없었으며 사회간접자본의 뒷받침을 받지 못하는 한국경제는 경쟁력을 위협 받는 상황에 처하게 되었다. 토지붐 뒤에는 물류비용의 상승과 기회비용의 증가로 제조업체의 기업이윤도 하락하게 되는 것이다. 이윤의 하락뿐만 아니라 기업의욕마저 상실하게 만드는 근원에 토지투기가 있는 것이다.

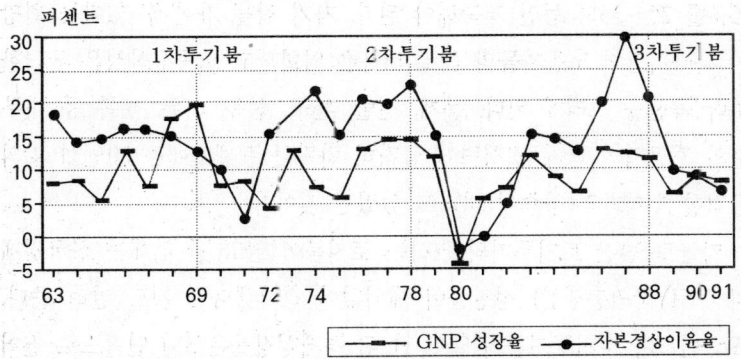

GNP 성장율과 기업이윤 변동 추이

주   : 자기자본 경상이윤율 = 경상이익/자기자본＊100
자료 : 한국은행, 『기업경영분석』, 1973-92, 『경제통계연보』, 1970-93.

남한의 국유지 실태

1992년 말, 대한민국 정부 소유의 국유지 총면적은 1만 9,794㎢(60억 평)이다. 국토 면적 9만 9,300㎢(3백억 평)의 19.9%의 비중을 차지하고 있다. 국유지를 용도별로 보면 행정재산이 1만 1,092㎢로 56%를 차지하며, 보존재산이 642㎢로 3.2%, 잡종재산이 2,920㎢로 14.7%의 비중을 보인다. 공공용지는 5,157㎢로 26.1%를 차지하고 있다.

국유지의 면적은 고정적이지는 않다. 국유지가 민간에 불하되거나 매각되어 줄어들기도 하고 민간으로부터 사 들이거나 공유수면 매립 등으로 늘어나기도 한다. 1993년 말에는 전년도에 비해 국유지 면적이 행정재산 1만 1,180㎢, 보존재산 638㎢, 잡종재산 2,872㎢와 공공용지 1만 4,689㎢를 합쳐 총 1만 9,046㎢로 늘어났다.

국유지의 증가는 '국유재산 실태조사 및 권리보전조치'에 의해 땅 찾기 작업이 범정부적으로 추진된 결과이다. 이 조치가 완료되면 국유지는 좀더 늘어날 것으로 보인다.

국토 면적과 국유지 현황 (단위 : ㎢, %)

국토	90년 말	91년 말	92년 말
국 유 지	19,516(19.7)	19,701(19.8)	19,794(19.9)
		*60억 평	*60억 평
행정재산	10,736	10,955	11,092
보존재산	703	686	642
잡종재산	2,920	2,903	2,903
(소 계)	14,359(14.5)	14,544(14.6)	14,673(14.7)
(공공용지)	5,157(5.2)	5,157(5.2)	5,157(5.2)
공 유 지	5,382(5.4)	5,522(5.6)	5,653(5.7)
사 유 지	74,376(74.9)	74,077(74.6)	73,853(74.4)
합계	99,274(100)	99,300(100)	99,300(100)
		*300억 평	*300억 평

정부가 벌이고 있는 2차 나라땅 찾기의 대상은 모두 168만 필지로 면적으로 보면 약 13억 평에 달한다. 남한의 전체 면적이 300억 평 (3,200만 필지)임을 감안한다면 약 4.4%로 서울시 면적의 7배이며, 여의도의 약 500배에 해당되는 규모이다. 또 필지로는 5.25%가 나라땅 찾기의 대상인 셈이다.

정부가 나라땅 찾기의 대상으로 삼고 있는 토지 가운데 8억 2,400만 평은 등기부에만 국유지로 올라 있고 관리청이 등재되어 있지 않은 땅이다. 또한 3억 7,200만 평은 일본인이나 일본기관 법인의 명의로 등재되어 있고 또 소유자가 불분명한 땅도 1억 1,400만 평이나 된다.

국유재산은 행정재산, 보존재산, 잡종재산으로 구분된다. 행정재산은 국가의 행정목적에 제공된다는 점에서 사권(私權)의 설정이 허용되지 않는다. 보존재산은 국가가 보존한다는 점에서 처분이 불가능하다. 잡종재산은 대부 및 처분이 가능한 국가의 수입재산으로 매각되는 체비지는 대부분 잡종재산이다. 잡종재산은 재정재산이라는 점에서 결국은 간접적으로 행정목적에 공여되는 재산이라고 할 수도 있다.

국유지 중 신탁이 가능한 잡종재산을 보면 2,600~2,900㎢ 내외이다. 1991년 기준으로 전체 국유지의 19.9%를 차지한다. 잡종재산을 지목별로 보면 임야가 2,590㎢로 89%를 차지할 정도로 절대적인 비중을 점한다. 잡종재산은 1982년부터 1989년까지는 꾸준히 증가했으나 1990년 이후에는 제자리에 머물고 있다.

지금까지 정부는 잡종재산을 대부분 매각해 왔으나 지난 1994년에 국유지의 신탁개발방안이 마련된 뒤 대한부동산신탁과 한국부동산신탁 등 신탁업체들은 국유지의 활용방안을 다각도로 모색하고 있다. 대전 문화동에 있는 국방부 소유의 나대지 5,500여 평을 스포츠센터와 주택 종합전시장으로 활용하는 방안이 마련되었다. 국방부와 신탁업체들 간에 정식으로 계약이 체결됨으로써 국유지도 매각보다는 개발하여 활용하는 방안 쪽으로 가닥을 잡아가는 것으로 풀이된다.

국유지를 신탁업체에 의뢰 개발하는 것은 말처럼 쉽지 않다. 우선 국유지 중의 상당수가 지적 및 등기관련공부 정리가 부실할 뿐만 아니라 실태 파악조차 제대로 되어 있지 않다. 또 대부분 규모가 작고 여러 곳에 분산되어 있어 개발을 가로막는다.

방치되어 있는 국유지는 솜씨 좋은 농간꾼들의 손에 넘어갔으며 심지어 무단 점유한 뒤 '20년 간 공평무사하게 점유하면 소유권을 인정한다.'는 민법상의 시효취득까지 주장하는 경우마저 있을 정도이다. 이처럼 총체적인 관리부실에 직면하여 있으나 국유지 관리 책임을 법으로 위임 받은 시·군·구의 경우 공무원 한두 명만이 평균 2,000여 필지의 공유지와 국유지를 함께 관리하고 있을 뿐이다. 게다가 국유지 매각대금의 30%는 지방자치단체의 금고로 들어가기 때문에 재정상태가 취약한 자치단체에서는 관리보다는 매각하는 방향을 선호하고 있는 실정이다. 자치단체장 선거 이후 지방자치제가 본격 실시될 경우 재정 자립도가 낮은 자치단체에서 국유지 매각신청이 줄지어 나올 가능성도 우려된다.

　이 같은 상황을 인식하여 궁리한 것이 국유지 개발신탁의 등장이라고 볼 수 있다. 재정경제원 등 국유지 관련부처에서는 신탁업체에 개발 방향과 함께 국유지 실태파악도 부탁하고 있는 것으로 전해진다. 그러나 국유지의 개발신탁은 민간의 토지개발과 마찬가지로 수익성을 전제로 삼고 있고, 공익성도 감안하고 있기 때문에 개발은 제한 받을 수밖에 없다. 재정경제원 등이 국유지 개발신탁에 대해 내세우고 있는 원칙은 공공성과 공익성 외에 한시성도 포함되어 있다. 때문에 국유지의 개발 방향은 여차직하면 철거하기 편리한 주차장 등으로 한정될 수밖에 없었다.

　그러나 이와 같은 한시성은 대전 문화동의 나대지를 주택전시장이나 스포츠센터로 개발신탁하기로 결정함으로써 절대적인 조건은 아닌 것으로 판명되었다. 대전 문화동의 개발사례는 국유지도 한시성의 의미보다는 공익성이 강조되는 쪽으로 개발신탁의 가닥이 잡혀가는 것으로 해석된다. 일단 신탁업체로서는 국유지 개발에 탄력적으로 대응할 수 있게 된 셈이다. 이 같은 국유지의 개발은 어차피 활용도가 높은 도시지역에 국한될 수밖에 없다. 이는 신탁 방식을 활용한 국유지 개발 다시 말해 국유지의 보존이 제한적일 수밖에 없음을 의미한다. 도시지역을 포함한 개발 적지에 있는 국유지는 얼마 되지 않기 때문이다.

　정부가 나라땅 찾기와 국유지 신탁제도로 뒤늦게 국유지 관리에 나서고 있으나 아직 확고하게 자리잡은 상태는 못된다. 서울시를 비롯한 자치단체들은 매년 체비지를 매각하고 있으며 재개발, 재건축 사업이 도시주택시장의 주요 공급원이 되면서 국공유지의 북한에 대한 민간의 욕구는 더욱 커지고 있다.

　국공유지의 부재와 취약한 재정으로 도시와 국토 개발에 대한 민간 의존도가 높아질 수밖에 없었다. 도시개발의 사업 주체로 민간개발업자들의 비중이 증대하면서 인근의 국공유지가 민간개발사업에 편입되는 사태가 초래됐다. 대표적인 예가 재개발사업구역에 있는 시유지의 재개발구역 편입이다.

토지제도는 뿌리를 미국에 두고 있었다. 80년대 말 토지 공개념이 도입되고 토지제도에 대한 거름 작업이 시도되었지만 미국식 토지제도에 대한 확고히 자리잡은 뒤였기 때문에 공개념 주창론자와 자유이용자 사이에 갈등이 유발됐다. 여기서 미국의 토지보유실태와 미국식 토지제도의 배경을 살펴볼 필요가 있다.

미국의 토지소유

1980년을 기준으로 미국의 부동산가격은 미국 전체 국부(國富)의 절반 가량 된다. 그리고 미국의 부동산 중 약 25% 가량은 개발되지 않았거나 농경지 등 나대지 상태로 남아 있다. 부동산시장에서 건물보다는 땅이 압도적인 비중을 차지하는 우리 나라와는 대조적이다.

소유의 집중도를 보면 1980년 현재 총인구의 3% 가량이 미국 국토의 약 55%, 미국의 전 사유지의 약 95%를 소유하고 있는 것으로 나타난다. 캘리포니아 주의 경우에는 특히 1%의 인구가 전체 사유지의 3분의 2 이상을 점유하고 있다고 보고되어 있다.

미국의 토지 소유자 가운데에는 600개의 법인도 포함되어 있다. 법인의 부동산 소유 중 11개의 초대형 법인이 전 국토의 11%, 전 사유지의 23%를 점유하고 있다. 초대형 법인을 제외하고 소형 법인이나 개인 소유만을 따져보면 3% 미만의 소유자가 전 국토의 44%, 전 사유지의 72%를 소유하고 있다는 계산이 나온다. 조사 자료에 따르면 미국의 소득수준 최상위 1%에 속하는 약 150만 명의 소득 합계치는 하위 40%인 약 1억 명의 소득 합계를 넘는다.

우리 나라의 경우 토지공개념의 당위성 논쟁이 한창 일던 지난 1989년을 기준으로 해 5%의 토지 소유자가 전국 민유지의 65.2%를 보유하고 있다는 통계이고 보면 미국의 토지소유 편중이 우리 나라보다 훨씬 심하다는 것을 알 수 있다. 또 미국에 있어서 토지는 소득보다 훨씬 심한 불균형 편차를 이루고 있다는 것도 알 수 있다.

미국 국토 전체의 금전적 가치는 1967년의 5,910억 달러에서 1975년에는 1조 2,850억 달러로 8년간 2배 이상 증가했다. GNP 비율로 환산하면 1967년의 0.745에서 1975년 0.904로 약간 상승한 것으로 나타난다.

미국 토지의 사유화는 서부정책(GO WEST)의 산물

미국의 건국 초기 약 100년 간 가장 중요하게 여겼던 토지정책은 토지의 사유화였다. 신대륙에 온 초기 이주민에게 북미 대륙은 광활한 신천지였다. 땅은 무궁무진했다. 주민들은 한 곳에 정착하기보다는 계속 서부로 나아갔다. 주민의 정착이 이루어지지 않자 정부의 통제는 약해졌다. 연방 정부는 주민을 한 곳에 정착시킬 필요를 느꼈다. 정부 소유의 토지를 거의 무상으로 주민들에게 제공한 사유화조치에는 이같은 배경이 깔려 있다.

정부 토지를 사유화한 데에는 방대한 국토를 중앙 정부가 효율적으로 관리하기가 사실상 불가능하며, 전쟁이나 매매를 통해 프랑스나 멕시코로부터 획득한 서남부지역과 미시시피 강 하류지역에 주민을 정착시켜야 한다는 절박감도 작용했다. 미국에서는 국유지의 사유화를 위해 홈스테드 법 등 다양한 법안이 입법되었다.

미국 연방 정부가 1781~1990년 중에 정착자에게 유상분배한 토지는 122만 8,000㎢ 가량 된다. 여기에 용도가 확인되지 않은 채 처분된 토지 116만 3,000㎢를 합치면 전 국토의 26% 가량이 초기 정착자에게 넘어간 셈이다.

또 132만 9,000㎢가 주 정부에 무상이전되었으며 31만 4,000㎢는 공립 교육기관 지원, 26만 3,000㎢는 늪지 개간, 5만㎢는 철도건설부지, 8만 8,000㎢는 기타 공공기관 지원용으로 분배되었다.

그리고 38만 2,000㎢가 철도회사에 무상으로 배분되었으며, 24만 7,000㎢는 군복무를 마친 제대군인에게 보상분으로 제공했다. 목재, 광물채취법과 사막법 등에 의한 토지매각과 민간소유권의 회복 확인 절차를 거쳐 민간에게 넘어간 토지분까지 합치면 미국이 건국 초기에 매각한 국유지는 전 국토의 50.04%에 달한다.

미국의 개발정책 초기에 토지투기현상은 극심했다. 국가의 통제력은 변방까지 미치지 못했다. 온갖 권모술수가 토지를 둘러싸고 횡행했다. 초기의 토지정책은 그 후 미국의 도시공간 개발 및 형성에 심각한 영향을 미칠 수밖에 없었다. 미국이 본질적으로 유럽과 같은 문화권에서 유래되었음에도 불구하고 미국 도시와 유럽 도시의 공간 구조가 차이가 나는 것은 이 때문이다.

개발 초기 미국의 땅투기를 말해주는 좋은 사례가 있다. 당시 방대한 펜실바니아를 소유하고 있던 윌리암 펜이라는 자는 펜실바니아의 농토를 1,000에이커 이상 구입하는 사람에게 필라델피아 시의 한 구획(블록)씩 덤으로 주었다. 초기 정착자들 간에는 땅을 판돈으로 삼아 땅따먹기(Land Gambling) 도박이 극성을 부렸다.

또한 도시 외곽의 나대지를 대상으로 개발투기(Wildcat speculation) 행태가 극심하게 벌어졌다. 1929년 클리블랜드 시가 조성한 필지 37만 5,000필(筆) 중 47%인 17만 5,000필은 미개발 나대지였으며, 1934년의 시카고에는 1,800만 명 이상의 인구를 수용할 수 있을 만큼의 택지가 과잉 조성되었다. 서부 신개척지의 상황은 이보다 훨씬 심각한 상태여서 캘리포니아 주의 버뱅크 시는 1950년 초까지도 75%가 미개발상태로 방치되어 있었다.

미국의 토지제도에 공익성이 도입된 것은 신천지가 태평양에 의해 가로막혔다는 사실을 알게 된 후이다. 신대륙에서도 역시 땅은 한정된 자원이라는 것을 깨닫게 된 미국 정부는 사유화된 토지를 대상으로 공익을 위해 절대적 권리를 제한하는 것을 토지정책의 기조로 삼았다. 도시계획과 용도지역제, 토지조세 등 토지 소유자에 대한 직간접규제가 늘어났다. 과거와 같은 무절제한 자유방임적 토지이용은 크게 제약받게 되었다. 19세기 중반부터 최근까지 100년 간 진행된 미국의 토지제도는 지주들에게서 '소리 없는 혁명'으로 불렸다.

19세기 중반부터 나타난 토지정책의 변화는 연방 정부 외에 주 정부에서도 엿보인다. 1826년 뉴욕 시는 정착지(신시가지 조성지)내의 매장을 금지했으며, 20년 뒤인 1846년에는 첼시와 매사추세츠가 사유(私有)해변으로부터의 토사골재 임의채취 금지조치를 시행하기 시작한다.

안전 항해를 위한 부두건설 위치규제(1853년 보스턴), 공중위생을 위한 시내 벽돌공장 폐쇄(1915년 L.A), 용도지역제 합헌판결(1926년 오하이오)조치들이 이어진다.

한국 전쟁이 끝난 해인 1953년 맨해탄 비치와 캘리포니아 주 정부는 해변에 주택지개발을 금지시켰으며 1972년 마리니트 카운티와 위스콘신은 연안 매립 후의 개발계획을 불허하는 조치를 채택했다. 이 해에 뉴욕 시 등은 연방최고법원으로부터 성장관리 전략에 따른 개발억제가 헌법 정신에 일치한다는 판결을 얻어냈다.

이 같은 사유지에 대한 개발제한정책은 레이건 정부의 집권 이후 제동이 걸린다. 보수적 신고전 경제이념이 팽배하면서 토지의 소유 및 이용에 대한 정부 개입이 약화되었다. 특히 1978년 캘리포니아 주에서 통과된 「제안(Proposition) 13」은 매년 납부하는 재산세의 세액을 해당 부동산시장 가치의 1% 미만, 서액의 증가도 매해 2% 미만으로 제한했다. 토지 소유자들에 대한 세부담 완화 조치는 지방 정부로 잇따라 파급되었다.

레이건 행정부의 조치로 지방 정부의 세수는 격감하는 반면 땅값은 오르는 상반된 양상이 전개되었다. 캘리포니아 주의 경우 총부동산 가치는 1978년의 1,060억 달러에서 1980년에는 1,550억 달러로 500억 달러 이상이 증가했다. 세금완화 외에도 경제활성화와 민간 부문의 효용증대라는 이념 아래 정부의 토지통제기능은 약화되었다. 1980년 중반 이후의 미국에는 토지정책이 없다고 보는 학자들도 생길 정도이다.

그러나 아직까지는 미국은 막대한 규모의 국유지를 보유하고 있다. 자연환경 및 야생동물 보호, 국립공원의 관리, 연안수역 관리와 관련되어 있는 토지는 대부분 국유지이다. 1989년 현재 미국 전역의 29.153%가 미연방 정부소유(약 268만㎢)이다. 그리고 미연방 정부의 토지 중 약 88%는 이미 사유화되었던 토지를 연방 정부가 수용권을 발동하여 재취득한 토지이다.

영국의 토지소유 구조도 전통적으로 대토지 소유를 특징으로 하고 있다. 120년 전인 1874년 지방자치성의 조사에 의하면 소규모 토지 소유자 약 85만 명이 국토의 1% 남짓한 75,360ha를 소유하고 있는 데 비해, 불과 525명의 거대 지주들이 전 국토의 98.8%에 해당하는 608만 460ha를 점유하고 있다. 이후 다이아몬드위원회가 1976년에 조사한 영국의 토지소유구조를 보면 상위 1%의 소유계층이 전체 토지(택지 제외)의 52%를 점유하고 있으며 상위 5%의 점유율은 73.7%에 달하고 있다. 100년 전에 비해 다소 나아지고 있기는 하지만 여전히 토지소유의 편중은 극심하다. 학자들에 따라서는 영국을 지주의 나라로 묘사하기도 한다. 영국 상원이 지주원(HOUSE OF LORD)으로 불린다는 뜻이다. 불침함대, 해가 지지 않는 대영제국의 영화가 덧없이 되어 버린 저변에는 지주들의 토지에 대한 탐욕도 깔려 있다는 분석이다.

  토지소유의 편중은 거의 범세계적으로 벌어지는 현상이기도 하다. 유엔이 83개국을 대상으로 조사한 결과 5% 미만의 인구가 전 육지의 대략 4분의 3을 점유하고 있는 것으로 나타나고 있다. 특히 전 세계적으로 개인당 100ha(30만 평) 이상을 갖고 있는 상위 2.5%의 소유자들이 전 지구상의 7할에 달하는 토지를 점유하며 최상위 0.23%의 인구가 전 토지의 절반을 소유하고 있다.

제4장 남북한의 국토개발전략

국토의 분단으로 남과 북의 개발축은 붕괴되었다.

남한의 대륙으로 가는 길을 차단 당했다.

남한은 바닷길을 뚫을 수밖에 없었다.

오대양 육대주를 향하는 수출선은 대륙 진출이 막힌 상태에서 선택할 유일한 대안이었다.

북은 바닷길이 막혔다.

황해와 동해를 통해 태평양으로 뻗어나올 방법을 그들로서는 찾을 길이 없었다. 북의 바다는 험준한 산악지방의 양극단으로 나뉘었다.

북은 안으로 움츠러들 수밖에 없었다. 북은 안에서 자급 자족하는 터전을 닦기 시작했다.

남(南)은 불균형 전략, 북(北)은 자급 자족형 도시

국토이용 및 개발에 있어 남북 양측의 기본적인 철학과 전략은 지금까지 국토공간구조에 지대한 영향을 주어 왔다. 남한 쪽은 본격적인 개발연대로 기록되는 60년대 이래 자본투자의 경제적 효율성을 국토개발의 잣대로 삼아 왔다. 부족한 투자재원을 기반이 어느 정도 닦여 있던 수도권과 경부축에 집중하는 불균형성장전략이 채택되었다.

80년대 후반 이후 국토의 균형개발이 민주화에 편승하여 본격적으로 제기되었지만, 90년대 이후에는 광역개발이 국토개발의 전략으로 다시 자리잡았다. 국민적 공감대가 형성된 환경보전의 원칙이나 도농(都農) 간의 균형개발은 아직 경제적 효율성을 제치기에는 역부족이다.

북한의 경우 표면상으로는 도농 간의 균형발전전략을 국토개발의 핵심으로 채택, 국토공간관리의 형평성과 단위 지역별 자족성을 강조하고 있다. 대부분의 사회주의권 국가들이 채택하는 공간철학이다. 그러나 북한의 각종 실무적 성격의 지침들에서 나타나는 북한의 국토개발도 효율성이 강조되고 있다. 부족한 재정의 압박을 받다 보니 평양 일대에만 자금을 쏟아 부을 수밖에 없게 된다. 사회주의 국가들의 선전성은 평양과 농촌지역에 상당한 격차를 초래할 수밖에 없었다.

남북한은 모두 국토종합계획이라는 정부 주도의 장기개발계획을 전개하고 있다. 남한은 1972년부터 국토개발과 공공투자의 지침이 되는 10년 단위의 국토종합개발계획을 수립하고 있다. 국토개발계획은 5년 단위의 경제사회 발전전략과 연계되어 국토, 경제, 사회 각 부문의 개발전략과 관계한다.

무수한 계획을 세우는 사회주의 체제의 경향은 북한지역에서도 마찬가지로 발견된다. 최상위 계획인 30~50년 단위의 국토건설총계획과 이를 토대로 좀더 단기적인 계획 기간인 건설총계획, 분야별 계획(산업건설, 도시 및 촌락건설, 기타 부문별 건설총계획)이 각각 수립된다.

국토개발계획을 세우는 것은 남북한이 마찬가지이나 토지이용 체계에서는 현격한 차이를 보인다. 남한의 토지이용 체계는 국토이용계획에 따라 도시, 준도시, 준농림, 농림 및 자연환경 보전지구로 구분되고, 도시지역은 다시 도시계획에 의해 주거, 상업, 공업, 녹지 등의 용도구분으로 세분된다. 이에 반해 북한지역의 토지구분은 농업, 산림, 산업, 수역 및 특수토지 등으로 단순하다.

  남북한 간의 국토 공간구조는 흡사한 면이 있는 반면에 전혀 이질적인 모습도 펼쳐진다. 남한의 경우 전체 인구의 42.7%가 국토 면적의 11.8%인 수도권에 집중되어 있고, 산업시설과 인구는 약 70%가 경부축에 몰려 있다. 지역 간 불균형이 심하고 대도시를 끼고 인구와 산업시설이 발달하는 광역화 추세가 두드러지게 나타나고 있다.

  북한의 경우도 국토 면적의 12.5%인 평양, 남포, 평남에 전체 인구의 31.9%가 거주한다. 수도권 집중현상은 북한에서도 마찬가지 양상인 셈이다. 그러나 주민들의 이전이 철저하게 통제되기 때문에 남한에 비해 도시의 지역 간 분포가 비교적 고르고 중소도시가 발달되어 있다. 또한 광역도시보다는 단핵 중심의 구조로 도시가 형성되어 있다.

북한의 지역별 인구추계 (단위 : 명)

지 역	1990년	1992년
평 양	3,288,042	3,334,702
남 포	790,399	801,614
개 성	379,392	384,774
평 안 남 도	2,813,803	2,853,737
평 안 북 도	2,497,641	2,533,088
함 경 남 도	2,845,423	2,885,801
함 경 북 도	2,055,035	2,084,178
황 해 남 도	2,023,407	2,052,120
황 해 북 도	1,612,406	1,635,282
강 원 도	1,549,174	1,571,149
자 강 도	1,201,413	1,218,461
양 강 도	663,943	673,367
합 계	21,720,078	22,028,273

도시인구 비율의 남북한 비교 (단위 : 명, %)

	1967년		1972년		1982년	
	남한	북한	남한	북한	남한	북한
총 인 구	30,131	12,924	33,505	14,694	39,326	18,490
특 별 시	13.2	12.0	18.1	12.6	22.7	13.7
직 할 시	24.2	16.0	31.3	18.7	41.1	22.9
시	33.7	28.9	42.9	33.8	61.0	39.7

남북한 간의 토지이용에서 가장 두드러지는 차이 중 하나는 도시의 토지이용 결정요인이다. 남한의 도시토지는 도시계획법에 의해 4개 용도지역과 13개 용도지구로 구분되지만 구체적인 토지이용은 토지가격(地價)에 의해 결정된다. 도심의 비싼 땅은 상업용 업무시설이 설치되는 등 고도의 토지이용이 이루어지고 값싼 땅은 창고 등으로 쓰이게 된다. 그러나 북한은 사적소유권이 없기 때문에 개개인의 토지이용권 행사를 제한하는 용도지역규제 등이 필요 없다. 다만 관리상의 편의를 위해 거주, 공공시설, 산업, 외부교통, 창고, 녹지 등 6가지의 영역으로 구분될 뿐이다. 토지의 가격이 없는 까닭에 도심지역에도 정치적 기념물이나 공공시설이 들어설 수 있다. 주거지는 생활 단위의 위계와 배후지역의 규모에 따라 배치되어 있다.

남북한의 엇비슷한 행정 체계

남북 양측의 행정구역은 서로 비슷한 양상으로 변모하고 있어 재미있는 특성을 보여 준다. 북한의 경우는 1특별시, 2직할시, 9개도, 20개 일반시로 구성되며 행정구역이 도시적 생활권역인 지역과 농촌지역인 군을 포함하는 광역적 형태를 띠고 있다. 특별시인 평양의 경우도 행정구역은 도시적 지역인 18개 구역과 농촌적 지역인 4개 군으로 구성되어 있다.

남한은 1특별시, 5광역시, 9개 도, 67개 일반시로 구성된다. 지난 해 최근 생활권이 비슷한 중소도시와 주변의 군을 통합하여 32개의 도농 통합형 '통합시'로 개편되었다. 아마도 통일 후를 염두에 둔다면 이 같은 변화는 장기적으로 남북한의 제도적 이질성을 해소하는 측면에서 바람직한 방향이라고 볼 수 있다.

개발용지 확대로 변한 90년대 국토관리전략

60년대, 경인지역과 동남해안지역을 중심으로 공업화정책이 강력히 추진되면서 본격적인 의미에서의 국토개발이 시작된다. 국토개발의 역사는 공업화 역사와 궤를 같이 한다. 경부·경인고속도로와 의암댐, 섬진강, 남강댐, 소양강댐, 안동댐 등은 공업지역과 공단의 산업용수와 물자수송을 위한 기반시설로 조성되었다.

1972년부터 국토종합개발계획이 도입되면서 국토개발에 가속도가 붙기 시작했다. 1, 2차 계획 기간 중에 공업용지가 확대되고 도로망이 정비되었다. 70년대 초와 80년대 말을 비교한 각종 지표들은 이 기간 중 국토의 변모가 일신되었음을 알려 준다.

1971년 102㎢였던 공업용지는 1989년에 317㎢로 늘어났으며 도로망은 4만 244㎞에서 90년에는 5만 715㎞로 연장되었다. 이 가운데 고속도로는 656㎞에서 1,551㎞로 2.5배 가량 늘어났으며, 서울은 524.5㎞의 전철망을 갖춘 국제도시로 발돋움했다. 특히 이 기간 중 도로포장과 항만 하역능력이 대폭 확충되어 포장률은 14.2%에서 71.5%로 높아졌다. 1971년에 1,900만 톤이었던 하역능력은 2억 2,400만 톤으로 확충되었다.

1, 2차 계획기간을 거치는 동안 국토이용관리 체계도 비로소 틀을

갖추었다. 「토지이용관리법」「산업기지개발촉진법」「환경보전법」「공업입지관련법」「수도권정비계획법」「낙후지역개발촉진법」 등 각종 법령들이 제정되었다.

그러나 국토관리정책은 태생부터 한계를 지니고 있었다. 남북의 분단으로 인해 경기 북부 등 중부권지역에는 개발정책이 파고들 여지가 사전 봉쇄되었으며, 부족한 개발자금이 경인축과 경부축을 따라 집중 투입되면서 심한 지역적 편중성이 나타났다.

수도권의 집중도는 해를 거듭하면서 더욱 심화되었다. 1990년도를 기준으로 전국 인구의 42.7%, 제조업체 종업원 48.8%, 금융대출 62.9%, 자동차 52.7%가 전 국토의 11.8%에 불과한 수도권에 몰려 있다. 대기업 본사의 편중도는 더욱 심해 95.6%가 수도권에 둥지를 틀고 있었다. 80년대에는 5, 6공 정부의 안정화정책으로 물가억제와 함께 사회간접자본에 대한 투자가 이루어지지 않음으로써 산업경쟁력이 악화되었으며 토지투기와 땅값의 폭발적인 상승은 한국경제의 암적인 요소가 되었다.

1992년부터 시행에 들어간 제3차 국토계획에서는 이 같은 문제점을 감안하여 계획의 기본 방향을 △지방분산형 국토 골격의 형성 △생산적 자원절약적인 국토의 이용 △복지 수준의 향상과 환경의 보전 △통일에 대비한 기반의 조성으로 잡고 드러난 문제점을 해소하려고 했으나 역불급인 상태이다. 특히 김영삼 정부가 들어서면서 표방한 규제의 완화와 국가 경쟁력의 강화는 국토이용과 토지관리에서는 역작용도 초래하였다.

문민 정부 들어 신경제 5개년 계획이 수립되면서 국토관리방향은 국토종합계획과는 별도로 △실질적인 지역균형 개발 △생산적인 토지이용 도모 △토지투기의 근원적인 방지로 설정되었다. 수도권정비계획법이 제정된 80년대 초 이래 시행되어 온 수도권집중 억제시책은 과밀부담금을 징수하는 경제적 규제방식으로 전환되었다. 부산, 대구, 광주, 대전 등 지방 대도시의 중추관리기능 강화가 추진되었다. 세칭 수도권에서 남한 인구의 절반인 2,000만 명, 부산, 대구, 광주, 대전 등 4대 도시권에서 각각 500만 명의 인구를 분담한다는 대도시화정책이 펼쳐지기 시작한 것이다. 직할시의 명칭이 광역시로 바뀌고 시·군 통합 작업이 대대적으로 전개된 것은 지방자치제의 본격 시행에 앞서 행정구역을 정비한다는 의미도 있으나 국토계획 측면에서는 대도시화정책이 고착화된 것으로 새길 수 있다.

특히 수도권정비계획법의 개정 작업을 통해 나타난 수도권정책의 변화는 주목해야 된다. 정부는 수도권의 5개 권역에 인구가 집중되고 있으며 수도권 내부에서도 지역 간 불균형이 심화되고 있음에 착안하고 있다. 5개 권역별로 인구 구성비를 보면 89.9%가 이전촉진권역과 제한정비권역에 집중되어 있으며 제조업체는 두 권역에 84.7%가 모여 있다. 공공기관 대학의 집중도는 90%가 넘으며 특히 공공기관은 두 권역에만 존재할 뿐 개발유도, 자연보전, 개발유보권역에는 거의 설치되어 있지 않은 상태이다. 이 같은 실태파악자료는 수도권의 권역을 과밀억제, 성장관리, 자연보전권역으로 단순화하고 과밀억제권역을 제외한 성장관리와 자연보전권역의 입제제한은 대폭 완화하는 배경이 된다. 수도권의 대학 신설은 금지하되 과밀억제권역에서 성장관리권역으로의 이전은 허용되었다. 성장관리권역에서 첨단 업종의 증설과 중소기업의 신설은 허용되었다.

공장총량관리라는 이름의 새로운 제도가 신설되기는 했으나 총량관리 대상에 공단은 포함되지 않고 개별입지만을 대상으로 삼았기 때문에 총량관리로 수도권의 공장 신설을 다스리기는 불가능할 것으로 전망된다. 더욱이 삼성전자 기흥공장 등은 수도권정비계획법의 개정으로 증설의 길을 열었고, 모토롤라의 중국 이전 압력에 굴복하여 광장동

공장부지를 팔고 파주로 이사하는 것을 허용하게 되었다. 여기다가 서울대학교 농과대학의 서울 진입도 사실상 허용받게 되었다. 물론 이들 민감한 사안들은 국무총리가 위원장이 되는 수도권정비심의위원회의 의결을 거치는 사안이기는 하지만 이미 대세는 거스를 수 없게 윤곽이 결정된 상태이다.

수도권의 권역 통폐합과 같은 시기에 국토이용계획법 상의 10개 용도지구가 5개 지구로 축소 조정된 것도 90년대 국토이용계획에서 주목해야 될 사안이다. 개발보다는 보전에 목적을 두고 있던 경지지역, 산림보전지역, 자연환경보전지역, 수산자원보전지역, 유보지역이 개발목적의 용도로 대거 편입되었다. 용도지역의 조정 작업은 개발할 수 있는 땅을 늘리는 데 목적을 두고 있었다.

정부는 용도지역을 조정하면서 2001년까지 1,291㎢, 2020년까지 5,000~6,000㎢의 땅이 필요하나 전 국토의 84.4%가 보전용도로 지정되어 있어 토지수급에 애로가 너무 많다고 배경을 설명했다.

용도지역의 변경으로 전 국토의 26.1%에 달하는 준농림지역이 사실상 개발지역에 포함되었다. 물론 준농림지역의 경우 환경오염을 유발하는 공해 공장과 대규모 개발행위를 제한한다는 단서가 붙기는 했으나 종전에 개발행위가 가능한 대상을 열거하던 방식에서 행위제한을 열거하는 네거티브 방식으로 전환됨으로써 준농림지역은 사실상 개발지역으로 전면 편입되었다. 이는 준농림지역에 대한 토지투기와 준농림지역의 토지 소유자들이 개발이익을 손쉽게 향유하게 됨을 뜻한다. 용도지역을 변경한 뒤 토지 당국은 투기붐을 다스리기 위해 바빠졌다. 해방 이후 60년대부터 10년 주기로 나타나기 시작한 토지투기는 용도지역 변경을 기화로 전면에 다시 모습을 보이기 시작했다.

제3차 국토개발계획에 담긴 통일의 꿈

남한의 1, 2차 국토계획은 북한의 존재를 전혀 고려하지 않았다. 지
난 1992년 수립된 2001년까지의 3차 국토개발계획은 통일 기반의 조
성을 목표에 넣고 있다. 정부는 최근 추진되고 있는 3차 국토개발계획
의 수정 작업에서 2011년의 사회간접자본(인프라)의 공간적 범위를 한
반도뿐만 아니라 동북아지역으로 확대했다.

수정계획에서 통일 후를 염두에 둔 항목들은 세계화에 부응하는 국
토축의 형성, 국가기간교류망의 구축, 진취적인 국토개발 등이다. 세계
화에 맞추어 기존의 경부축과 더불어 동서축, 연안개발축을 새롭게 형
성하고 동북아경제권과 연계시키는 것이 중요한 위치를 차지하고 있
다. 동북아경제권의 물류 중심지로 도약할 수 있는 기간교통망을 건설
하고 주요 물류거점지역에 첨단시설을 갖춘 종합유통기지를 건설하는
것도 포함되어 있다. 기간교통망의 도상 설계노선은 중국, 러시아, 유
럽으로 뻗어 나간다.

이 밖에 남북 통일을 염두에 둔 국토개발계획은 금강산 – 설악산을
연계한 국제적 관광지대개발, 단절된 남북교통망의 복원 및 개발과 남
북연결 간선도로망의 다변화, 남북 접경지대의 특정지역 지정 및 개발
사업 전개방안 등이다.

수정 작업이 진행 중이지만 기존에 마련된 제3차 국토개발계획에서
는 남북 대화를 3단계로 나누어 대응 방안을 모색하고 있다. 1단계인
제한교류 단계에서는 남북교류 공간의 조성 및 접경지역 주민들의 생
활환경개선, 2단계인 본격교류 단계에서는 남북공동개발사업과 남북교
통망의 복원, 3단계 통일 시에는 남북균형개발사업의 추진 등이다.

이 가운데 철도, 도로 등 교통망 복원사업은 휴전선 남쪽 구간에 대
해서 통일 이전 단계에서도 추진되고 있다. 철도는 문산 – 장단 간의
경의선(12㎞), 신탄리 – 월정 간의 경원선(16㎞), 철원 – 금곡 간의 동해

북부선(24㎞), 공송군,·명호리와 송현진리를 잇는 7번·국도 등이 이에 속한다.

현안 과제인 지역 간 불균형문제를 해소하고 낙후지역의 개발을 도모하기 위해 중서부의 신산업지대에 신규 공장용지 공급물량의 50% 이상을 배려하고 있다. 강원, 경북 북부, 경남 서부 등 개발 낙후지역인 3개 지역에 중소 규모의 공단 개발도 계획하고 있다. 그러나 이 같은 개발계획은 민자유치촉진법, 지역균형개발법, 수도권정비계획법이 손질되면서 다소 흔들리고 있다. 전국 시도의 10%를 낙후지역으로 지정 개발한다는 지역균형개발법 규정은 중서부 신산업지대의 구상과는 약간 차이가 있으며 수도권정비계획법이 수정되면서 수도권의 제약이 상당히 풀린 상태이다. 게다가 행정 체계 개편논의가 일어나면서 서울 등 대도시를 광역화시킬 것인지 분화시킬 것인지도 불분명해졌다.

제3차 국토종합개발계획 달성목표

구 분	지 표	단 위	1990년	2001년
총	인 구	천 명	42,869	47,150
량	1인당 GNP	달 러	5,569	17,760
인	추세 연장	천명(%)	18,320(42.7)	22,498(47.7)
구	계 획	〃	−	21,250(45.1)
배	추세 연장	〃	24,459(57.3)	24,652(52.3)
치	계 획	〃		25,900(54.9)
도시화	도 시 화 율	%	77.8(88년)	86.2
공 업	공 장 용 지	km	340(89년)	475
주 택	주택보급률	%	72.1	92.8
주 택	주 택 수	천 가구	7,374	12,088
교	고 속 도 로	km	1,551	2,951
	도로포장률	%	71.5	100.0
	철도전철화율 항만하역	%	16.7	50.0
	능력	백만톤	224	420
통	자 동 차	만대	340	1,200
	가구당 자동차	대/가구	0.3	0.8
상 하	상수 보급률	%	79	90
수 도	하수 처리율	%	31	70
수자원	총용수이용률	억M	249(88년)	330
여가	여가활동 참여량	백만/년	279(88년)	530

지방화 시대가 만개된다면 한반도의 국토지리는 달라지게 된다. 지방자치단체들이 너나없이 개발계획을 입안하고 있으며 민자유치촉진법과 지역균형개발법의 지원을 받은 민간자본들은 지방의 개발 구상에 편승하고 있다. 지방자치단체들의 개발계획은 긍정과 부정의 측면을 동시에 지닌다. 국토 통일 후 대도시 인구집중의 예방이라는 소극적인 측면도 있으며 21세기 통일 한국의 국토공간계획이 골격을 형성한다는 적극적인 의미도 있다.

국토 계획의 뼈대는 환황해, 환동해경제권의 구축

지방의 개발전략은 국토개발계획에 나타나는 U자(字)형의 개발축을 따라 전개된다. U자형 개발은 해안선을 따라 환동해경제권과 환황해경제권으로 나뉜다.

● 환동해경제권

환동해의 개념은 동해에 면한 국가들 상호간에 경제교류를 부활시키고 상호보완적 관계를 적극적으로 살릴 필요에 따라 등장했다. 구소련의 고르바초프는 시베리아 개발과 관련하여 '환동해 공동시장'의 형성을 주장하였다. 러시아의 옐친 대통령 역시 시베리아개발에 한국과 일본의 자본 참여를 적극 유도하고 있다.

이러한 구상에 따라 블라디보스토크가 무역항으로 바뀌었으며 '대(大)블라디보스토크 개발 구상'이 제시되었다.

한국과 러시아, 중국의 개발계획에 맞추어 시베리아 천연가스를 북한을 경유해 한국과 일본에 공급하겠다는 계획이 발표되었고 포항시를 중심으로 환동해 협력구상안이 제시되고 있다. 환동해경제권 구상은 남북 통일 후 국토개발계획에 중요한 요소로 작용할 것이다.

▶ 포항권

포항, 동해 등 동해안의 몇몇 도시들은 북한, 러시아와의 교류와 환동해권 구상이라는 맥락에서 독자적인 개발 구상을 추진하고 있다. 부산의 주력산업이었던 전자, 기계, 섬유, 화학 등 업종이 부지 난으로 시외곽으로 이전했고, 신발산업의 불황으로 경제성장 속도가 늦춰지면서 포항은 주변의 공단을 배경으로 원대한 구상을 제시하고 있다.

환동해권 중심지로서의 잠재력과 발전성을 갖춘 곳으로서 포항은 잠재력이 크다. 포항종합제철이라는 산업기반을 토대로 첨단과학기술까지 접맥한 테크노폴리스를 지향하고 있다.

포항시는 철강공업을 중심으로 한 중공업도시, 동남권을 배후에 둔 교역항구도시, 관광교통시설이 정비된 산업관광도시라는 21세기 청사진을 제시한다. 그리고 이를 구체화시키기 위해 제2철강공단 입주업체의 적극적인 유치, 종합유통공단 구성, 수산업시설의 현대화라는 추진전략을 마련했다.

동북아권 거점항구로서 지위를 부산, 광양과 다투고 있는 포항은 항만의 컨테이너 처리능력 확충도 계획 중이다. '부산항과 인천항에 컨테이너 및 일반화물이 집중될 경우 극심한 체선, 체화현상이 생기고 육상교통망이 제약되어 있어 연간 6,000~7,000억 원의 물류 유통비용이 손실될 것'이라는 점이 포항시가 청사진에서 내세우는 발전논리이다.

대구-영천-포항 간 4차선 도로가 확충되고, 영덕-울진-삼척-강릉 간 고속도로가 신설되며, 경부고속도로가 경주-부산, 안강-영천-대구 간 국도와 연결되면 배후도로망을 구축할 수 있다는 것이 포항시의 계산이다. 철도의 경우 동해남부선을 이용하여 대구-울산과 연결된다.

적어도 계획상으로는 동남권 수송 거점으로서 손색이 없다. 포항시는 입지적 특성을 살리기 위하여 영일만에 약 400만 평을 매립하여 야적장 30만 평과 항만 부지 50만 평, 임해공단 부지 120만 평 등을 조성하기 위한 타당성을 검토하고 있다.

이러한 계획이 구체화할 경우 2001년에는 연간 8,000만 톤의 화물을 처리할 수 있어 부산항과 어깨를 견주게 된다.

포항권에 합류하는 동해시도 북방교역과 남북관계가 확대된다는 전제하에 신항만 개발과 공단 유치에 박차를 가한다. 동해시는 한국에서 나홋카, 블라디보스토크, 청진, 원산에 가장 근접한 곳이라는 지정학적인 이점을 가지고 있다.

동해항은 2001년까지 1,120억 원을 투자하여 하역능력을 현재의 연간 1,200만 톤에서 2,200여 단 톤으로 배가시키고 5만 톤급 선박 9척을 포함하여 최대 14척까지 동시 접안시킬 수 있는 능력을 갖는다는 포부이다. 국제카페리(1만 톤급) 부두도 계획하고 있다.

동해시는 배후 수송망의 취약점을 해소하기 위해 서울-동해 간의 동서고속전철과 대관령 쪽으르의 산업도로 건설이라는 과제를 안고 있다.

앞으로 금강산-설악산관광특구의 개발이 실현될 경우 속초항과 동해항 등 동해안의 입지상의 이점을 살리기 위한 지역개발전략을 적극 펼칠 것이다.

▶ 광양권 개발계획

2000년까지 총 6,050억 원을 투입하여 광양컨테이너 부두에 5만 톤급 선박이 접안할 수 있는 선좌 10개를 건설한다는 것이 기본계획이다. 21.5㎞의 남해고속도로 연결도로와 2.5㎞의 부두 인입도로를 건설하여 항만으로의 물류운반 체계를 확충하는 계획도 마련되어 있다. 항만시설 확충 작업과 병행, 여수시와 여천시, 동광양시가 함께 면한 광양만 일원에 약 2,400만 평 규모의 공업단지를 확충하거나 새로 조성하는 광양권의 지도를 그릴 수 있다.

계획이 완료되는 2000년에는 광양 항만권역은 부산에 버금가는 수출입 항만이 된다. 이에 발 맞춰 민간대형 해운업체들은 대형컨테이너 전용부두를 확보하게 되고 세계적인 해상수송망을 갖춘 외국해운업체들도 광양만 일원에 진출하게 된다.

일반적으로 종합화물 유통기지가 형성되기 위해서는 터미널 배후에 상당히 넓은 항만관련 산업용지가 필요한데 광양만은 부산항과 달리 약 80만 평의 배후지를 확보할 수 있어 향후 남해의 대표적 항구로 성장할 잠재력을 갖고 있는 것으로 평가된다.

광양지역을 적극적으로 개발하여 정보, 통신, 금융, 보험 등 첨단서비스산업이 자리잡고, 광주권의 첨단산업지역과 연결된다면 광양의 항만 국제 경쟁력이 한층 강화되어 장기적으로 21세기 동북아지역 경제권역의 중심항이 될 가능성이 높다. 통일과 함께 남북을 종으로 잇는 한반도횡단열차(TRANS KOREA RAILROAD)가 개설된다면 중국횡단철도(TCR), 시베리아횡단철도(TSR)와 연결되어 유럽지역까지 화물을 수송할 수 있다는 전망도 선다.

광양권은 환황해권과 환동해권의 연결지점으로서 환동북아경제권의 중심지에 있다는 입지적 이점을 안고 있다.

◉ 환황해경제권

환황해경제권은 황해를 둘러싼 한국 서해안의 도시와 중국 화남, 산동, 요동지역을 포함한다. 10억 명의 중국인이 사는 대륙으로 가는 길이 뚫리면서 한중 간 교역 규모가 폭발적으로 늘어나자 서해안지역이

지리적 경제적 요충지로 부상했다. 또한 서남권은 지금까지 개발에서 상대적으로 소외되었던 지역이라 인천-아산-군산-목포를 잇는 L자형 공업축의 형성은 지역균형개발이라는 의미도 지니고 있다.

수도 서울의 관문으로서 서울에 이어 2위의 공업력을 갖고 있는 인천은 영종도 신국제공항과 송도 해상신도시, 남동공단 조성 등 대규모 프로젝트를 추진하고 있다.

인천시는 신공항과 인접한 영종·용유도 일대의 582만 평에 2011년까지 2조 4,575억 원을 들여 국제해양종합관광휴양단지를 조성한다는 21세기의 화려한 청사진을 그려 놓고 있다.

송도 해상신도시의 건설은 이미 1989년에 착공되었다. 2006년까지 모두 1조 4,000억 원을 투입하여 1,520만 평의 공유수면을 매립하고, 택지와 텔레포트를 조성하여 국제교역 및 첨단정보산업 중심지로 육성한다는 것이 인천시의 계획이다.

지난 1985년부터 2,200억 원을 들여 조성된 290만 평 규모의 남동공단에는 1992년 말 현재 총 1,800여 개의 업체가 입주했다. 이 공단의 배후도시로 연수지구에 4만 2,250가구 규모의 주택단지를 함께 건설하고 있다. 남동공단은 서해안고속도로를 따라 시화지구, 수도권과 충청권이 접한 아산공단, 3,900만 평의 대단위 매립사업으로 조성되는 군장공단, 240만 평 규모의 목포 대불첨단산업기지를 거쳐 광양에서 환동해경제권과 만나게 된다.

총연장 483㎞의 서해안고속도로가 건설되고 있다. 인천-목포 간 353㎞ 구간은 4~6차선의 시멘트포장 고속도로로서 총공사비 2조 9,914억 원을 투입하여 1991년 2월에 착공되어 2001년에 완공될 예정이다. 목포-광양간 150㎞ 구간은 기존국도를 4차선으로 확장하여 고속화도로를 건설해 놓고 있다. 서해안고속도로가 완전히 열리면 현재 5시간 이상 걸리는 인천-목포 간을 자동차로 3시간 45분대에 주파할 수 있게 된다.

주체사상이 동원된 북한의 국토개발전략

주체사상은 북한의 국토관리정책에도 듬뿍 세례를 주었다.

북한식 표현으로 국토관리를 정의하면 "국토, 자원, 자연환경은 인민의 사회경제생활과 민족 번영의 영원한 원천으로 항구적인 바탕이 된다. 사회주의경제를 건설하고 발전시켜 나가는 과정은 국토, 자원, 자연환경을 인민의 자주적이며 창조적인 생활의 요구에 맞추어 이용하는 과정이며 국토의 면모를 주체의 요구에 맞게 개조해 나가는 거창한 자연개조 과정이다."고 할 수 있다. 북한의 국토관리 핵심은 국토건설 총계획이다.

북한은 국토건설총계획에 대해 지금까지 세계 그 어느 나라도 입안하지 못할 만큼 독창적으로 계획된 형태라고 자랑한다.

북한의 사회주의 건설이 전면적인 단계에 들어선 1960년대에 평안남도와 평양시가 국토 조사의 시범 단위로 정해졌다. 국토와 자원의 실태를 조사하기 위해 대학교원과 학생, 과학자, 기술자, 전문가들로 조사대가 편성되어 평양시와 평안남도의 각각의 군에 20명씩 배치되었다. 군(郡) 단위에서는 조사대가 4그룹으로 나뉘어, 한 그룹이 5개 리(里)씩 맡아 3개월 동안 국토 조사를 진행했다. 평양시와 평안남도의 국토 조사에서 경험을 쌓은 다음 북한 전역으로 국토 조사를 확대, 실시하였으며 도별 우선 순위에 따라 진행되었다.

종합적인 실태조사사업은 1962년에 시작되어 당초 3년에 끝내기로 계획했던 것을 1년을 앞당겨 2년 만에 완료하였다. 1965년에는 처음으로 30~50년을 전망 기간으로 하는 국토건설총계획을 작성하게 되었다.

국토관리 부문에서는 지방국토관리기관들이 변화하는 실태를 종합적으로 조사하고, 그 변동 상황을 중앙에 정상적으로 통보하는 체계가 수립되었다. 위원회와 각 부처를 비롯한 중앙기관들과 공장, 기업소, 협동단체에서는 새로운 개발대상과 건설대상을 설정하고 착공하기 전에 반드시 건설 및 개발허가 신청을 제기하게 된다. 국토관리기관에서는 개발계획이 국토건설총계획에 맞는지 여부를 따져보고 승인을 하게 되며 이런 의미에서 국토건설총계획은 각종 개발계획의 종합조정 기능을 담당한다.

각종 기관이나 기업소들이 전기선이나 전화선을 가설하거나 땅속으로 매설하는 경우에도 국토건설총계획에 근거하고 있는지 여부를 확인, 승인 받도록 되어 있다.

농경지 보호가 최우선 과제

국토건설총계획은 북한 국토관리의 총체적 표현이나 다름없다. 북한 토지법에 규정된 국토건설총계획의 과제는 △풍부한 물질적 부를 생산하여 소비 생활의 자연적 구속을 없애고 △살림집과 교육, 문화, 보건시설을 비롯한 물질문화생활의 필수적 조건들을 충분히 갖추며 △자연환경을 사람들의 생존과 활동에 유리하게 보호하고 개조하는 등 세 가지로 집약된다.

북한은 국토건설총계획 외에 인민경제계획을 운영하고 있다. 국토건설총계획은 국토와 자원의 보호와 개발 이용에 대한 총체적 방향을 규정하는 종합적인 장기전망계획인데 반해 인민경제계획은 국토와 자원의 일정한 부분을 대상으로 시기별, 단계별로 마련된다. 사회경제발전의 시기별, 단계별로 마련되는 인민경제계획은 국토건설전망계획의 밑그림 아래 그려지는 세부실천계획의 성격을 지닌다고 볼 수 있다.

국토건설총계획은 장기종합계획이라는 점 외에도 몇 가지 특징을 지니고 있다. 우선 농토에 대한 보전정책이다.

북한 공산당은 '부침땅(경작지)을 다치지 않고 도시 규모를 지나치게 크게 하지 않으며 지역별 기후풍토적 특성과 발전 전망 및 국방상의 요구를 고려하고, 공해현상을 미리 막기 위한 대책을 취해야 한다.'는 것을 국토건설총계획에서 지켜야 할 원칙으로 내세우고 있다.

경작지의 보호 원칙은 북한이 산악국가라는 점을 감안하면 쉽게 이해된다. 북한은 총국토 면적의 80% 이상이 산이며 200만 정보의 경지 면적에서 과일밭, 뽕밭 등 경사가 심한 비탈밭을 제외하면 농사를 제대로 지을 수 있는 땅은 150만 정보밖에 안된다. 농경지의 침해를 막고 적극 보호하는 정책은 식량의 확보와 직결되어 있는 만큼 국토건설총계획의 작성과 실현에서 가장 중요한 원칙으로 삼게 됨은 일면 당연한 일이기도 하다.

영토가 넓고 농경지가 식량 수요를 충족시킬 수 있다면 공업 발전과 인구 증가에 따르는 공장과 도로 건설, 주민지구 조성을 위해 농경지의 침해가 가능하지만 인구에 비해 농경지가 극히 제한되어 있는 상태에서는 공업 건설과 도시 발전에 따라 생기는 농경지의 침해를 철저히 극복하는 것이 가장 중요한 과제이다. 북한이 국토건설총계획 작성의 첫째 가는 원칙 즉 주된 목적을 식량 생산에 이용할 수 있는 농경지의 최우선적 보호에 두고 있으나 이 같은 원칙은 흔들리게 된다.

국토건설총계획은 북한지역 내의 자원과 기술에 기초하여 실정에 맞는 주체적인 경제의 건설을 목적으로, 각 지역들의 자연경제적 조건에 맞는 경제발전 전망을 과학적으로 예견하고 실현할 수 있게 하는 계획으로 작용한다.

도시 규모를 지나치게 크게 하지 않고 작은 도시 형태로 조성한다는 원칙도 북한의 국토개발전략에서 나타나는 두드러진 특징 중의 하나이다. 북한의 도청 소재지들의 규모도 크지 않다. 200여 개의 군청 소재지 도시들은 기후, 풍토적 조건에 맞는 주민지구와 경제문화지구를 포함하는 생활지대의 형태로 개발이 추진되었다.

북한의 국토건설총계획에는 또 일원화 원칙이라는 것이 있다. 일원화는 국가계획 작성에서 당의 정책적 요구와 지방의 창발성, 국가의 중앙집권적 규율을 결합시킨다는 뜻이다.

국토건설총계획은 전국적인 계획과 지역적인 계획을 구분하여 수립된다. 전국적인 계획은 지역적 계획에 기초하여 전 국가적 범위에서 통일적으로 예견하는 계획이다. 도시와 공장의 건설 위치, 운하와 도로, 철도망의 배치를 비롯하여 국가적인 의의를 가지는 대상 사업이 정해지며 공해를 막기 위한 대책도 포함된다. 지역별 계획은 지역 안의 산업 건설, 지하자원 개발, 간석지 건설과 농경지의 이용 같은 구체적인 국토건설사업의 합리적 이용과 조성사업을 대상으로 한다. 일례로 지역별 국토건설총계획의 하나인 안주탄광지구에 대한 국토건설총계획에는 새로운 갱을 건설할 위치, 탄광 마을의 배치, 논과 밭의 이용과 간석지 건설문제 등이 다루어지고 있다.

지역별 국토건설총계획의 작성과 집행 단위는 행정지역 단위로서의 도와 군이다. 북한의 도들은 약 1만~1만 6,000㎢의 면적과 평균 20여 개의 군을 포함한다. 각 도의 지리적 조건과 자원 상태는 대부분 엇비슷하다. 각 군에는 평균 약 1만 정보에 해당되는 농경지가 있으며 자연기후 조건도 그다지 차이가 없다. 이는 도나 군 등의 토지, 산림, 강, 하천 이용 및 개발 과제들이 대부분 엇비슷하다는 점으로 이어진다.

웅덩이와 밭둑도 경지로

토지에 대한 북한의 개발전략은 경작지 확대와 공업용 토지로의 전환을 주축으로 한다. 김정일 비서는 "토지는 중요한 생산 수단이며 경제발전과 인민생활의 큰 밑천이다. 토지관리를 잘해야 농업 생산을 늘이고 인민생활을 끊임없이 높일 수 있다. 토지는 우리 세대뿐만 아니라 후손 만대의 번영을 위한 귀중한 재부이다."라고 교시했다.

북한 경작지의 3분의 1 이상이 심한 경사지여서 산비탈과 산골짜기 그리고 강, 하천 기슭에서 흙이 씻겨 내려감에 따른 손실을 입을 가능성이 크다. 때문에 토지보호를 위한 선차적 과제로 강, 하천 상류에 삼림 조성에 중점을 두고 있다. 그 다음 과제로 비탈밭을 다락밭으로 만드는 것이다.

20만 정보에 달하는 16도 이상으로 경사가 진 비탈밭에 계단식으로 돌을 쌓아 평평한 다락밭으로 만드는 작업은 북한의 전 인민이 동원되는 대대적인 사업이었다.

북한 자료에 따르면 평양시 강동군 하리 협동농장에서 200여 정보의 비탈밭을 다락밭으로 건설한 결과 정보당 1~2톤의 강냉이를 소출하던 땅에서 정보당 6~10톤씩으로 소출량이 대폭 증가했다고 소개되었다.

간석지 개간과 새땅 찾기 운동도 경작지를 넓히기 위한 역점사업이다.

간석지 개간은 준설선과 짐배, 굴착기, 자동차 등 기계공업이나 금속공업 등 관련산업, 시멘트 등 자재 생산 및 건설 기술이 뒷받침되어야 하기 때문에 만만한 사업이 아니다. 북한은 간석지 개간사업을 통해 거의 1개 군(郡)에 맞먹는 농토를 확보, 국영농장을 설립한 것으로 알려진다.

새땅 찾기는 경작되지 않는 척박한 땅을 농지로 전환시키는 작업이다. 북한은 새땅 찾기가 간석지 개간에 비하여 훨씬 유리하다고 보고 토지나 밭 가운데 불필요한 웅덩이와 지나치게 큰 밭두둑의 면적을 줄이고 강줄기의 빈 땅과 큰 길가 및 물길 주변의 땅들을 경작지로 전환시키는 노력을 기울였다.

새땅 찾기를 위해 토지정리사업도 전개되었다. 불필요한 논두렁, 밭두둑, 웅덩이, 돌각담을 없애고 하천부지를 개간하는 사업으로 북한이 설정한 새땅 찾기 목표는 20만 정보에 이른다. 철길, 큰길, 물길 주변의 빈 땅을 모조리 농업용토지로 일군다는 것이 북한의 목표인 것이다.

농업용토지의 확보에 못지 않게 논밭의 단위당 소출량을 늘이는 것도 과제이다. 이는 "땅을 개량하기 위한 투쟁을 적극 벌려 논밭을 모두 다 기름진 땅으로 만들어야 하겠다."는 고(故)김일성 주석의 교시에서도 확인된다.

북한의 농경지는 대부분 경작 기간이 오래 되어 비옥도가 떨어지는 땅이다. 못 쓰게 된 땅을 좋은 땅으로 개량하여 단위당 수확고를 늘이는 것은 식량난을 극복하기 위한 불가피한 과제 중의 하나이다. 북한은 지력(地力)이 낮아진 논밭에 정보당 1,000~1,500톤에 달하는 흙갈이 사업을 실시한 것으로 알려진다.

그러나 이와 같은 최고의 과제인 농업용토지의 증대도 공업 발전이라는 북한경제의 체질개선작업에 의해 도전을 받는다.

공업시설과 도로, 주민지(도시)건설에 의한 국토이용이 급격하게 늘어남에 따라 농업용토지를 산업용으로 전용하는 몫이 늘어나게 되는 것이 불가피해졌다. 농업용토지를 최대한으로 보호, 유지하면서 새로운 토지자원을 획득하기 위한 사업은 국토관리에서 뿐만 아니라 농업의 물질기술적 토대를 강화하는 데에도 불가피하다. 토지의 공업적 이용에 따라 간석지 개간과 새땅 찾기 운동 등 대토원칙을 농업용토지의 보호를 위해 내세우고 있으나 공업용부지에 대한 소요의 증가로 토지정책에서도 북한은 일대 전환점을 맞고 있는 셈이다.

재생 가능한 자원 활용에 총력

북한의 각 군(郡)지역에는 평균 18개 이상의 지방산업공장들이 있다. 지방공장의 생산량은 전체 소비품 생산의 54.3%를 차지한다. 대부분의 지방산업공장들은 대개 그 지역에서 생산되는 자연원료에 의존하는 형태를 취한다. 주민의 삶뿐만 아니라 산업활동에서도 자급 자족 형태를 취하고 있는 것이다. 때문에 농업, 임업, 수산업, 섬유공업, 식료공업 등 지방산업은 자원을 이용하여 부가가치를 높이는 자원의 확대재생산을 배경으로 갖고 있다.

북한의 국토관리전략 가운데 빼놓을 수 없는 하나가 환경보전이다. 이는 "우리는 공해현상을 막는 데 깊은 관심을 돌려 사회주의제도의 우월성을 남김없이 나타내도록 해야 한다."는 김일성 주석의 교시에서도 발견된다.

그러나 1986년 4월 9일 조선민주주의인민공화국 최고인민회의 제7기 5차회의에서 「조선민주주의인민공화국 환경보호법」을 채택한 데서 알 수 있듯이 법적 장치는 뒤늦게 이루어진다. 환경보호사업에 대한 국가 차원의 지도는 정무원이 맡고 있으며, 환경보호에 대한 집체적 지도와 대책 수립을 위해 정무원에 비상설환경보호위원회를 조직했다. 또 환경오염 행위에 대한 감독과 측정사업을 담당하는 환경보호 감독 통제기관과 환경보호 측정기관을 설치하고 모든 기관, 기업소는 이들 기관의 요구가 있을 경우 필요한 자료를 제공하도록 의무화시켰다. 이 밖에 계획기관과 자재공급기관, 재정은행기관, 노동행정기관들이 환경보호에 요구되는 설비, 자재, 자금 등을 공급하도록 했다.

국토건설총계획에 나타난 북한의 환경보전 정책은 생산력 배치 시에 환경보호 원칙의 준수와 강, 하천 정리, 풍치림 조성, 명승지 보존 및 유지, 유익한 동식물 자원의 증식 및 보호 등이다.

각종 생산활동과 건설에 앞서 원칙적으로 공해방지대책을 세우도록 하고 있는데 설계심사기관들은 환경보호원칙에 따라 보건기관, 기상수문기관 그리고 해당 전문기관과 협의하여 기술 과제와 설계안을 심의, 비준하도록 제도화했다. 또 각종 설비는 공해방지시설을 갖춰야만 준공검사기관들이 합격 승인을 내주고 있다.

그러나 북한의 환경은 계획단큼 깨끗하게 유지되고 있지는 않은 듯하다. 북한의 하천이나 대기는 남쪽만큼 어떤 측면에서는 남쪽 이상으로 오염된 것으로 알려지고 있다. 두만강이나 청천강의 경우 내륙 즉 하천 상류지역에 철광산과 중기계, 중화학공장이 들어서면서 하천 수질을 크게 떨어뜨렸다. 또 부족한 경지면적을 확충하기 위해 야산과 구릉지를 계단식 논밭으로 바꾸는 사업을 대대적으로 추진한 결과 삼림이 훼손되고 산지의 토사가 하천으로 흘러들어 홍수를 자초하고 있다.

북한의 중화학 생산시설이 노후화되었고, 석탄이 주요 에너지원으로 사용되는 실정이므로 대기오염문제가 제기되는 것은 불가피하다.

북한의 경제활동이 외화 부족에 시달리듯이 국토관리사업도 자금난으로 인해 제대로 목표를 달성하지는 못하는 것으로 알고 있다. 북한의 자료에 따르면 북한 국토관리 당국도 '국토관리는 사회적 문제의 해결에 귀결되지만 그 실현의 과정에서 볼 때에는 경제적인 것으로 일관된다. 모든 생활수단을 생산하고 생활조건을 마련하는 과정뿐만 아니라 자연환경을 보호하고 개조하는 과정도 생산적 및 비생산적 축적에 의해 실현되기 때문이다. 국토관리사업은 나라를 부강하게 하고 인민들의 자주적이며 창조적인 생활조건을 마련하는 사업이며 그 자체에 경제적 측면과 사회적 측면이 통일되어 있다.'고 파악하고 있다. 결국 북한의 국토관리전략은 북한의 경제계획에 따라 유동적으로 변화하며 당면 과제는 식량부족사태와 공업발전계획이라는 다소 상치되는 목적

달성을 위해 공업용도와 농업용도의 토지를 어떻게 배분할 것인가에
달려 있다. 공업용토지(수출전진기지)에 토지를 충분히 배분, 외화 벌
이에 나선 뒤 식량을 사오는 밑천으로 활용하는 전략이 북한의 토지관
리방안에서 엿보이기도 한다.

농지절약 효과를 기대하는 산지의 개발

산림자원도 북한이 역점을 둔 개발 대상이다. "전 국토의 80%를 차
지하는 산지를 종합적으로 잘 이용하는 것은 인민 경제의 발전을 위하
여 매우 중요한 의의를 가진다. 산은 목재 생산과 축산업을 발전시키
며 과수원과 잠업을 발전시키고 경제림을 만들어 여러 가지 공업 원료
를 해결하기 위해서도 매우 중요하다."고 한 김일성 주석의 교시에서
북한이 삼림자원에 둔 중요성을 확인할 수 있다.

산에 대한 개발전략의 포인트는 목재, 기름, 섬유 등 자연적 자원의
재생산 기지로 만든다는 것이다. 북한에서도 섬유산업의 원료는 화학
섬유가 압도적이지만 나무를 원료로 하는 섬유도 적지 않다. 북한의
섬유림 조성은 화학공업과 방직공업의 부담을 덜어주는 역할도 한다.

호두나무, 쪽가래나무, 분지나무, 잣나무 등으로 기름나무림을 조성
하는 사업도 추진하고 있다. 기름나무림은 한번 심으면 여러 해 동안
기름을 계속 얻을 수 있으며, 경작지에 기름을 얻는 식물의 재배부담
을 경감시킨다.

비단 생산도 산에서 이루어진다. 비단 생산지가 산지가 됨으로써 평
지에서는 한 톨이라도 알곡 생산을 할 수 있는 농지를 확보할 수 있다
는 것이다. 북한은 잠업의 주요 생산기지를 산지뿐만 아니라 비경작토
지에 집중한다는 원칙이다.

산의 경제적 이용은 수백 종의 약용식물과 향료식물로 이어지며 과

수나무의 식목에는 북한 전 인민이 동원되다시피 한다.

북한식 표현을 빌어, 야산과 산비탈에서 과수원을 조성하는 대대적인 투쟁이 전개되기 시작한 것은 1961년 4월 당중앙위원회 상무위원회 확대회의 이후부터이다. 그 후 북한지역의 북쪽 끝에서 남쪽의 군사분계선 마을까지 북부 산간지대와 동서 해안선의 야산과 내륙지대의 높은 산에도 과수원들이 조성되었다.

북한은 모든 기관과 기업소에 일정한 조림 구역을 할당한 뒤 책임지고 나무를 심고, 관리하도록 의무규정을 정해 놓았다. 농장마다 100정보의 협동농장림을 관리해야 하는 의무가 부과되어 있으며, 땔나무림과 용재림(用材林)으로 이용하도록 소년단림을 조성하는 운동도 적극 벌였다.

해방 이후 차단된 북한의 남북개발축

북한의 도로는 일정한 등급으로 나누어진다. 중앙과 도를 연결하는 도로, 도와 도를 연결하는 도로, 도와 군, 군과 군을 연결하는 도로, 군과 리를 연결하는 도로, 리와 리를 연결하는 도로는 등급이 다르다. 등급이 다른 만큼 관리방법도 다르다.

일제가 한반도를 지배하는 동안 북한지역에 건설된 도로는 자원과 농산물을 일본 열도로 약탈해가기 위해 남북으로 통하는 간선도로와 항구를 연결하는 도로뿐이었다. 북한은 해방 이후 남북 방면으로 편중된 도로망에 동서관통축을 덧붙이고 모든 지역과 군, 도시, 리에까지 등급별로 조밀한 도로망을 건설한다는 계획을 추진했다. 그 계획으로 북한에는 평양-원산 사이의 고속도로를 비롯하여 모든 지역과 리를 연결하는 다양한 도로망이 형성되었다. 평양-원산 간 고속도로는 북한측이 매우 짧은 기간에 건설한 도로라고 자랑하고 있다. 옥류교, 충성의 다리, 양각다리, 능라다리를 비롯한 도로와 차굴(터널) 등이 북한의 독특한 형식으로 건설되었다.

1986년 현재, 북한의 도로 총연장 길이가 7만 5,500㎞이다.

국토설계의 일원화

"설계사업을 잘하는 것은 국토관리사업을 개선, 강화하기 위한 중요한 요구이다. 국토관리부문에서는 설계사업에 힘을 쏟고 그것을 결정적으로 개선하여야 한다." 김정일 비서의 교시에서 보여지듯 북한에는 국토를 설계하는 조직들이 국토관리사업을 관장한다.

북한은 전문적으로 국토관리를 담당, 수행하는 중앙국토설계사업소와 도시·군설계사업소를 조직하는 한편 산림과 강, 하천 도로를 비롯한 국토 부문별 설계기관들도 설치했다. 또 규모별, 대상별로 설계를 진행하고 각종 설계를 집체적으로 심의, 비준하는 체제를 갖추었다.

국토관리부문을 담당하는 기관과 기업소들에 대한 통제 체제도 갖추어져 있다. "국토관리사업을 개선, 강화하기 위해 국토관리부문에서 기업관리 운영사업을 잘해야 한다. 기업관리 운영사업을 개선하는 데에 중요한 것은 대안의 사업 체계의 요구대로 경제조직사업을 잘하는 것이다. 국토관리부문에서 독립채산제를 바로 실시하는 것은 기업관리 운영사업을 개선하는 데서 나서는 중요한 문제의 하나이다."고 교시했다.

경제조직사업을 강화하기 위한 방안으로 재정관리사업의 개선이 요청되고 있음을 확인할 수 있다. 재정관리는 기관, 기업소들이 화폐자금을 조성하고, 분배하며 이용하는 사업을 조직하고 집행, 총화하는 사업이다.

일반적으로 사회주의 기업의 재정관리는 생산의 확대와 근로자들의 생활을 원만히 보장하기 위한 필수적인 전제 조건으로 인식되고 있으며, 생산과 건설에 필요한 화폐자금을 원만히 보장하여 인민경제발전계획을 완수할 수 있도록 보장해 주는 역할을 한다.

재정관리는 방방곡곡에 널려 있는 모든 부동산들을 알뜰히 보호, 관리하며 각종 국토관리사업을 자금적으로 보장하고 감독통제하는 기능을 담당하게 된다.

국토관리 부문의 기관 및 기업소의 관리운영사업을 개선, 강화하기 위한 방안으로 독립채산제도 도입하여 시행하고 있다. 북한은 "독립채산제는 사회주의 사회의 과도적 성격과 특성에 맞는 우월한 경제관리 방법이다. 사회주의 사회에서 기업소의 경영 활동 결과에 대한 물질적 관심성의 원칙에 기초하고 경리운영에서 가치법칙의 형태적 이용을 전제로 하는 계획적 관리운영방법이다."라고 주장한다.

독립채산제 실시는 경영상 상대적 독자성을 가지는 국영기업소들로 하여금 국가소유의 기계설비, 자자 등 생산 수단을 절약하여 이용, 관리하도록 물질적 책임을 지운다는 뜻이다.

독립채산제 기업소들은 국가소유의 기계설비, 원료, 자재를 비롯한 생산 수단을 효과적으로 이용하고 관리하며 자체수입으로 지출을 보상하고 국가에 일정한 이익을 주어야 한다. 국가계획을 제대로 수행하지 못하였을 경우에는 국가 앞에 물질적인 책임을 지며 반대로 생산조직과 경영활동을 잘해 계획을 초과 달성할 경우에는 정치적, 물질적 평가를 받는다.

북한의 모든 기업소들은 국가소유이다. 독립채산제가 적용되는 기업소들은 독자적인 경영활동을 진행하며 자체수입으로 지출을 보상한다. 기업소들 사이에 등가보상의 원칙에서 다른 기업소들과 경제적 연계를 맺는다.

북한 당국은 독립채산제의 정착을 위해 계획의 일원화, 세부화의 요구에 맞는 동원적이며 현실적인 계획이 부문별, 기업소별로 세워지고 그 실행에 대한 평가가 바로 이루어져야 한다고 지도한다. 또한 노동 정량, 원단위 소비기준, 설비이용기준, 유동자금 보유기준을 비롯하여 기술경제적 기준화사업을 과학적으로 진행하며 기업소 내부 계산 체계를 정연하게 세우고 국가재산관리와 이용에 대한 재정적 통제를 강화하고 있다. 또 기업소 관리일꾼들의 정치실무 수준을 끊임없이 높여 기업관리에서 그들이 광범한 생산자대중에 철저히 의거하고 대중의 집체적 지혜와 창발성을 발양시켜 경제관리를 옳게 해 나가도록 해야 한다는 요구도 내려진다.

국토사업에도 교육선전은 여전

지난 1992년도에 발간된 북한의 자료는 "사회주의 사회에서는 근로 인민 대중이 나라의 주인이 되고 국가의 모든 재부가 인민의 소유로 되었지만 그것을 이용하고 관리하는 사람들과 기관, 기업소들에는 본위주의를 비롯한 낡은 사상 잔재가 남아 있다."고 질타하고 있다. 국토와 자원을 주인다운 입장에서 관리하지 못하는 현상들이 나타나고 있다는 경고도 보태고 있다.

이에 대한 북한의 철학적 진단과 처방은 이렇다. 사람들의 사상의식의 발전은 사회의 물질적 조건의 변화보다 뒤떨어진다. 사회주의 사회는 과도적 사회이니 만큼 사회주의제도가 승리한 다음 낡은 사상을 낳는 사회경제적 기초는 청산되지만 근로자들의 머리 속에는 지난 날의 낡은 착취사회에서 물려받은 개인주의, 이기주의, 본위주의, 소소유자적 근성, 노동을 천시하는 사상을 비롯하여 낡은 사상의 잔재가 남아 있게 된다.

이 같은 철학적인 처방전을 국토관리사업에 원용하면 효과적인 국토관리를 이루고 계획을 달성하기 위한 과제 중 필연적으로 인민대중에 대한 교육사업이 포함된다.

국토관리에 대한 감독 통제의 강화는 국토관리사업의 대상이 방대하고 분산적이라는 특성과도 관련이 있다. 나라의 모든 부동산인 토지와 산림, 지하자원, 강, 하천, 도로, 항만, 주택, 공공건물, 공원, 유원지 등은 국토관리사업의 대상이며 이것은 전국 방방곡곡에 흩어져 있다. 국토관리사업의 대상들에는 산과 들, 육지와 바다, 도시와 농촌, 주민 지대와 무인지경 심지어 대기까지도 포함된다.

국토관리의 대상인 국가의 부동산은 사람들의 일상적인 생활 및 생산활동과 밀접히 연관되어 있다. 결국 국가의 부동산을 보호, 관리하는 것은 전문 관리기관의 구성원뿐만 아니라 전체 주민과 모든 기관, 기업소들, 협동농장도 그 일익을 맡아야 하는 중대한 사업이다. 그러므로 전체 인민대중의 참여를 요구한다는 논리로 발전하게 된다.

때문에 국토관리사업에 대한 감독, 통제를 강화하기 위해 광범한 대중들이 국토관리에 자각적으로 참가하도록 발동하는 사상교양, 해설선전사업의 강화가 중요한 과제로 부상하게 된다. 인민에게 행하는 사상교육의 내용에는 국토관리의 감독, 통제 기준인 여러 가지 법과 규정, 세칙들이 포함되어 있다.

각종 출판물들과 방송보도 수단들을 적극 이용하여 모든 근로자들이 국토 관리에 대한 국가의 법과 규정, 결정, 법령, 세칙 내용들을 잘 알고 국토관리에서 자발적으로 규율과 질서를 지키도록 한다는 것이다. 이 같은 교육강화 이후에는 허가, 등록, 비준제도를 강화하고, 이는 다시 사소한 위반현상까지 포함한 단속활동으로 이어진다.

직주(職住) 근접형의 북한 도시

　북한의 도시 및 지역개발은 계획 체계와 토지이용규제에 근거하여 사회주의 도시계획 이념과 방법에 따라 이루어진다. 사회주의에서는 개인이 토지를 소유할 수 없기 때문에 토지시장이 존재하지 않는다. 토지의 가치를 정하는 시장도 없다. 때문에 토지의 이용효율을 결정하게 되는 용적률이나 건폐율 등을 결정함에 있어서 토지가치는 거의 역할을 하지 못한다.

　오로지 도시공간 구조의 위계적 체계 형성, 도농 간의 격차 해소에 의한 등질적이고 평면적인 토지이용, 직주 근접을 통한 전국 균일의 단위 정주 체계 수립 등이 도시를 구축하는 이념이며 방법이다.

　사회주의 도시계획의 이념은 자본집적의 공간적 형태라 할 수 있는 도시의 기능을 사회주의 이념에 적합한 체계로 편성한다. 생산요소와 인구를 배치함에 있어서 도시와 농촌 간의 차이를 해소하고 도시자원의 하나인 주택을 자원으로서 균형 있게 배분한다는 것이 사회주의 도시계획의 원칙이다. 이는 빈부의 격차를 해소하자는 것 외에 토지와 건물을 통한 지대의 발생을 미연에 방지한다는 뜻도 있다.

　토지뿐만 아니라 주택마저 사회적 소유물이 되며 제조 부문과 농업 부문이 같은 공간에서 체계적으로 안배된다. 사회주의 혁명을 보장하기 위한 도시계획적 이념을 구현하기 위한 운영원칙에는 △도시계획과 주택 설계에서의 획일성 확보 △총도시인구에 대한 노동인구의 비율에 근거한 도시의 절대 규모 및 기능 배분 등이다. 사회주의 국가에서는 도시의 중심지역이 상업과 서비스 공간이 아닌 정치, 행정, 문화, 대규모집회 장소가 된다.

　도시 규모에 따라 도시 전체를 대여섯 개에서 십여 개 정도의 섹터로 구분하고 각 섹터는 자급 자족 단위로서 근린주거지역 단위로 계획, 편성되는 것도 사회주의 도시계획의 운영원칙이다. 도시의 각 섹터는 주택과 탁아소, 초중학교, 의료시설, 여가시설, 상품 및 기타 서비스시설, 집회시설, 체육시설을 갖춘 자족적인 집단주거단위가 되며 섹터 내에 생산 기능을 갖고 있다. 자족형 도시개발의 한 예로 연안군 오현리 거미대마을의 경우를 보던 이 마을의 총계획도에는 김일성 동지 혁명사상연구실, 위대한 수령 김일성 등지의 현지지도 사적비, 위대한 수령 김일성 동지의 현지교시판, 농장원, 살림집, 적위대실, 오현상점, 문화회관, 관리위원회, 합숙소, 사무실, 출판물 보급소, 종합편의점, 유치원, 탁아소, 작업반, 선전실, 병원, 학교, 양어장, 창고지구, 기계화분조지구, 수리분조지구, 축산분조지구, 탈곡장, 수매소 등이 포함되어 있다.

북한은 이 같은 자급 자족 단위를 전 국토에 적용, 확산시켜 중심성과 주변성 각 섹터 간의 차별성을 배제한 전 국토의 등질성을 확립하고 각 단위는 사회주의 혁명과업을 완수하는 기지로 만드는 국토전략을 펼치고 있다.

남북개발축의 붕괴로 자족형은 필연적

1919년 볼셰비키 혁명 직후와 1945년 중국 본토가 공산화될 무렵에는 소규모 취락의 집단화를 통한 도시 형성과 농촌의 사회주의적 개발이 적극적으로 추진되면서 전 국트의 등질화가 상당 부분 달성되었다. 그러나 이러한 형태의 정주개념은 생산력 측면에서 효율성 저하라는 내부문제를 배태하고 있었으며, 시간이 지나면서 효율성은 사회주의 국가들도 간과할 수 없는 심각한 문제로 대두되었다. 동유럽의 여러 사회주의 국가는 이 같은 문제점을 해소하기 위해 대도시가 갖는 자원 집적의 이익을 살리면서 동시에 분산시키는 도시집적화 정책을 사용하게 되었다.

북한의 도시개발의 경우에는 사회주의 도시계획의 공통적인 특징 외에도 몇 가지 독창적인 개발방침이 있다. 철저한 지역균형개발과 경제성장, 혁명무력 역량의 강화, 김일성의 현지 교시 등이 북한의 도시 계획을 사회주의권에서도 두드러지게 하는 요소들이다.

지역균형개발을 위해 북한은 △공장, 기업소는 원료산지 및 소비지에 접근 △전 국토를 구성하는 각 지역 간의 균형적 발전 △도시와 농촌 간의 문화적 격차의 해소 △자연환경의 보호 △중공업시설 우선건설에 의한 혁명무력 역량의 강화라는 원칙을 고수하고 있다. 이러한 원칙에 따라 무산의 철광산을 배후에 둔 김책시(성진)와 청진시에서 철강공업이 발전되었다. 또 만덕광산과 운포광산의 석회석 및 고원탄전의 무연탄을 주원료로 한 함흥, 흥남의 화학공업 등 북한의 공업도시는 대부분 원료산지를 근거로 육성되었다. 대도시 인구통제정책도 지역균형 개발원칙의 일환으로 전개되었다. 90년 기준으로 평양시를 제외하고는 인구 80만 이상의 도시가 없다.

그러나 북한의 도시 및 지역 개발이 지역 간 균형개발이라는 이념적 목표에 전적으로 의존했다고 보기는 어렵다. 일제 시대에 북한지역에 구축된 발전축은 부산-서울-의주축과 원료산지에 근접한 공업도시 형성이었으나 이 같은 발전축이 분단에 의해 무너진 것이 북한의 개발 전략의 방향을 결정했을 가능성도 높다. 서울-의주축의 기능이 쇠락하고 동·서해안이 단절된 상태에서 지역개발은 원료산지에 근접한 자족형 도시 건설의 전략을 취할 수밖에 없었을 것이다. 이는 일제 시대에 형성된 두 개의 개발축 중 원료산지 인근의 개발이라는 축을 중심으로 개발전략이 펼쳐졌으며 결국은 북한 정권이 수립되기 전 즉 일본제국이 수립한 북한의 지역개발구조를 거의 대부분 수용할 수밖에 없었다.

지역개발에 침투한 군비강화

"국방력을 강화하는 것은 주권을 잡은 마르크스-레닌주의 당에 주어진 중요한 과업이다. 우리 당은 언제나 깊은 관심을 돌려 왔으며 경제건설과 국방건설을 옳게 배합하여 진행하였다." 김일성 주석이 1970년 노동당 제5차 당대회에서 행한 교시내용이다. 이 말은 군비강화가 북한의 가장 중요한 정책 목표였음을 분명히 알려준다. 북한에 있어서 경제건설도 군비증강 문제와 관련하여 추진되었다.

중공업 우선정책이 군비강화를 목적으로 채택되었으며 도시거발도 중공업 발전이 손쉬운 곳이 우선 순위가 두어졌다. 자원의 운영상 비경제적이고 비효율적임에도 불구하고 군사전략적인 고려에 따라 내륙오지에 생산시설이 배치되었다. 공업시설이나 상품생산시설의 분산 배치도 병참의 요구나 공습에 의한 피해를 최소화시키기 의한 것으로 판단된다. 군사력을 강화시킨다는 요구가 어떠한 다른 고려사항보다 우선시되었다.

북한의 도시지역계획의 추진 과정에서 엿보이는 가장 두드러진 특징은 바로 이 같은 군사적 목적에 따른 도시개발이며 내륙오지인 강계, 회천, 만포 등 신흥도시의 성장은 이 같은 특징이 구체화된 대표적인 예이다.

북한의 지역개발에 동원된 군사적 목적은 지역개발전략에서 균형개발이라는 사회주의적 이념과는 달리 제한된 자원의 집중배치가 이루어졌음을 알려주는 대목이기도 하다. 자원의 집중배치는 북한만이 아니라 대부분의 사회주의 국가에서 채택되었다.

20세기의 대부분 사회주의 국가들은 자본주의 발전이 고도화된 뒤에 내부적 모순으로 사회주의로 전환된 마르크스의 예언과는 거리가 먼 국가들이었다. 사회주의 블록의 대부분은 봉건주의 말기나 자본주의 진입 초기에 사회주의의 색채를 띠게 되었다. 이에 따라 이들 국가의 당면 과제는 지역 간 균형개발이라는 사회주의적 이념의 달성보다는 제한된 자원을 효율적으로 활용하여 생산량을 늘려야 한다는 현실

적 필요였다. 북한의 지역개발 및 도시성장에서 총량적 성장 중심의
계획경제로 목표가 설정된 것은 대부분의 사회주의권에서 공통적으로
나타나는 추세였다.

북한은 개발여건이 좋은 항구도시와 교통요충지 그리고 일제하의
공업도시지역이 우선 자원을 투입했다. 특히 중앙계획총국의 주도로
산업화가 추진되면서 평양이 북한 유일 최대의 중심도시로 성장하였으
며 남포, 평성, 송림 등 평양 부근의 도시가 발전하게 되었다. 이에 반
해 양강도 자강도 등 내륙지역은 크게 낙후된 상태로 남았다.

현지 교시로 이루어지는 도시개발

김일성 주석에 대한 우상화,신격화가 적극적으로 추진되고 이어 김
정일 비서에 대한 우상화가 진행되면서 김일성 부자에게 절대권력이
집중됨에 따라 북한의 도시계획도 개인적인 판단에 근거한 일방적인
지시에 따라 이뤄지는 경우가 잦아진다. 1970년대 이후부터는 김일성
이 전국 주요 도시를 직접 시찰하면서 도시종합계획의 필요성을 역설
하였고 도시개발계획을 지시하기 시작했다. 평양, 원산, 청진, 해주, 남
포 등 북한의 주요 대도시들이 대부분 김일성의 현지 교시에 의해 개
발되었다.

김일성의 도시개발 교시

도 시	기 본 방 침 결 정
평 양	김 일 성 현 지 교 시 1960
원 산	〃 1970
청 진	〃 1976
해 주	〃 1976
남 포	〃 1981
함 흥	〃 1981

평양-남포를 잇는 거대도시권

북한의 도시개발 과정은 경제개발계획 시기에 따라 구분된다. 1971년부터 시작된 6개년 계획을 기점으로 북한의 도시개발은 공업이 성장 추세를 보이면서 공업도시를 중심으로 큰 변화 양상을 보인다. 청진제강소, 청진공작기계공장, 청진화학섬유공장, 인근 웅기정유공장(승리화학공장) 등이 건설되어 청진이 평양, 남포의 뒤를 잇는 종합공업도시로 성장했다.

이 기간 중에는 남포, 평성, 사리원 등도 괄목할 만한 성장을 보였고 개성도 발전하였다. 또한 군수산업 위주의 중공업 우선정책에 따라 자강도와 평안북도 산간지역에 적극적인 개발정책이 펼쳐지기 시작했다.

80년대에 접어들면서 김일성 주석의 현지 교시에 따라 남포가 성장했다. 90년대에 들어 인구 79만 명의 북한 제2의 도시가 되었으며 평양과 남포를 잇는 대도시권이 형성되고 있다.

전체인구 대비 도시인구의 비율은 1967년 28.9%에서 1982년 39.7%로 증가하여 자원집적에 의한 생산효율에 주력하는 경향이 대두되고 있다. 이는 북한의 도시계획 이념인 지역균형개발과 도농 간의 격차 해소가 흔들리고 있다는 증거이기도 하다.

평양은 북한의 수도이자 김일성의 출생지이다. 조선노동당 중앙위원회와 정무원이 자리잡고 있는 북한의 사상, 정치, 경제, 문화의 중심지이다. 1990년 현재, 평양시의 인구는 328만 8,000명이다. 면적은 서울시의 약 4배에 달하나 도시화된 지역은 전체 면적의 약 5%에 불과하다. 18개 구역, 4개 군, 22개 행정조직을 갖추고 있다.

평양의 도시공간구조는 경의선 철도가 남북축을 형성하고, 평양 중심을 동서로 가로지르는 간선도로축을 골격으로 보조축이 형성된 방사형 구조를 기본으로 형성되어 있다. 이 축을 중심으로 동북편에는 각종 문화, 교육 기능이 자리잡고, 서남편에는 주택지역과 만경재를 중심으로 한 김일성 혁명 사적지들이 도처에 분포되어 있다.

80년대에 들어 대규모 주택단지가 보통강구역, 중구역의 창광거리, 천리마거리에 들어섰으며 동평양의 문수지역과 낙랑지구 등에 약 3만여 세대, 시 외곽에 약 5만 세대의 고층아파트가 건설되었다. 1989년 5월에 개최된 평양축전에 즈음하여 광복거리, 안골체육관 등이 건설되었으며 유경호텔의 건설이 진행되고 있다.

광복거리 건설사업은 만경대 부근의 약 6㎞의 도로를 폭 100m의 직선도로로 확장하고 가로변에 호텔과 국제문화회관, 학생소년궁전 그리고 12~13층 규모의 고층아파트 약 2만 세대를 짓는 대규모개발사업으로 89년 하반기에 끝났다.

도로 및 철도망을 정비하여 전철과 자동차(트롤리 버스)가 대중교통수단이 되고 있다. 1973년 9월에 지하철 천리마선 2㎞가 개통되었고, 2단계 공사로 20㎞, 3단계 2㎞가 1987년 9월에 개통되었다. 평양의 지하철은 총연장 34㎞이다.

평양의 공업은 금속, 건재, 일용품 생산이 중심이며 남포 대안과 송림 사리원 일대를 묶는 평양공업지구는 북한의 최대공업지구이다. 강선제강연합기업소, 금석트랙터공장, 대한전기공장, 김종태전기기관차공장, 4·25제철소, 평양종합방직공장 등 철강, 기계, 전기, 경공업이 발달하여 왔다.

남포는 평양의 관문

대동강 하구에 위치하여 평양의 관문 역할을 하는 곳이 남포시이다.

남포는 평안도에 속했다가 1979년 12월에 있은 행정구역 개편으로 분리되어 용강군과 대안시를 흡수하여 직할시로 승격되었다. 1990년 현재 인구는 79만 명이며, 면적은 828.9㎢로서 북한 제2의 도시로 성장하여 국제항구 및 공업도시로 기능하고 있다.

남포항 일대의 대동강 하구는 간조 시에도 하천 폭이 4㎞, 항구 안의 수심이 12~25m에 달해 2만 톤급 이상의 선박이 여러 척 동시에 접안할 수 있는 양항이며 하역능력도 700만 톤에 달한다.

1981년 5월에 착공하여 1986년 6월에 완공된 서해갑문은 서해도 흘러드는 대동강 어귀 약 10여㎞의 바다를 가로막아 건설된 인공제방으로 3개의 갑실과 30개의 수문으로 이루어졌다. 총공사비가 약 1조 5,000억 원이 투입되었을 것으로 추정된다. 이 갑문이 완성됨으로써 평안남도와 황해남도에 개간되는 약 10만 정보 규모의 간석지에 농업용수를 공급하고 남포시와 대안 등 공업지대에 공업용수도 공급하게 되었다.

최근에는 서해갑문-신천-강령-옹진을 연결하는 총연장 약 130㎞의 대형 수로가 완성되었다. 남포시의 산업은 기계, 유리, 편직물, 식료, 화학, 일용품, 건축자재, 제화공업과 광업 및 제염업 등이 활발하다. 1961년 소위 경제사업에 정치사상적 방법이 가해진 대안 사업 체계가 발생했던 대안중기계종합공장이 있다.

남포시는 철도, 해운, 하천 그리고 육상교통이 발달하여 평양의 외항으로서 훌륭한 조건을 갖추고 있어 남북 경협의 북한측 전진기지로 주목받고 있다. 남포와 평양 사이에는 1989년에 건설된 고속도로와 1979년에 전철화된 연장 55㎞의 평남선 철도가 개설되어 있다. 북한은 대동강 하구 연안 일대인 와우로구역 일원에 견직공장 등 경공업시설을 건설하고 있으며 남북합작사업에 대비하여 30여 만평 규모의 공단을 조성하고 있다.

40만 인구의 직할시, 개성

1955년, 개성 인근의 여러 군을 한데 묶어 개성직할시로 개편하였다. 개성직할시는 개성시와 개풍군, 판문군, 장풍군 등 3개 군으로 구성되어 있으며, 인구는 1990년 기준으로 37만 9,000명으로 추정된다.

북한에서 개성지역은 사회주의 경공업 도시이자 풍요로운 농촌의 상징으로 간주된다. 비교적 규모가 큰 방직, 편직, 피복공장 등 50여 개가 있으며, 이들 공장에서 '면살무의천' 등 60여 가지의 직물을 생산하여 사회주의국가로 수출하고 있다. 이 밖에 개성금속제품공장과 개풍자동용품공장, 개성기계공장, 개성유리공장 등이 있다.

황해남도의 대표적 도시인 해주의 인구는 약 26만 명이다. 1975년, 해주항이 국제무역항으로 되고 난 뒤에 해주제련소와 해주인비료공장이 건설되면서 공업지역으로서 윤곽을 갖추었다. 수심 평균이 7m, 부두연장은 1,350m, 최대 접안능력 1만 톤급 이내의 하역능력은 240만 톤이 된다.

1976년, 김일성의 현지 지도에 따라 해주시를 국제무역도시로 개발하는 도시계획이 수립되었으며, 80년대 들어 대대적으로 추진되었다. 이 계획의 일환으로 해주시멘트공장에서 해주항까지 1㎞는 컨베이어벨트로 연결되었다. 1978년과 1984년에는 장연과 옹진을 연결하는 40.4 ㎞의 철도가 건설되었고, 해주 일대의 협궤철도를 대부분 표준궤도로 교체하였다.

국경의 관문도시, 신의주

신의주는 평의선의 종점이자 중국으로 철도가 연결되는 국경의 관문도시이다. 1988년 4월 중국 단동시와 1일 관광권으로 상호 개방하는 협정을 체결했다. 1982년 잠정추계에 따르면 인구는 27만 1,000명. 압록강 하구에 이뤄진 350㎢의 용천벌 등 평야지대가 전개된다. 신의주 주변 용천군 진흥노동자구 대안에 있는 신도, 장도, 말도를 연결하는 40여㎞의 소위 '동뚝'을 축조하여 면적 70.7㎢의 '비단섬'을 조성한 후 화학섬유 원료기지화하기 위하여 갈대를 심었다.

80년대 말부터 김정일의 지시에 따라 신의주 남쪽지역에 5년간의 계획 기간을 설정하고 3만 세대의 주택, 학교, 유치원, 극장, 호텔, 각종 체육시설 등 현대적인 문화생활 시설을 건설하는 소위 남(南)신의주 건설에 박차를 가하고 있다.

동해 북부지역 해안선을 따라 청진, 선봉, 나진을 묶는 청진공업지구와 김책, 명운, 실주, 단천을 묶는 김책공업지구가 형성되어 있다. 제철, 제강, 야금공업이 발달한 청진공업지구의 중심지는 청진시이다. 청진시의 인구는 1990년 기준으로 66만 4,000명이며 청진시에는 조선소, 철도공장, 화력발전소(시설용량 15만㎾), 화학섬유공장, 서두수발전소(시설용량 30만㎾)가 있다. 군항으로 개발되었던 청진항은 70년대 이후 대규모 무역항으로 완전히 탈바꿈하였다. 수심 평균 9.7m, 부두 연장 2,138m, 최대 접안능력 2만 톤, 하역능력은 800만 톤에 이른다. 부두의 총면적은 약 100ha, 보관시설 용지는 13ha, 항만철도는 연장 17.4㎞이다.

청진항은 크게 두 지역으로 구분된다. 서쪽 항구는 250만 톤에서 300만 톤의 자철석을 취급하는 하역 시설과 100만 톤의 곡물을 저장할 수 있는 보세창고가 갖추어져 있다. 동쪽 항구는 곡물과 일반화물을 나르기 위한 컨테이너 설비가 건설되고 있다. 북한은 청진을 낙후된 동북지방 개발의 거점도시로 파악하여 1976년 '신시가지 조성 계획'을 수립하여 청진 남쪽에 대규모 신시가지를 조성하고 있다. 이 계획에는 수만 세대를 수용할 수 있는 8~15층 규모의 고층아파트와 8만 명을 수용하는 경기장, 간선도로 건설 등이 포함되어 있다.

나진은 일제가 건설한 군항

일본 제국주의가 진해와 함께 군항으로 건설한 나진은 북한 정권 수립 후에도 계속 군항으로 기능하고 있는 것으로 알려져 있다. 나진항은 강풍이나 풍향의 영향을 받지 않고 계절에 관계없이 개발할 수 있다는 이점 때문에 일본이 방파제나 사방제를 정비하면서 본격 개발되었다.

나진항에는 3개의 접안부두가 있고 부두 총길이가 2,115m, 10개의 선창, 3개의 돌출제방이 있으며 총연장은 2.5㎞에 이른다. 15척의 1만 톤급 선박의 정박이 가능하고, 연간 300만 톤의 하역능력을 갖추고 있다. 부두 총면적은 38ha이고, 약 2.5ha의 창고와 20.8ha의 보관용지가 있다. 부두로 직접 연결된 철도는 표준형 16㎞, 소련이 건설한 광궤 11.7㎞가 부설되어 있다.

북한은 1991년 12월 나진·선봉 지역을 자유경제무역지대로 청진항의 일부를 보세지역 내지는 특혜관세지역으로 한다고 발표했다. 자유무역항은 국적에 관계없이 모든 선박의 기항이 자유롭고 관세상의 특혜가 있으나 일반 산업에 대한 외국인투자 우대조치는 배제된다. 북한은 1984년 합영법을 공포한 이후 합작법, 관세법 등 투자관련법령을 잇따라 제정하고 있으나 아직 외자 유치가 본격적으로 이루어지지는 않고 있다.

선봉군은 겨울철 북서풍이 한반도에서 가장 센 것으로 알려진 지역이다. 안개일수도 90일이 넘어 일조율이 극히 낮고 인구도 매우 희박하다. 그러나 선봉에는 북한 최초의 원유처리공장인 승리화학공장이 건설되어 연간 100만 톤의 처리능력을 갖고 있다. 또 철도망이 잘 정비되어 있고 북한의 주요 원유공급원인 소련의 나홋카 항으로부터 최단거리에 위치하고 있다.

선봉항에는 연간 200만~300만 톤의 원유를 나르고 파이프라인을 갖춘 계선부표가 있다. 유엔개발계획은 나진·선봉 지구에서 두만강까지 약 621㎞와 중국 및 소련이 각각 개발을 서두르고 있는 훈춘과 포스제트 지역을 포함해 북한, 중국, 소련이 공동으로 개발에 참여하는 이른바 두만강지역 개발계획을 세우고 있다.

동해안에는 이 밖에도 인구 약 30만, 최대 접안능력 1만 톤인 원산항에 있어 두만강 하구에서는 낙동강 하구로 이어지는 이른바 환동해 개발구상의 토대를 제공하고 있다.

제3부
번영의 땅인가 질시와 투쟁의 전장인가

들어가는 말

일반인에게 남북 통일과 토지문제를 엮어서 질문을 던져보자. 열에 아홉은 실향민이 북에 두고 온 재산에 대한 견해를 밝힌다. 재산을 돌려주어야 한다는 데는 찬반 양론이 엇갈리지만 일반적으로 관심은 실향민의 재산으로 향한다. 실향민 가운데 상당수가 북에 상당한 재산을 두고 온 지주나 자산가인 데다가 독일 통일 이후 통일 독일 정부가 구 동독지역의 재산을 원주인에게 되돌려 주는 정책을 택한 때문으로 보인다.

그러나 실향민의 재산 복구는 남북 토지문제에서 지엽적인 문제에 속한다. 남북의 토지문제는 21세기 한반도를 둘러 싼 국제정세와 21세기 한반도의 운명과 관계되어 있다.

21세기는 '경제의 세기'로 칭해진다. 21세기의 문전에서 우루과이라운드를 이끌 세계무역기구가 창설됐고 유럽에 이어 북미주, 동남아시아, 북아프리카 지역에서 경제블록이 결성되거나 결성될 움직임을 보이고 있다. 아시아태평양지역을 포함하는 경제협력기구도 이미 창설되었다.

세계는 아시아태평양지역, 그 중에서도 동아시아를 지켜보고 있다. 동아시아의 국가는 우리 나라 외에 일본과 중국뿐이다. 일본은 이미 세계 경제의 한 기둥을 이룬 나라이며 중국은 싱가폴, 대만, 홍콩, 태국 말레이지아 등 동남아 국가의 화교 상인들과 함께 거대한 화교경제권을 구축하고 있다.

이 틈바구니에 한반도가 있다. 한반도가 용들의 세계에서 머리를 쳐드는 것은 간단치 않다. 가장 효율적인 자원배분과 민족의 총화가 이루어져야 동아시아의 거대한 세력 앞에서 민족의 자존심을 지켜 나갈 수가 있다. 열쇠는 한반도의 토지를 어떻게 활용할 것인가에 달려 있다.

제5장 남북 통일의 모델 찾기

남북의 통일방식이 결정되지도 않은 상태에서 한반도 토지관리의 모형을 만드는 작업이 실익이 있는가. 섣불리 일방적으로 토지관리 체계를 검토하는 것이 오히려 걸림돌이 되지는 않겠는가.

통일 후 한반도의 토지관리 체계는 관변 연구단체에서도 이루어지고 있다. 그러나 공식화되어 있지는 않다. 정부 당국자는 토지관리 체계를 연구한다는 사실만으로도 북한 정권을 자극시킬 가능성이 있다고 우려한다. 남북 토지문제를 비교 연구하는 사람들은 많지만 아직은 비공식적인 논의 단계에 그치는 것도 비슷한 맥락에서 이해할 수 있다.

그러나 한반도 토지제도와 국토관리방안은 조속한 시일 내에 공식적인 논의의 장(場)에 내놓아져야 한다. 그 이유는 이렇다.

논의는 비공식적으로 할 수도 있고 통일 이후에 토지관리 체계를 결정해도 상관이 없다는 발상은 위험하다. 우선 비공식적인 검토로는 국민적(혹은 민족적) 합의를 얻기 어렵다. 민족의 운명을 좌우할 중차대한 문제가 밀실 작업으로 이루어져서는 안된다.

통일 이후에 갑작스럽게 결정되는 것 또한 곤란하다. 우선 시간적으로 여유를 갖기 어려우며 졸속으로 결정되었다가는 통일 한국의 밑그림이 잘못 그려질 가능성도 있다.

한반도의 미래 지도를 그리는 작업에는 민족의 지혜들이 폭넓게 동참되어야 한다. 이 작업에는 가급적 북쪽을 통합시키려는 노력도 병행되어야 한다. 그들을 동참시키기 위해서는 그야말로 백지의 상태에서 한반도의 지도를 그린다는 자세가 필요하겠다.

4가지 통일방식

현재 논의되는 통일 모형을 통일 추진의 주체별로 분류하면 크게 4가지 범주로 구분된다.

첫째는 북한 체제가 남한 체제로 편입되는 경우로서 독일식 흡수통일방식이다. 현존 북한 체제가 민중봉기, 군사정변 또는 한국측의 무력침공 등에 의해 붕괴되고 북한의 영토와 주민이 모두 대한민국의 체제 내로 편입되는 경우이다. 둘째는 남한사회가 북한 체제로 편입되는 경우로서 베트남식 통일방식이다. 셋째는 협상에 의해 통일 국가를 형성하는 경우로서 예멘식 통일방식이다. 남북한 양측 정부 간의 협의와 남북한 주권자의 최종적 결단으로 하나의 통일 국가를 형성하는 경우이다. 넷째는 장기공존을 통해 점진적으로 통일 국가를 형성하는 방법으로 최근에 가장 활발히 논의되고 있다.

물론 남북 공존상태가 이어지면서 금세기가 지나도록 통일이 되지 않을 가능성도 있다. 북한이 체제 유지를 위해 장기투쟁전략을 취하거나 남한도 북한 체제 흡수를 부담스러워 하는 경우이다. 남북 상호간에 이 같은 인식이 공유된다면 남북한은 독립된 국가로서 장기공존할 가능성도 있다.

남북한이 통일되는 과정에 따라 한반도의 정치사회적 체제도 남한식의 자본주의, 북한이 주도하는 사회주의 정부, 비례대표제에 따른 중립화 통일 등으로 갈라진다.

남북 통일을 연구하는 학자들은 이 같은 통일방식 중에서 독일식 통일방식을 가정한다. 남한의 입장에서 보면 자유민주주의 체제를 근간으로 북한 체제를 흡수하는 것이 가장 효과적인 방식으로 간주되며 선호하는 것도 당연하다. 어떤 형태로든지 북한의 정권이 붕괴된 이후 남한이 북한 체제를 흡수하는 방식이 통일에 따르는 불필요한 사회경제적 비용을 줄일 수 있다는 것이다. 그러나 이 같은 방식을 택하더라도 독일의 통일 과정을 답습할 수는 없다. 동서독과 남북한 간에는 역사적, 문화적, 경제적으로 간과할 수 없는 차이가 있기 때문이다.

독일 통일과의 차이점

▶ 경제적 상황

한반도와 독일의 경제적 상황의 차이는 인구와 경제력으로 나누어 비교해 볼 수 있다. 우선 인구와 국토 면적을 비교하면 서독은 동독 영토의 2.3배이며 인구도 4배 수준이었으나 남북한의 경우 국토는 오히려 북한이 남한보다 4분의1 정도 크고 인구 면에서는 남한이 북한의 2배 수준에 불과하다. 단순히 부양 인구만을 놓고 보면 독일과 같은 방식으로 통일이 이루어질 경우 남한이 독일보다 2배 이상의 경제적 부담을 지게 된다는 계산이 나온다. 특히 산악지대가 많은 북한의 특성상 북한의 하부구조를 재건하는 데 동독의 경우보다 더욱 많은 투자가 필요해 진다.

현재 나타나고 있는 남북한 간의 경제적 차이와 통독 이전 동서독

간의 경제력 차이는 독일식의 통일을 재고하게 만드는 가장 중요한 요소이다.

국민총생산은 남한이 북한의 12.3배 수준이며 1인당 GNP는 6.3배인 반면에 서독은 동독의 8배와 2.1배를 보였다. 수출입의 경우 각각 남한이 북한의 71.2배, 47.7배인 반면 서독은 동독의 11.9배와 9.9배를 나타냈다. 무역수지도 남북한이 모두 적자를 기록하고 있는 반면에 동서독은 모두 흑자였다. 동독의 경제는 더욱이 결코 폐쇄경제 체제로 분류할 수 없을 정도로 빈번한 대외교류를 했다.

이러한 수치는 남북한이 독일과 같은 형태로 통일된다고 가정할 경우 서독보다 실력이 부족한 남한이 동독보다 실정이 좋지 않은 북한을 지탱하게 된다는 사실을 가르쳐 준다. 결국 남한은 북한을 지탱하기 위해 독일에 비해 훨씬 많은 돈을 투입할 수밖에 없다.

구동독과 북한의 경제적 차이도 무시할 수 없다. 동독은 통일 전 세계 15위의 산업국이었으며 동구권에서 최고의 생활수준을 지녔던 것으로 평가되었다. 그러나 북한은 국제신용도가 1991년 기준 조사대상 129개국 가운데 118위를 차지했으며 1990년 이후 3년 연속 마이너스 성장을 기록하는 등 심각한 경제난에 빠져 있다. 독일 통일 이후 동구권 최고로 알려진 동독지역에서도 살아 남을 수 있는 기업이 거의 없었음을 감안한다면 남북 통일 시 북한 기업을 재건하는 것은 잿더미 속에서 기업을 다시 시작하는 것과 별 차이가 없게 될 것이다.

마지막으로 구(舊)서독과 남한의 차이이다. 구서독은 통독 이전에 미국 일본과 함께 세계경제를 주도하는 3대 국가 중의 하나였으며 건실한 국가재정을 바탕으로 한 사회보장제도는 거의 완벽에 가까운 상태였다. 합리적으로 배치된 서독의 주력산업은 결코 추월 당하지 않는 경쟁력을 자랑하였으며 무역 흑자로 축적한 외화로 일본과 함께 세계경제의 자금 파이프라인을 담당하는 나라였다. 그러나 남한의 경우는 각종 생산비용의 상승, 기술 부족으로 국제 경쟁력이 약화되고 있으며 빈약한 국가 재정 및 계속되는 무역 적자 등 경제적 취약성이 노출되어 선진 산업국가로의 진입에 어려움을 겪고 있다.

통독 이전에 경제적으로 통독에 대한 자신감을 갖고 있었던 서독조차도 통독 이후 각종의 경제적 어려움을 안고 있는 상황은 남한이 무조건적으로 통일에 대한 환상을 버리게 한다.

남북한 주요 경제지표(91년도)

내용	단위	북한(A)	남한(B)	B/A
인구	천명	22,028	43,268	1.96
경상GNP	억달러	229	2,808	12.3
1인당GNP	달러	1,038	6,498	6.3
경제성장률	%	-5.2	8.4	-
대외무역	억달러			
*무역총액	〃	27.2	1,534.0	56.4
(수출)	〃	10.1	728.7	71.2
(수입)	〃	17.1	815.3	47.7
(무역총액/GNP)	%	11.9	54.6	-
*대미환율	원/달러	2..15	733.6	-
*외채	억달러	92.8	391.3	4.2
(외채/경상GNP)	%	40.5	13.9	-
예산규모	억달러	171.7	427.8	2.5
(대GNP비율)	%	75.0	15.2	-
*군사비	억달러	51.3	105.9	2.1
(대GNP비율)	%	22.4	3.8	-
에너지산업				
*석탄	만톤	3,100	1,500	0.5
*발전용량	만kw	714	2,111	3.0
*발전량	억kwh	263	1,186	4.5
*원유도입량	만톤	189	5,448	28.8
농수산물생산량				
*곡물	만톤	530.7	623.6	1.2
(쌀)	〃	217.6	538.4	2.5
*수산물	〃	120	298	2.5
광산물생산량				
*철광석	〃	816.8	22.1	0.0
*비철금속	〃	22.7	50.0	2.2
중화학공업생산량				
*자동차	만대	1.2	150	125.0
*조선	만 GT	4	443	110.8
*강철	만톤	316.8	2,600	8.2
*시멘트	〃	516.9	3,833.5	7.4
*비료	〃	143.5	332.4	2.3
경공업생산량				
*직물	억m	2.1	110	52.4
*섬유	만톤	5.4	144	26.7
사회간접자본				
*철도총연장	km	5,024	6,437	1.3
*도로총연장	〃	23,000	58,088	2.5
*항만능력	만톤	3,490	24,836	7.1
*선박보유		60	727	12.1

구(舊)동서독과 남북한 간의 경제력 격차(90년)

구분	구동독	구서독	서/동독	북 한	남 한	남/북한
인구(백만명)	16.4	62.0	3.8	22	43	20
GNP(억달러)	167	1,322	8.0	229	2,808	12.3
1인당 GNP(억달러)	10,067	21,305	2.1	1,038	6,498	6.3
무역수지(억달러)	14	716	-	-7.0	-96.6	-

독일과 한반도에는 경제적인 면에서만 차이가 있는 것이 아니다. 통일정책의 추진 과정에도 현격한 차이가 있다.

제2차 세계대전으로 타의에 의해 나라가 분단된 뒤에도 동서독 간에는 지속적인 상호방문, 문화교류, 언론매체들의 중개를 통해서 서로가 상대방의 실상을 알게 되었다. 동서독 간에는 정보의 독점이나 차단이 없었다. 그러나 북한은 지속적인 서뇌교육으로 북한 주민을 세계에서 가장 집단주의화된 사람으로 만들어 놓았으며 남한의 경우도 70년대 초까지 북한의 경제, 군사적 우위를 우려하여 북한 주민을 이상한 형상으로 정형화했다. 분단 이후 반세기는 남북한 주민간에 민족 간의 이질성이 커지는 기간이었다.

동서 냉전이 심화되는 상황에서도 동서독은 체제 수호를 위한 첨병 역할보다는 동서 간 대화의 창구 역할을 해왔다. 더욱이 경제력의 격차를 체제 경쟁의 지표로 보기보다는 지역경제적 발전 정도의 격차로 파악하는 유연성을 보였다. 반면 남북한은 민족적 실리를 추구하기보다는 서로의 체제우위 경쟁에 보다 치중함으로써 동서 냉전의 첨병 역할을 수행하는 데 보다 큰 힘을 기울였다.

동서독의 통일정책은 상대방의 허를 찌르는 정치공세의 성격을 띠지 않았다. 선언적 프로그램이나 일방적으로 통일 일정을 발표하기보다는 상대방을 의식해 은밀하고 조용하게 상대방의 의중을 타진하고, 사전에 타협하고 절충하는 방식으로 나아갔다. 이에 반해 남북한은 동서독과는 정반대로 통일문제를 민족 내부의 문제로 인식하지 못한 채 정치공세, 선언적 프로그램 및 일방적 통일 일정의 발표로 점철된 통일정책을 취함으로써 상호 불신의 골을 더욱 깊게 하였다.

또한 동서독은 통일 그 자체를 목표로 보지 않고 국민 생활의 불편을 덜어 주는 수단으로 보았다. 동서독의 정치가들은 주변 여건이 통일을 허용할 때까지는 국민 생활에 불편이 없는 통일적 상황을 실현하는 데 초점을 맞추었다. 그러나 남북한은 통일이라는 민족사적 과제를 독재 체제 유지를 위한 가장 유용한 수단으로 사용함으로써 통일은 민족 전체의 효용을 높이는 것이 아니라 정치적 선언이나 수단으로 비하되어 버렸다.

동서독과 남북한 간에는 교육이나 협상에서도 극심한 차이가 난다. 동서독은 체제 논쟁보다는 인적, 문화적 교류를 통한 민족의 동질성 유지가 중요하다는 인식 아래 적대감의 조장보다는 쌍방 모두가 역사의 피해자라는 공감대를 형성해 나가는 국민 교육을 실시했다. 남북한의 분단도 세계 열강의 세력 다툼이나 동서 냉전의 산물이었으나 남한의 경우는 소련의 사주를 받은 김일성을, 북한은 미제국주의자들의 사주를 받은 군사독재 정권을 각각 적대감 조장의 목표로 삼음으로써 정치권의 문제를 민족 전체로 확산시켰다. 동서독은 서로 상대방을 궁지에 몰아 넣어서 항복을 받아내거나 반사적 이익을 노리지 않고 오히려 궁지에서 탈출하도록 도와주는 아량을 베풀었으나 남북한 간에는 아직 이 같은 아량이 없는 실정이다.

동서독은 경제협력을 상호간의 접촉을 촉진하기 위한 수단으로 적극 활용하였으나 남북한은 경제협력조차도 체제우위 논쟁을 위한 수단으로 둔갑되고 있는 것이 아직까지의 현실이다.

통독 이전의 동서독 주요 경제지표(90년)

구분	단위	동독(A)	서독(B)	비교(A/B) %
인 구	100만 명	16.4	62	26.4
면 적	만㎢	10.8	24.59	43.3
산 업 구 조				
농림수산업	%	10.8	4.8	
제 조 업	%	40.5	33.6	
건 설 업	%	6.6	6.6	
기 타	%	42.1	55.0	
국 민 총생산				
경상 GNP	억 달러	167	1,322	8.2
1인당 GNP	달러	10,057	21,305	47.2
대 외 거 래				
수 출	억 달러	287	3,410	8.4
수 입	억 달러	273	2,694	10.1

▶ 외부적 요인의 차이

동서독을 둘러 싼 외부 환경과 한반도 주변의 상황에도 차이점은 많다. 독일 통일이 이루어질 당시의 세계 정세는 게르만 민족의 통일을 가로막을 수 있는 상황이 아니었다. 헝가리와 체코 등이 잇따라 서방 세계에 문을 열고 이들 국가가 대 게르만경제권에 편입될 기세를 보이자 미국과 영국의 자본이 폴란드의 경제 재건에 나서기도 하였으나 독일 경제권의 상승세를 막는 데는 역부족이었다. 독일은 1, 2차 세계대전을 일으키며 문제 있는 민족이란 낙인이 찍혀져 있었으나 독일 민족을 제어할 한 축인 소련은 자체 사회, 경제적 모순으로 붕괴되는 과정에 있었다. 동구권은 소련과 함께 붕괴되면서 독일에 대한 의존도가 높아져 가는 상황이었다.

독일의 마르크는 유럽 제국의 기축 통화로서의 위세를 떨치고 있었다. 독일의 중앙 은행인 분데스방크가 유럽의 경제를 좌지우지하는 상황에서 독일 분할에 관계하였던 영국이나 프랑스가 독일의 통일을 가로막고 나서지는 못할 상황이었다. 공산권을 상대로 서방의 방위축을 구축한 동맹국의 상태인 만큼 동독을 흡수 통합하는 데 서방국이 반대를 할 명분도 없었다. 타의에 의해 분할되었던 독일이 통일을 추진하기에는 전무후무한 상황으로 서독 정부가 판단할 요소는 충분했다.

독일은 결국 스스로의 실력으로 주변 상황을 엮어 나간 것이다. 그러나 한반도의 경우는 다르다. 미국, 일본, 러시아, 중국 등 한반도 주변의 강대국의 이해관계가 다르기 때문이다. 이들의 이해관계를 과감하게 무시해 버릴 실력을 아직 남쪽이나 북쪽이나 갖고 있지 못하다. 한반도의 통일 과정에는 열강들의 협조가 필요하다.

이를 감안한다면 통일을 민족 내부의 문제로 다루는 것이 필요하다. 남북한 간의 교역을 수출입으로 다루지 않고 민족 내부의 물자 교환인 반출입으로 간주, 관세를 면제한 것은 타당한 역사 인식에서 비롯된 정책으로 후한 점수를 줄 만하다.

독일통일은 그러나 여전히 귀감이다.

통일의 논의는 무성하게 이루어지고 있다. 어찌되었건 간에 문민 정부의 등장으로 남한 정부의 정치적 이슈는 자유민주주의에서 통일로 전환되었다. 정권 담당자들이나 정권의 창출을 원하는 집단의 가장 큰 목표도 자연스럽게 통일로 설정될 수밖에 없는 상황이 찾아 들었다.

또 북쪽의 자세도 변하고 있다. 핵문제가 최악의 상황으로 치닫다가 극적으로 북미(北美) 합의를 이끌어 내고 미국, 독일 등 서방의 기업들이 평양을 방문하는 장면이 연출되고 있다. 경수로 원자로의 설계방식을 두고 한국, 미국, 북한, 중국, 러시아 등 이해 당사자 간에 길고 긴 논란이 해를 바꾸어 95년 봄까지도 계속 이어지고 있기는 하나 논쟁이 부침되는 가운데서도 미군과 한국군은 팀스피리트 훈련을 실시하지 않는다고 발표했으며 북한은 나진·선봉에 외국자본을 유치하느라 온갖 노력을 기울이게 됐다.

확실히 북한의 체제는 전환되고 있다. 그리고 남북한 간의 체제가 통합되려는 싹도 움트고 있다. 여기서 체제 통합과 체제 전환의 의미를 알아 볼 필요가 있다.

체제 전환이란 일시적으로 일어난 사건이 아니다. 시간적으로 연속성을 지닌 과정이라 할 수 있으며 하나의 체제 혹은 통합된 체제가 기존의 질서 양식에 대해 변화를 추구하는 것이다. 예를 들면 계획경제 생산방식에서 시장경제 생산방식으로 전환, 통합 이후의 단일 체제 내의 적응 과정 등을 들 수 있다. 독일 통일 이후의 동서독 경제의 적응 과정, 구소련 및 동구권 국가들의 변화 등이 체제 전환의 예이다.

체제 통합이란 서로 상이한 질서 체제를 유지해 온 두개 혹은 여러 개의 집단이 하나의 법, 제도 등의 질서 체제를 융합하는 현상을 말한다. 이는 자연스러운 현상이라기보다는 상이한 두 개 혹은 여러 개의 집단이 정치 경제적 합의에 의해 법이나 제도 등 강제적인 수단을 동원하는 현상이다. 체제 통합에서 변화는 강요되며 외관상으로는 통합된 체제는 하나의 조직체로서 인식된다. 최근 이루어진 유럽연합(EU)의 통합이나 동서독의 통일, 베트남 통일 등이 체제 통합의 대표적인 예이다.

체제 전환과 체제 통합은 서로 깊은 연관관계를 가지고 있다. 그러나 체제 전환과 체제 통합이 필연적으로 연결되어 있는 것은 아니다. 아무런 상관관계 없이 개별적으로 일어날 수도 있다. 체제 통합과 체제 전환의 관점에서 동서독의 통일을 조망한다면, 정치적 의미에서의 체제 통합이 먼저 이루어진 후 현재는 동독지역은 물론 서독지역까지 이에 적응하기 위한 체제 전환의 과정을 겪고 있다고 볼 수 있다. 그리고 한반도의 남과 북은 체제 통합의 과정에 들어서 있다고 보기보다는 체제 전환의 과정에 있는 것으로 파악하는 것이 타당하다.

체제 전환은 남북한 모두에게 필요한 과정

체제 전환이란 북한 공산주의가 자본주의 체제로 바뀌는 것을 의미하지는 않는다. 남북한 모두 통일을 하기 위해 적절한 형태의 체제로 맞추어 가는 과정을 의미한다. 남한의 체제가 좋으니까 남한은 그대로 있으면 되고 북한만이 변해야 된다는 것이 아님은 분명하다. 남북한 모두가 변해야 된다. 서독이 모든 분야에서 실력을 갖춘 것이 독일 통일의 뿌리가 되었다는 점을 감안한다면 남한은 통일을 담당할 수 있는 정치, 경제, 사회, 민족적 실력을 갖추는 작업을 선행해야 한다.

북한이 변해야 될 점은 우선 진정으로 통일을 위해 남한과 대화할 수 있는 정권이 들어서는 것이다. 현재의 북한 정권은 통일을 위한 남북대화나 경제교류를 추진하기보다는 살아남기 위한 전술적 차원에서의 통일과 남북 교류를 원하고 있다. 김일성 사후에 들어 선 김정일 지도 체제의 북한 권력이 김일성 체제 아래서의 통일전략을 수정했다는 증거는 아직 찾아지지 않는다. 만약 북한에 진정으로 통일을 바라는 정권이 들어서지 않는다면 이를 강제하는 수단을 찾아내는 작업이 통일의 첫걸음이 될 수도 있다.

북한은 경제회생을 위해 대외지향적 경제 체제를 갖추는 작업을 추진해야 된다. 북한경제는 자급 자족방식의 주체경제와 군산복합체라는 기본 구조에서 모순을 안고 있다. 이 같은 구조를 변화시키는 작업은 북한 경제 체제를 근본적으로 흔들어 놓을 수 있다. 그러나 경제를 살리기 위해 북한에 궁극적으로 필요한 것은 국제사회로부터 고립되는 경제적 자립이 아니라 부족한 기술 및 자본을 외부로부터 도입, 경쟁력을 갖추고 진정한 자립 경제구조를 이루는 작업이다. 또한 이를 위해 특정 파트너를 찾기보다는 국제사회의 일원으로 참여하고 북한이 현재 가지고 있는 경제적 우위 요소를 세계시장에 적극적으로 홍보하는 등의 자세 전환이 있어야 할 것이다.

남한도 변해야 된다. 남한 정부와 남한 민중이 자유민주주의를 근간
으로 하는 한반도의 통일을 원한다면 환골탈태하는 자세를 지녀야 한
다. 남한은 냉엄한 국제경쟁사회에서 한반도 경제가 살아남기 위한 기
본을 갖춘다는 차원에서 통일에 대한 준비를 하여야 된다. 남북이 변
하기 위해서는 우선 서로를 제대로 이해해야 된다. 이는 남북이 서로
를 적으로 보는 냉전구조 아래서도 마땅히 갖추어야 될 지피지기(知彼
知己)의 초보적 전술이다.

북한의 경제난을 잘못 해석하는 것은 아닌가

북한의 경제적 상황에 대한 분석은 냉전 체제의 붕괴, 다시 말해 사
회주의권 국가의 몰락과 이에 따른 북한의 외교적, 경제적 고립과 경
제난 심화라는 현실 인식을 기본적인 틀로 삼고 있다.

'주요 원조국인 구소련의 붕괴와 한중 수교 및 중국의 국제경제관계
원칙 제안(경화 결제 요구 등) 등에 따라 북한은 원유 및 식량부족에
직면하게 되었고 이는 3년 연속의 마이너스 성장 및 산업가동률의 저
하로 이어졌다.'는 것이 일반적인 분석이다. 또 이러한 경제난이 지속
되면 북한은 어쩔 수 없이 개방의 방식을 취할 것이며 결국 경제원조
를 취할 수 있는 곳은 남한밖에 없다는 논리로 이어지고 있다.

물론 이 같은 분석이 터무니없이 틀린 것은 아니다. 그러나 이는 남
한의 입장에서 유리한 측면만을 보고 있는 것이며 남한의 잣대로 북한
을 평가하는 오류를 범하고 있다. 남한의 시각에서는 현재 북한이 경
제난을 겪고 있지만 북한 주민들은 원래부터 내핍생활에 익숙해져 있
는 만큼 생활이 조금 더 불편해질 정도로 인식할 수도 있기 때문이다.
또 북한 주민의 대다수가 견디기 어려울 정도로 경제난이 심화되었다

고 가정하더라도 경제난이 오히려 북한 내부의 결속을 강화하는 계기
가 될 수도 있다.

북한의 식량 사정이 심각한 국면인 것은 분명한 성싶지만 식량문제
가 북한 체제를 위협하는 결정적인 요소가 될 가능성은 높지 않다. 주
공급원인 중국 정부가 달러나 일본 엔(円)화 등의 경화 결재를 요구하
고 있고 북한과의 식량교역을 조정할 수 있지만 중국은 이미 개별 성
(省) 차원에서 독자적인 교역이 이루어지고 있다. 북한과 국경을 접하
고 있는 길림성이나 요령성이 북한과 식량 교역에 나설 경우 중국 중
앙 정부가 일관되게 이를 통제하기는 어렵다. 실제로 북한은 지난 93
년 중 중국 길림성과의 변경무역 계약액이 1억 8백만 달러로 체결된
경험을 가지고 있다. 또 북미 핵협상의 진전으로 미국으로부터의 식량
유입도 주목해야 될 대목이다. 미국은 이미 인도적 차원에서 2억 달러
상당의 식량 교역을 허용한 것으로 밝혀지고 있는데 우루과이라운드의
타결 이후 동북아의 쌀 시장 개척에 나서고 있는 미국으로서는 인도적
인 이유를 내세워 북한지역에 단단한 전위 시장을 구축한다는 전략을
펼 가능성도 다분히 있다.

북한은 또 내부의 소공화국인 군부에서 상당량의 식량을 비축하고
있어 식량문제로 북한 체제가 전복될 가능성은 희박하다고 판단하는
견해가 지배적이다.

원유도 북한경제를 핍박하고 있는 요소 중 하나이기는 하지만 북한
내부의 본격적인 사회문제로 대두될 것으로 보이지는 않는다. 중국으
로부터의 공급은 제한을 받고 있지만 러시아로부터의 공급이 선봉(웅
기)지역을 통해 변경무역의 방식으로 계속 이어지고 있는 것으로 알려
지고 있다. 이는 북한이 해상을 통한 안정적인 원유도입선을 확보한
사실을 간접적으로 증명하고 있는 것이다. 이와 관련, 이란으로부터의
무기공급의 대가로 받았다거나 일본 종합상사의 중개를 통해 인도네시

아로부터 도입됐다는 등 여러 가지 설이 있다.

억지로 보여도 북한 나름대로는 치열한 전략

북한의 각종 정책수립이나 추진 과정도 그들의 관점에서 파악해 보려는 자세가 필요하다. 남한의 관점에서 보면 상식 밖의 행동으로 보이며 정책이라기보다는 김일성-김정일로 이어지는 부자상속 체제를 유지하기 위한 억지로 여겨진다. 그러나 이를 억지로 보는 한 우리의 대북(對北) 시각도 교정될 수 없다.

북한도 일정한 체제를 갖춘 하나의 국가이다. 북한의 정치적 목적이 김일성으로부터 세습 받은 김정일 체제를 안정적으로 유지하고 독립된 국가로서 세계에서 인정받는 것이라고 하더라도 이러한 목표 달성을 위해 나름대로 최선의 정책을 수립, 추진하는 것이라는 점을 인정해야 된다. 예를 들면 나진·선봉 자유경제무역지대의 개방이 북한을 경제난 극복을 위해 어쩔 수 없이 취한 것이지 외국자본의 도입필요성을 절실히 느껴서 행한 것은 아니라는 시각은 문제가 있을 수 있다. 국가의 목표를 달성하기 위해 이러한 조치가 필요하기 때문에 정책적 차원에서 이루어진 것으로 대해야 된다.

'북한은 경제난 극복을 위해 남한의 자본을 필요로 하고 있다. 그러나 자존심이 강한 북한이 적극적으로 손을 벌리지는 않을 것이다. 때문에 우리가 경제협력을 적극적으로 추진하면 북한이 환영할 것이다.'라는 시각에서 북한을 상대로 경협카드를 활용하려는 전략도 재고할 필요가 있다.

지난 89년에서 92년까지 남북 경제교류는 분명히 활기를 띠었다. 교류의 규모도 매년 확대됐다. 그러나 이 시기는 냉정하게 되돌아보아야 한다. 이 시기에 북한은 구소련이나 중국 등 사회주의권 국가들과의 경제교류가 상당히 위축되었다. 남쪽이든지 미국이든지 손을 벌리면 잡아야 될 처지였다. 그러나 최근에는 러시아 및 중국과의 변경지역을 중심으로 경제교류가 활기를 되찾고 있고 핵카드를 이용한 미국 및 일본과의 접근이 가시화되고 있다.

이러한 시점에서 핵문제가 현안으로 제기되었으며 남한과의 교역물량은 줄어들었다. 남한의 반입이 주를 이루었던 남북 교역이 단순히 핵문제로 인해 축소된 것이라고 보는 시각에는 문제가 있다. 이를 다른 각도에서 새겨 본다면 북한의 입장에서는 현재와 같은 정도의 남한과의 경제교류에 별로 매력을 느끼지 못하고 있음을 보여주는 것이라고도 풀이할 수 있다.

남한의 경제적 성장과 독일 통일의 과정을 인지하고 있는 북한으로서는 '본격적인 남북 경협은 바로 남한에 의한 흡수통일로 가는 길'이라는 생각을 갖기에 충분하다. 북한이 경제적 어려움에도 불구하고 군비확장에 힘쓰고 있는 것이나 한미군사훈련 시 항상 맞대응하는 것은 남한에 의한 흡수통일의 두려움을 가지고 있는 것으로 볼 수 있다. 북한이 핵문제를 이용하여 미국과의 국교정상화를 추진하는 것을 경제적인 측면에서 보면 외국기업들의 자본을 유치하여 경제적 회생을 도모하기 위한 것으로도 볼 수 있다.

대북 경협은 철저한 경제논리로 무장되어야 한다.

경협은 통일을 위한 수단이지 결코 통일에 대한 당국자 간의 물밑 대화를 위한 창구로 머물러서는 안된다. 경제교류가 정치적 사건으로 인하여 일시에 중단되었다가 정치적 필요성에 따라 다시 불붙는 현상이 교차되어서는 곤란하다.

적어도 남북 간에서는 경제교류와 정치문제는 일단은 분리하여 추진하는 원칙을 확립해 두어야 한다. 오직 같은 민족이라는 모호한 개념으로 남북 간의 끊어진 고리를 연결하려는 단순논리는 경제적 필요에 의해 이합집산을 거듭하고 있는 세계사적 조류에 맞지 않는다. 경제를 중심으로 한 지속적인 교류증진이 우선되어야 한다.

경제는 일단 통일이라는 민감한 부분을 배제하고 서로 실질적인 필요에 의해 자연스러운 접촉이 가능한 부분이므로 이를 통하여 피차간의 애로요인에 대한 탈출구를 모색할 수 있으며 실생활 부분의 남북 주민 간의 동질성 회복에도 기여할 수 있다.

현재 남한 기업들의 대북 경제교류는 통일을 염두에 둔 전략적 차원의 기업 활동이라기보다는 정브 획득과 대북(對北)사업의 기회를 선점하려는 경향이 강하다. 이는 기업의 입장에서는 당연히 취할 수 있는 전략적인 행동으로 여길 수 있다.

그러나 기업 경영자들이 북한에 대한 태도는 사업성 외의 감정이 개입되는 듯하다. 민족 간의 거래이며 민족의 숙원을 여는 길에 나서고 있다는 입장은 충분히 이해가 가나 기업 간의 경쟁이 필요이상으로 유발되는 것은 문제이다.

북한은 협소한 시장이다. 중국이나 소련과 같이 시장이 큰 경우에는 남한 기업들이 다투어 진출하더라도 기업 간의 이해관계가 충돌하는 경우가 많지 않으나 한정된 북한의 시장 규모를 감안한다면 북한에 진출하고자 하는 기업간에 단일 사업을 놓고 과열 경쟁이 빚어질 가능성은 충분하다.

북으로 발길을 향하는 기업들은 80년 말에 이루어진 동구권 국가와의 수교 경험을 의식하고 그 전철을 밟는 듯한 행동양식을 보인다. 동구권과의 수교에서는 정부보다 기업이 한발 앞서 나가고 거액의 차관제공이 동반하면서 수교로 이어졌다. 수교가 이루어지기 전 기업들은 수교의 공을 탐내듯이 동구 국가들과의 경협에 열먼 공방전을 벌였다.

그리고 경협의 대가가 한국 정부가 헝가리나 유고 등 동구권 국가에게 제공하는 차관사업을 통해 주어지는 사례가 허다하게 발생했다. 기업들은 중국에서도 과열 경쟁을 재연했다. 모 그룹 회장의 경우에는 1989년 한해 동안 중국에서 서명한 의향서만 200통이 넘었다는 말도 들렸다.

기업들이 맞붙은 대북 경협에 대한 경합은 이 같은 전례에서 비롯되었을 가능성도 높다. 당장 수십 억 달러가 걸린 경수로 사업이 있으며 북미관계에 이어 남북, 조일(朝日)관계가 개선될 경우 북한에 제공될 경제 재건 프로젝트에 선점하려는 전략으로 새길 수도 있다. 그러나 러시아나 중국 및 동구권 국가들을 상대로 한 기업경영 전략이 북한지역에서 그대로 통용되리라는 기대는 버리는 것이 옳다. 우선 중국이나 러시아 동구권 국가와의 수교로 이어지는 길은 일방통행로였으나 남북관계의 길은 여러 갈래로 갈라진 십자로이기 때문이다. 이 길에는 한국의 기업뿐만 아니라 미국, 일본, 유럽, 러시아는 물론 화교자금도 대거 참여할 가능성이 높기 때문이다.

따라서 북한사업에 나서는 기업은 기본적으로 대북한사업에 대해 서방 국가에 진출하듯 철저한 경제적 논리로 무장하는 것이 온당하다. 또 한정된 북한의 경제협력 프로젝트를 먼저 차지하겠다는 자세보다는 민족적 특수상황을 감안하여 보완적으로 사업을 전개하겠다는 마음가짐을 가져야 한다.

남한의 경제적 실력은 낙후된 북한경제를 제대로 뒷받침하기에는 아직 힘에 부친다. 또 북한경제의 회복에 대한 남한의 자본 참여가 절대적인 비중을 차지할 경우 북한경제는 남한경제로 예속되기 십상이다. 이는 남한으로서는 힘에 버거운 일이 된다.

남북 경협을 '북한 체제의 와해'나 '남한으로의 흡수'라는 관점에서 대하는 북한은 이러한 두려움에 대한 헤지(보호)장치로 남한과의 관계

개선에 못지 않게 대미·대일 관계 개선에도 나설 것으로 관측된다. 이는 정치적인 문제를 떠나 북한경제의 토대를 개조하는 데 필요한 자본 및 시장을 제공한다는 차원에서도 의미 있게 분석해야 된다.

특히 일본의 경우는 전후 배상금의 지급이 바로 북한의 인프라 구축으로 사용될 수 있을 것이며, 미국의 경우는 대량 저가품인 북한 상품의 시장을 제공함은 물론 북한이 세계시장에 진입할 수 있는 기회를 제공할 수 있을 것이다. 서방세계와 북한의 교류가 이루어진다면 북한은 결국 스스로의 필요에 의해 시장을 개방하고 남한과의 협상에 적극적인 자세로 나올 가능성이 높다.

3단계 통일 방안과 남북 경제협력

독일 통일 이후 한국 정부는 맹목적인 통일 환상에서 탈피하여 통일 환경 조성을 통한 점진적인 방식의 통일 방안을 수립하였다. 그러나 통일에 대한 명확한 정의가 이루어지지 못하였고 통일의 주체가 과연 정부인지 아니면 국민인지가 불명확할 정도로 정책적 차원에서만 통일 문제가 다루어져 왔다. 정부의 통일정책은 국민들의 폭넓은 신임을 얻기에는 역부족이었다. 또한 지금까지 남한이나 북한의 통일정책은 냉전적 사고를 바탕으로 깔고 있었기 때문에 통일에 대해 유연하게 대처하기도 어려운 형편이었다.

문민 정부가 들어 선 후 '통일의 주체는 우리 민족이며 통일은 우리 민족 모두가 잘 살기 위한 방안'이라는 통일에 대한 개념 정립이 이루어졌다는 점은 긍정적으로 볼 수 있다. 또한 화해협력, 남북연합, 국가연합의 3단계 통일 방안에서 북한이 주장하는 연방제통일 방안을 탄력적으로 수용하고 있다는 점은 통일정책에 대한 현 정부의 자신감을 엿보게 해주는 대목이기도 하다.

화해협력단계는 교역을 위주로

화해협력단계를 경제협력의 측면에서 보면 통일 이전의 경제교류단
계, 북한 정권이 변화하도록 유도하는 단계(혹은 변화하기를 기다리는
단계), 경제교류를 이용하여 북한경제가 시장경제를 받아들일 수 있는
토대를 갖추도록 하는 단계라는 의의가 있다.

이 단계에서는 통일이라는 민감한 사안을 배제하고 상호 간 경제적
필요성에 의한 기업 차원의 경제교류 특히 교역 및 임가공 위주가 필
요한 시기이다. 흡수통일을 두려워하고 차선책으로 독립된 국가 체제
를 원하는 것으로 분석되는 북한의 실정상 정부를 중심으로 한 경협
차원의 교류는 오히려 남북 관계를 냉각시킬 수 있는 빌미를 북한에
제공할 가능성이 높다. 또한 북한의 경제 실정상 북한에서 생산된 제
품은 시장이 한정된 상태일 뿐 아니라 생산기술 및 다양성에서 아직
문제가 있으므로 대규모의 투자는 시기 상조이다.

1단계 경제교류의 목적은 장기적으로는 남북 통일의 선상에서 이루
어지지만 우선 북한과의 접촉을 통하여 그 동안 폐쇄되어 왔던 북한경
제의 실상을 보다 세밀하게 검토함으로써 통일에 대한 준비 항목을 점
검하고 동시에 남북한 경제의 연관 관계를 실질적인 부분에서 강화한
다는 데 있다. 남한 기업들은 다양한 형태의 임가공사업 강화를 통해
이윤을 추구하는 동시에 사업구조 조정을 기하는 기회가 삼으려는 목
적도 가지고 있을 것이다. 남북 교역에서 발생하는 이윤의 일부를 통
일기금으로 조성하여 2단계부터 시작되는 본격적인 경제협력에 필요한
자금을 준비할 수도 있다. 이 단계에서 가능한 사업은 교역, 위탁가공,
관광사업, 물류사업 등을 들 수 있다.

북한으로부터의 주요 반입 품목은 금, 아연, 철강금속(87.2%), 농수

산물(5.1%) 등 1차상품 위주이며 위탁가공을 통한 섬유류(5.2%)의 반입이 꾸준히 증가하게 될 것이다. 북한으로의 반출 품목은 임가공 관련 원부자재 및 일부 전자제품 등이지만 현재 북한의 외화사정 및 정치문제로 인하여 규모가 작은 상태이며 반출량을 확대해 나가기도 어렵다. 북한지역으로의 반출뿐만 아니라 북한으로부터의 반입에도 어려움이 있는 것은 마찬가지이다.

북한의 외화부족으로 물물교환 형식이 주를 이루지만 실질적으로 북한이 남한 기업의 제품을 반입하는 데는 많은 제약이 있고 남한 제품에 대한 반대 급부로 들여올 수 있는 북한 제품이 1차상품을 제외하고는 한정되어 있다. 간접교역에 따른 추가적인 물류비용 부담과 정보전달의 지연성 등도 제약 요인으로 작용하고 있다. 그러나 남북한 경제교류는 교역에서 출발하고 있으므로 경제교류의 물꼬를 튼다는 차원에서 교역은 정부와 민간단체의 지원을 받아 확대 일변도를 걷게 될 가능성도 높다. 또 기업들은 광고 홍보전에서의 우위를 점하기 위하여 북한으로부터의 물자반입이나 북한지역으로의 물자 반출, 남북한 반출입을 확대하기 위한 임가공사업에 적극적인 움직임을 보일 것으로 전망된다.

교역 확대를 위하여 제도적으로는 직교역 활성화가 우선되어야 하지만 현실적 어려움이 있다면 직항로의 개설만이라도 우선적으로 추진되어야 한다. 상품면에서는 현재 북한이 경쟁력을 가지고 있는 부분이 천연자원 및 농림수산물 등이며 저임금과 관세혜택으로 섬유위탁가공 제품이 상대적으로 유리한 제품이므로 이들 제품에 대한 반입에 주력하고 반출품의 경우도 기존에 제3국의 물품을 남한 기업이 공급하는 방식에서 탈피하여 남한 제품이 들어갈 수 있는 방법을 모색해야 된다.

남북 교역 초기부터 가장 유망한 사업으로 여겨지던 남북한 위탁가공사업은 1993년 들어서 남북 경제교류의 핵심 항목으로 자리잡기 시작하였다. 핵문제로 인하여 남북 교역이 냉각되고 있는 상황에서도 1993년 1~7월 중의 실적이 1992년 전체 실적에 비해 무려 486.6%나 증가하였고 품목도 의류의 단순 가공에서 양복 가공 등 고부가가치 상품으로 발전하고 있다. 이는 그 동안의 교역 경험을 바탕으로 더욱 경쟁력 있는 사업 방향을 모색해 온 기업들이 발전시킨 형태로서 남한은 생산설비, 기술 및 원자재를 공급하고 북한은 노동력 및 생산기반을 제공하여 생산된 제품을 남한 기업이 반입해 오는 형태를 취하고 있다.

1단계에서 위탁가공사업이 가장 효율성이 높은 사업 분야로 분석된다. 북한이 자체 생산한 제품은 현재 국제 경쟁력을 가지고 있지 못하다. 그러나 조총련계 일본 기업 및 남한 기업들은 그 동안의 경험에 의해서 북한의 노동력 수준이 기술 및 장비만 가미되면 경쟁력을 가질 수 있는 정도로 판단하고 있다. 또한 남한의 입장에서는 위탁가공 교역이지만 북한의 입장에서는 합영기업 설립을 통한 투자사업으로 인식하고 있어서 북한으로서도 위탁가공사업은 받아들이기가 쉽다.

위탁가공사업의 주요 대상분야는 남한 기업이 가격 경쟁력이 떨어져 국내 생산에 어려움을 겪고 있으며 북한의 입장에서는 산업화 초기 노동집약적 대량생산 체제로 기본 제품의 자체조달 및 가격경쟁력을 가질 수 있는 분야가 유력하다. 예를 들면 단체복 및 계절별 의류와 같이 대량생산이 가능한 섬유제품, 스포츠화, 가방류와 같이 남한 기업이 최고의 경쟁력을 가지고 있었던 제품, 노동집약의 성격을 가지고 있으면서 국내조달 자립도가 높아야 할 전자, 기계 분야의 단순 제품이다.

1단계에서 추진될 사업 중 관광사업은 폐쇄된 지역을 개발할 수 있다는 측면과 외화획득이 직접적으로 이루어질 수 있다는 측면이 어우러져 남북한 모두에게 유리하게 작용할 수 있는 사업이다. 그러나 북한의 현실을 감안할 때 관광개발 적지(適地)라고 해서 모든 지역을 개발하는 데는 무리가 있으며 한정된 공간에서 육상이동보다는 해상이동이 가능하고 산악지대를 뒤로 하고 있는 해안지역 및 국경지역을 중점적으로 개발하는 것이 효과적일 것이다. 금강산지역을 남한의 설악산과 연계한 관광사업개발, 중국 및 북한지역을 동시에 연결할 수 있는 백두산지역개발, 북한 중국 러시아가 접경하고 있는 중국 방천을 중심으로 한 두만강유역 관광개발사업을 들 수 있다.

물류사업은 북한은 물론 중국 및 러시아지역에서 생산되는 각종 지하자원과 식량 등 1차상품을 북한의 항구를 통하여 조달하는 한편 남한 및 일본의 제조업 제품을 이들 지역으로 연결하는 사업이 유망하다. 현재는 북한의 교통, 통신 인프라가 제대로 갖추어져 있지 않기 때문에 원활히 이루어지기 힘든 실정이지만 약간의 투자만 이루어지면 지리적 위치상 신의주지역 및 나진, 청진으로 이어지는 항구들을 이용할 수 있을 것이다. 이는 중국의 동북 3성과 러시아지역을 북한지역을 매개로 연결하는 것으로 화물 운송의 물리적 시간을 단축시킴과 동시에 장기적으로 한반도를 동북아지역의 물류 중심지화 시키는 포석이기도 하다.

북한과의 직간접 접촉을 통한 사업도 유용하지만 이러한 방식은 북한이 남한 기업의 대거 진출을 순수한 경제적 의미로 받아들이기보다는 아직 정치적 의미로 받아들이기 쉬운 면이 있으므로 사업의 다양성 추구라는 관점에서 주변국 기업들과 동반 진출하는 것도 좋은 방법이 될 수 있다.

한편 위탁가공이나 물류사업 등을 전개하는 방안으로서 나진·선봉 자유경제무역지대에의 진출, 중국 러시아와의 접경지역을 통한 변경무역에의 참여, 조총련계 기업 및 일본종합상사를 활용하는 것 등이 있다. 나진·선봉지역은 비록 전세계의 자본에 대해 개방되어 있으며 북한측은 남한의 기업들도 비자 없이 들어 올 수 있다고 선전하고 있으나 투자 여부에 대한 남한 정부나 기업의 입장이 아직 확고한 편은 못된다. 이 지역은 아직 제반 여건이 양호한 상태는 아니지만 북한이 최초로 대외개방을 실시한 지역이다. 또 동북아지역의 중심지로서의 역할을 수행할 수 있는 주요 지역으로 평가되는 만큼 현재 상태에서 남한 기업이 북한에 진출하기에 가장 나은 지역이다. 특히 이 지역은 두만강개발계획과 맞물려 있으며, 중국과 러시아 두 나라와 동시에 접경을 이루고 있는 만큼 중국 및 러시아 기업과의 동반 진출을 모색하는 방안도 고려해 봄 직하다. 북한이 변경무역을 강화함에 따라 이 지역을 중심으로 활동하고 있는 중국 및 러시아 기업들의 대북한 영향력이 점증하고 있음은 참고할 가치가 있다. 두만강지역 개발계획의 일환으로 중국-북한, 러시아-북한 간에 인프라구축사업이 활발히 논의되고 있다. 그러나 자본이 부족하여 실질적인 개발이 진척되지 못하고 있는 실정이기 때문에 북한 사정을 잘 아는 이들 기업과의 동반 진출이 독자적인 진출보다는 위험성을 낮추는 측면에서도 중요할 것이다.

북한과 접경한 러시아와 중국 등 양국 간의 변경무역은 종래 정부 차원의 물물교환 방식인 구상무역에서 출발하였으나 차츰 발전하여 기업 대 기업 차원의 정식무역 형태를 취하는 경우가 증가하고 있다. 또한 접경지역에는 조선족이 넓게 분포하고 있는 이점이 있으므로 남한 기업은 무역회사를 설립하여 운영하는 한편 일단은 생필품을 중심으로 한 공장 운영을 통하여 북한지역에의 생필품 공급 사업을 전개하는 것도 고려해 볼 수 있을 것이다.

최근 조총련계 기업은 외화유치 실적부진으로 북한으로부터 많은 압력을 받게 되자 남한 기업과의 제휴도 꺼리지 않는 상태이므로 조총련계 기업과 연계하여 위탁가공사업의 심화 및 내륙지역으로의 진출도 충분히 가능할 것이다. 일본종합상사들은 북한과의 수교에 대비하여 북한에 대한 사전조사를 상당부분 진척시켜 놓은 상태이므로 일본시장을 타켓으로 하는 위탁가공사업을 일본종합상사와 연계하여 추진할 수도 있다. 일본 종합상사와 협력관계를 구축할 경우 북한에서 생산된 위탁가공품이 남한시장으로만 몰리지 않고 일본으로 시장을 확대 분산시킬 수 있다는 점도 긍정적인 측면이다.

화해협력단계에서의 정부의 역할은 제한적일 수밖에 없다. 정부는 우선 정치적인 문제와 경제교류 문제를 별도로 취급한다는 원칙을 확고히 세워야 한다. 그리고 대북 경제교류를 활성화시키기 위하여 직간접적으로 제한되어 있는 대북한 경제교류 관련법규를 완화할 필요가 있다. 특히 위탁가공사업 성공의 관건은 남한 기업의 기술자가 수시로 왕래하면서 기술적인 문제를 해결할 수 있는 가에 달려 있으므로 기업의 임직원에 대한 북한 방문에 탄력적인 대응이 필요하다.

경제적인 관점으로만 국한시킨다면 북한이 미국 및 일본과 수교하도록 한국 정부가 적극적으로 나설 필요도 있다. 적극적인 행동이 아니라 묵시적인 동의만으로도 북한의 미국 및 일본 수교에는 속도가 붙을 수 있다. 미국과 일본이 북한과 수교한다는 것은 경제적 측면에서 보았을 때 북한에서 생산된 제품의 시장을 확보하게 된다는 것을 의미하게 된다. 또 외국인들이 북한지역에 투자 시에 투자위험성을 줄일 수 있기도 하다.

남북연합단계에서는 북한경제의 회생을 추구

남북연합단계는 통일 독일의 예로 본다면 통일 직후 현재까지의 독일의 체제 전환 과정을 의미하는 것이다. 이는 독일이 정치적 통일을 우선적으로 달성한 후 구동독지역의 체제 전환을 추진함으로써 발생한 각종 부작용을 완화하기 위한 방법이다.

이 단계가 실현되기 위한 전제 조건으로 북한 정권의 변화가 필수적이다. 북한에 새로운 정권이 들어서거나 김정일 체제의 목적 자체가 변화되어야 한다. 북한이 통일의 목적을 남북한 주민의 후생수준을 극대화시키는 데 두고 바람직한 남북 통일을 위해 협력하려는 태도를 보일 수 있어야 한다.

경제적 측면에서 보면 독일 통일 이후 남한이 걱정하고 있는 통일비용문제가 이 단계에서 상당 부분 해소될 수 있을 것이다. 우선 북한 정권의 체제 전환을 위한 비용 다시 말해 행정망, 기업사유화 등에 대한 비용을 북한 정권이 자체적인 경제 회생을 통하여 전담하면서 남한의 지원을 하는 형식을 취할 수 있다. 또한 남한시장이나 북한 주민들의 소비수준향상을 겨냥하여 북한지역에 생필품 및 중저가품에 대한 외국 기업의 투자가 증가할 것이다. 그러나 북한의 개발지역은 기존 인프라 미비로 인해 우선 항구를 중심으로 한 연해지역에 집중될 가능성이 높다. 연해지역에 공단이 건설되고 공단의 배후 수송로가 확보된다면 북한지역에 남한 기업이나 외국 기업의 투자를 촉진시키는 동시에 북한 경제의 하부 구조를 강화시키는 작용을 한다. 게다가 통일비용의 부담도 상당 부분 줄어들게 된다.

국가연합단계에서는 정부가 주도권 행사

국가연합단계에서의 경제협력은 화해협력단계와는 달리 정부 주도로 추진되는 것이 효과적이다. 1단계에서 추진된 민간 기업 중심의 각종 사업을 일관되게 추진하면서 정부 주도로 보다 큰 규모의 투자사업을 국토개발 차원에서 추진해야 하기 때문이다.

국가연합단계에서의 경제협력 추진 방식은 두 가지로 나누어 볼 수 있다.

첫째 북한으로의 시장경제 이식 및 남북한 경제력 격차 축소 작업이다. 시장경제를 북한지역에 옮겨 심기 위하여 정부 차원의 교육 체계

수립, 화폐제도의 개혁, 남한 물류 전문기업의 진출, 남한기업과 북한 기업의 연계 및 남북한의 산업별 지역별 상호 연계 등을 통해 보다 개방된 경제교류가 추진되어야 한다. 경제력 격차 축소를 위하여 북한이 경쟁력를 지닌 산업을 적극 지원하는 한편 남한 경제와의 연계성 강화 및 남북한 경제의 분업화, 북한지역경제의 세계시장 참여 확대 등을 추진해야 한다.

둘째, 전체 국토개발의 차원에서 북한지역에 인프라 구축과 경쟁력 있는 지역산업 발전을 도모한다. 1단계에서 준비된 국토개발계획에 따라 정부 및 민간의 투자 재원을 안배하며 특히 인프라 구축을 위한 투자에 우선적으로 할당한다. 지역적으로 산업단지 구성한 뒤에 북한의 자원과 노동력을 이용, 세계시장을 겨냥할 수 있는 제품을 개발해야 된다. 이 단계에서의 산업배치와 인프라 건설계획을 마련할 때에는 단순히 한반도 지역에 국한하지 않고 중국 동북 3성 지역 및 러시아 연해주지역까지 포함하는 포괄적인 계획아래 작업을 추진해야 된다. 화해 협력단계에서 마련된 위탁가공업 및 기초부품공급능력을 바탕으로 대규모 조립산업의 진출이 효과적일 것이다.

정부 주도의 경제협력을 추진하면서 이들 상이한 체제 간의 전환 및 통합을 이루어 내기 위해 남북한 경제공동체를 형성할 필요가 있다. 한민족 경제공동체 형성은 남북한 주민의 의사가 최대한 반영되고 충분한 합의 기반 위에서 추진되어야 한다. 북한의 경제재건 속도가 기대치 이하로 떨어지거나 남북간의 소득격차가 해소되지 않을 경우 북한의 전 지역을 경제특별구역으로 지정, 북한의 경제적 수준이 일정 수준에 이를 때까지 투자재원을 집중 배치하는 방안도 강구해 볼 수 있다.

경제공동체가 형성되고 경제정책이 남북한 간에 공동 운영되면 남한은 쌀, 북한은 감자 등으로 농수산물을 상호 보완하거나 경제개발계획을 공동으로 편성 진행시킬 수도 있다. 물가를 북한지역의 소득 수준에 맞게 보장하고 사회보장제도를 점진적으로 확대하는 방법도 취할 수 있을 것이다. 화폐통합을 위한 방식도 결정해야 한다. 독일 통일의 예를 본다면 남북한 중간지역에 화폐교환소 및 거래중개소를 설치하고 남북한의 통화를 상호 태환성을 가질 수 있도록 하고 특별구역이 지정되기 전까지는 경제 당국이 일정한 교환비율을 결정하여 상호교환할 수 있는 경로를 열어 주어야 된다.

또 국가연합의 초창기에 나타날 북한 노동력의 남한지역 이동에 대한 억제책도 강구해야 한다. 북한 주민의 자유이동을 막기 위해 거주이전의 자유를 제한할 수는 없는 노릇이다. 때문에 북한지역에서의 실질임금이 남한과 큰 차이가 나지 않도록 북한의 물가와 공공요금 복지 수준 등을 조정해야 한다. 기업은 남북한지역에 이중적인 경영방식을 채택한 뒤에 이를 점진적으로 통합할 수 있도록 해야 할 것이다.

이 같은 국가연합단계에서의 경제교류에는 간과할 수 없는 문제가 있다. 단순히 2국가 2체제 아래서 경제공동체, 사회공동체 등 국가연합의 형태로만 이루어질 경우 북한지역의 경제 재건을 위해 강력한 정책을 추진해야 될 주체가 없게 된다는 점이다. 두 체제 간의 원만한 합의구조가 이루어지지 않을 경우에는 체제의 상이함에서 오는 혼란이 증폭될 우려도 있다.

통일비용은 인구 수×GNP의 차

남과 북이 정치적으로 통일되더라도 양 지역 간의 경제적 격차를 해소시키고 사회적 혼란을 제거하기까지는 험난한 역정이 기다리고 있다. 분단 직후부터 통일 준비를 해 온 독일의 경우도 통일 전후의 과정에서 엄청난 사회, 경제적 통일비용을 지불해야 했음을 명시할 필요가 있다.

남북한 및 동서독의 경제 체제 비교

구 분	서독 · 남한	동독 · 북한
경제체제	시장경제체제	계획경제체제
소유제한	생산 수단의 자유 서독=종업원 공동결정권 설정 남한=정부의 조정기능	생산 수단의 국공유 동독=제한적 사유승인 북한=100% 공유
자원개발	시장 기구 서독 = 평등지향 남한 = 성장지향	계획 기구 동독 = 경제관료 중심 북한 = 당조직 중심

남북한이나 동서독 간이나 상호 이질적인 경제 체제가 반세기 가량 대립적으로 운영되어 왔다. 그 결과 쌍방 간에 현저한 경제력 격차가 생겼다.

남북 간의 경제력 격차는 그대로 통일비용으로 계산된다.

70년대 초까지 북한도 사회주의 국가의 모델로 꼽힐 만큼 성장가도를 착실하게 달렸으나 80년대 이후부터는 남북 간의 경제력 격차가 기하급수적으로 멀어지고 있다.

1992년 8월, 유엔 국민계정 체계(SNA:System of National Accounts)에 근거하여 한국은행이 추계한 남북한 간의 경제력 격차는 현저하다. 1991년 북한의 1인당 국민총생산은 1,038달러로서 1990년의 1,064달러보다 오히려 줄어들었으며 6,498달러를 기록한 남한의 6분의 1에도 못 미친다. 경상국민총생산은 1991년 229달러로 추계되어 남한의 2,808달러에 비하여 약 12분의 1에 지나지 않는다.

북한경제는 1990년 마이너스 3.7%의 성장을 기록한 데 이어 1991년에도 마이너스 5.2% 성장에 그침으로써 2년 동안에 경제규모가 약 10% 정도 줄어들었다.

북한경제는 소련과 동독 등 사회주의권이 붕괴되어 경제의 폐쇄성이 두드러지면서 더욱 침체의 늪에 빠져들고 있다. 1991년 북한은 수출 10억 1천만 달러, 수입 17억 2천만 달러로 총 27억 2천만 달러의 교역량을 기록했는데 이는 1990년의 교역량 46억 4천만 달러의 약 58%에 불과하다.

남북 간의 이 같은 경제적 격차는 한국의 보수주의자에게는 체제 간 경쟁에서의 우위를 입증하는 자료로 쓰이나 격차가 크면 클수록 통일비용의 부담은 가중된다.

통일비용의 산정 방식은 의외로 간단하다. 남쪽의 1인당 국민총생산이 통일 후에 변화하지 않는다고 가정하고 '남북한 주민 1인당 국민총생산 격차×북한 인구'로 계산하는 것이 통일비용의 추계방식으로 쓰인다.

KDI가 추정하는 통일비용은 2,500억 달러에서 3,000억 달러, 북한과의 소득 격차를 10년 동안 해소시킨다고 한다면 투자효율과 자본회임률 등을 감안할 때 통일 직후 3년간 1,400억 달러가 필요하다.

통일의 시기나 남북한 간의 경협 확대에 따라 통일비용은 달라지게 된다. 현재의 남북한 간 발전 속도가 앞으로 계속 같은 추세로 벌어진다면 통일비용도 그만큼 증폭되는 것이다. 그러나 남북 경협이 확대되고 북한경제가 침체의 늪에서 벗어나 국민소득 격차가 해소된다면 통일비용도 줄어들 것이다.

북한 주민들의 경제 수준을 남한과 동등한 수준으로 끌어올리기 위해 소요되는 통일비용은 연구기관마다 큰 차이가 난다.

이러한 통일비용의 조달방법으로는 국방비 등의 예산절감 및 예산지불상의 전용, 일반 조세에 덧붙여 일정 비율의 조세징수(방위세의 경우와 유사함), 공채발행과 같은 자본시장에서의 차입, 정부자산 매각 등을 들 수 있다. 또한 남한의 토지관련 부동산 거래 및 보유에 따른 세율을 높여, 조세원을 확보함과 동시에 북한지역으로의 생산시설 이동을 유도할 수도 있을 것이다.

통일세의 부과 방식으로 조세의 10% 정도를 통일부과세로 부과하면 90년 세입 기준으로 하여 매년 40억 달러가 조성된다. 또 토지초과이득세 중 토지 공개념 관련으로 91년 약 15억 달러가 징수되었다.

모든 통일비용을 정부가 독자적으로 조성하기는 사실상 한계가 있으므로 북한지역개발에 민간의 광범위한 참여를 유도하여 북한의 자연자원 및 토지자원을 활용, 통일비용을 조달하는 방안도 아울러 강구되어야 한다.

통일비용 추계

추계기관	추계방법	소요기간	금액(억 달러)
일본장은총합연구소(90)	獨 통일비용 기준	향후 10년	2.000
안두순(90)	GNP기준	1990~2000	3,380
	국부기준	〃	5,040
	투자율기준	〃	3,860
	항목별 누계 기준	〃	3.520
KDI(91)	〃	1991~2000	2,500~3,000
Euro-Asian Business Consultancy(92)	〃	1993~2000	3,280
영국 EUI(92)	-	향후 10년	1,500~2,600
KIEP(92)	-	1993~2002	2,120
	-	2000~2009	4,480
	-	2010~2019	7,621

제6장 동독과 북한의 토지제도 비교

　남북한의 토지제도를 합치기 위해서는 북한의 토지제도를 면밀히 파악해야 한다. 북한의 토지제도는 동독과 마찬가지로 칼 마르크스적 사상에 기초하고 있다.

　그러나 동독과 북한의 토지제도에는 공통점 못지 않게 많은 차이점이 발견된다.

　어떤 의미에서 이 차이점은 동서독과 남북한, 구동독과 북한 간의 경제력 차이보다 훨씬 심한 측면도 있다.

70년간 지속된 사회주의 토지제도

　북한의 토지제도는 칼 마르크스의 사회주의적 토지소유사상에 바탕을 두고 있다. 이 제도는 생산 수단 중 가장 중요한 토지에 대한 사적(私的)소유권을 부인하고 국가와 협동단체 소유만을 인정했다. 개인은 생산 수단을 소유할 수 없으며 오직 소비재에 대해서만 소유권이 허용된다. 사회주의자들은 자본주의 체제하에서의 사적 소유권은 인간을 착취하는 수단으로 이해했고, 사적 소유권을 전 국민의 공동 소유로 옮겨야 인간적인 소유권 체계를 형성할 수 있다고 확신했다.

사회주의적 토지소유사상은 자유방임적인 근대 자본주의의 토지소유권이 계약 자유의 원칙과 결합하여 생산 수단인 토지를 가진 자가 갖지 못한 자를 지배하는 사회적 모순에서 잉태됐다.

근대자본주의적 토지소유제도는 산업자본주의를 발전시키고 산업구조를 고도화시키는 역동력을 부여하기는 했다. 그러나 근로자에 대한 자본가의 지배, 소작인에 대한 지주의 지배 등 부작용을 낳았다. 자유자본주의 토지소유제도가 낳은 사회적 부작용은 자유방임적 보호에 의한 사소유권의 남용에 기초하고 있었다.

자유자본주의적 토지소유제도에서 초래되는 사회적 문제의 해결 방안은 두 갈래로 나뉘어 모색된다. 첫번째는 사소유권을 전면적, 혁명적으로 없애 버리고 토지를 전 인민의 공동 소유로 옮겨 놓자는 사회주의적 토지소유사상이고, 다른 하나는 사소유권이 갖는 유용성과 생산성의 증대는 살려 나가면서 사소유권의 남용으로 인한 사회적 문제를 점진적으로 수정해 나가자는 개량주의적 토지소유사상이다. 현재 자본주의 국가는 모두 정도의 차이는 있지만 자유로운 사소유권에, 강한 사회성과 공공성을 인정하는 개량주의적 토지소유제도를 운용하고 있다. 자본주의 국가 중에도 토지의 개인소유를 부인하는 경향을 보이는 나라가 있다. 싱가폴의 경우 93%가 국유지인데 싱가폴 정부는 나머지 7%의 토지마저 국유화시킨다는 프로그램을 마련해 놓고 있다.

이와는 별도로 토지의 개인 소유를 인정하되 토지가치에서 나오는 소득을 전액 세금으로 국가 사회가 환수하자는 토지 단일세론자의 주장도 있다.

사회주의 국가의 토지제도는 몇 가지 특성을 보인다. 우선 모든 토지가 국가 소유이거나 협동단체 소유이다. 국가 소유는 전 인민의 소유로서 국가가 전 인민을 대표하여 소유하는 소유형태이며 협동단체 소유는 협동단체 구성원의 공동 소유로서 협동단체가 구성원을 대신하여 소유하는 형태이다. 개인의 소유권이 인정되는 것은 소비재뿐이다.

또 사회주의적 소유권의 가장 이상적인 형태를 국가 소유권으로 보고, 토지는 오로지 이용하는 데 제공하는 것으로 한다. 사회주의 국가에서는 현실적으로 토지의 소유는 문제삼지 않는다. 이런 의미에서 사회주의 국가의 토지제도는 토지소유권 중심주의가 아니라 토지이용권 중심주의라고 볼 수 있다. 이는 사회주의 국가의 토지법이 토지이용관계를 규율하는 법이라는 데서도 찾아진다. 사회주의 국가에서는 토지에 대한 사적 소유가 인정되지 않으므로 토지거래도 없다.

사회주의적 토지소유제도는 1917년 구소련의 볼셰비키 혁명에 의해 1918년부터 실천에 옮겨진 후 약 70년 동안 지속되었다. 그러나 사회주의 체제의 붕괴 이후 사회주의적 토지소유제도는 점차 자본주의적 토지소유제도로 전환되고 있다. 동서독이 통합된 후 동독지역의 소유권 회복 과정은 한반도 통일 이후에 귀중한 자료가 되리라는 것이 일반적인 평가이다. 이는 구동독(이하 동독)과 북한이 같은 사회주의 토지제도를 채택한 데서 연유한다. 그러나 동독과 북한의 토지제도는 유사점도 많지만 상이한 점도 많다.

우선 동독에서는 제한적이지만 토지거래가 가능하였다. 국가 소유권에서 협동단체 소유권으로 이전하거나 그 반대의 경우 협동단체 소유권에 있어서 협동단체 간의 소유권을 양도할 수 있었고 사소유권에서 다른 형태의 토지소유권으로 양도가 가능했다. 이는 북한의 토지제도에서는 찾아 볼 수 없는 점이다. 동독과 북한의 토지개혁에서 유사점과 상이함을 찾아보는 작업은 독일 통일의 경험을 남북 통일에 얼마큼 원용할 수 있는지 여부를 가늠해 주는 잣대가 될 것이다.

무상 몰수, 무상 분배의 토지개혁

북한과 동독은 모두 혁명적인 방법으로 사소유권을 부인해 사회주의적 토지소유제도를 확립했다. 1990년 10월 2일 독일 통일 이후 동독의 사회주의적 토지소유제도는 개량된 자본주의적 토지소유제도로 전환하고 있으나 북한은 아직 사회주의적 토지소유제도를 유지하고 있다. 북한도 침체된 경제회복을 위해 극히 제한된 지역이기는 하지만 자유무역지대에서 토지임대차에 의한 토지이용권 설정을 허용하는 등 변화하는 모습을 보이고 있다.

북한과 동독의 토지제도와 사회주의적 토지제도를 이루어 가는 과정에는 많은 유사점이 있다. 우선 북한과 동독의 토지개혁은 그들의 정부가 수립되기 전에 단행됐다. 약간의 차이는 있으나 소련군의 후원에 힘입어 이루어졌으며 자본주의적 사소유권을 없애고 사회주의적 토지소유제도로 전환하자는 것이 핵심 내용이었다. '무상 몰수에 의한 무상 분배'의 방식을 택해 토지개혁 초기 농민에게 농토가 무상 분배되었으나 농업의 집단화가 이루어지면서 개인에게 분배되었던 소유권은 부인되었다.

토지개혁과 중앙 집권화

1945년 5월 8일 제2차 세계대전에서 패망한 독일은 4개 전승국인 미국, 영국 프랑스 그리고 소련에 의해 분할 점령됐다. 그 중 소련군이 점령한 지역은 점령군의 통치를 받다가 1949년 동독 정부가 수립되면서 두 개의 독일로 공식 분단된다.

정치적으로 독일은 분방(分邦)으로 구성된 연방국가이다. 그러나 동독은 사회주의 국가의 국가 구성 원리인 중앙 집권제를 채택했고 1952

년 분방을 폐지하고 연방국가에서 중앙 집권제 국가로 체제를 바꾸었다. 동독의 중앙집권화 작업은 1968년 새로운 사회주의 헌법을 제정하여 독일 사회주의통일당의 지도력을 강화시켰다. 브레주네프 독트린에 의하여 구소련에의 종속성도 한층 강조되었으며 동구 여러 나라의 자유화 운동을 경험한 후에는 다시 중앙 집권화에 대한 강도를 높였다.

중앙 집권화의 필수적인 과제로 토지의 국유화가 대두됐다. 소련군 점령 기간 동안 군정의 가장 중요한 과제 중 하나로써 시행된 토지개혁은 사회주의 경제 체제로의 전환을 위한 경제질서와 소유질서의 재편인 동시에 중앙집권으로 가는 길이었다.

1945년, 동독지역을 점령한 소련은 곧장 소련군사행정부(SMAD)를 구성하고 군사행정부의 명령과 각 주의 헌법에 의하여 토지개혁을 단행하였다. 1945년 10월에 전격적으로 실시된 토지개혁 작업은 100ha 이상의 대토지를 대상으로 삼았다. 그리고 100ha 미만이라도 전범자, 나치 추종자의 토지는 개혁의 대상에 포함시켰다. 재산은 모두 무상으로 몰수되었고, 대부분은 농지가 없거나 농지 규모가 작은 농민에게 무상으로 분배되었다. 나머지는 모두 국가 소유로 바뀌었다.

토지개혁 이후 광산, 전력, 수로, 기업, 은행, 교통시설, 철도, 항공, 우편, 방송시설 등 국가 기간산업과 국가 기본 설비에 대한 개혁이 이어졌으며 이들 시설물들은 모두 국가의 관장 아래로 넘겨졌다. 1949년까지 동독지역 경제력의 절반이 국가 소유로 변했다.

이 같은 일련의 사회화조치들은 소련군사행정부가 주도하고 주 헌법에 근거하여 각 주별로 이를 추진하였다. 그러나 1918년 러시아 혁명 이후 소련 지역에서 시행된 전면적 토지 국유화의 양상을 띠지는 않았다. 동독지역에서 실시된 개혁조치는 무상 몰수의 방식을 택하기는 했으나 100ha 이상의 토지를 대상으로 했으며 몰수된 토지는 농민에게 대부분 분배되었다.

농민은 분배 받은 토지에 대한 사소유권을 인정받았다. 물론 농민의 사소유권이 된 토지는 양드, 담보 설정이 금지되어 있어 엄밀한 의미에서 소유권이라기보다는 이용권에 불과하였다. 그러나 구소련에서와는 달리 토지에 대한 사소유권을 전면적으로 부인하지 않았으며 등기까지 허용되었음은 주목할 만한 점이다.

동독 토지개혁의 근거 법률은 소련군사행정부 명령과 주 헌법이었다. 이 법에 근거하여 농민에게 토지를 분배하였으나 농민의 토지취득은 전(前) 소유자로부터 승계취득이 아니라 원시적인 취득의 성격을 지니고 있었다. 다시 말해 등기부상에 설정되어 있는 저당권 등 기존의 물권적인 부담은 모두 없어졌다는 뜻이다. 물론 분배 받은 토지의 양도, 압류, 임대, 분할, 담보 설정 등은 불가능하였다.

토지개혁에 의하여 동독지역에서 몰수된 토지는 약 330만ha인데 그 중 일부는 국유화하여 국영농장에서 경작하고 대부분의 토지는 토지가 없거나 부족한 농민에게 무상으로 분배되었다. 이어 "1945년에서 1948년 사이에 몰수된 토지와 교회를 제외한 주, 군, 지방자치단체, 기타 공공단체가 소유하는 토지는 모두 국가 소유에 속한다."는 선언이 나왔다. 이후 공공재산은 모두 국가 소유로 옮겨졌다.

동독은 1952년부터 집단농장을 만들기 시작, 농민은 형식상의 소유자로서 토지를 소유하면서 협동농장의 구성원이 되었다. 협동농장은 농민이 갖고 온 협동농장의 토지에 대해 그들의 소유권을 인정하였으나 이들 토지의 포괄적인 이용권을 가지고 있었다. 농민들은 자신의 토지에 대한 이용권도 행사할 수 없게 되어 버렸다. 농민의 소유권은 실질적 내용이 전혀 없는 허유권(虛有權)이 되어 버린 것이다.

동독은 농민에게 분배한 토지의 소유권을 법적으로 폐지하거나 부인하지는 않았으나 강한 사회적 구속을 적용함으로써 실제적인 소유권을 무력화시켰다.

지주들의 저항을 의식한 부분적인 토지 사유 인정

한반도는 독일과 비슷한 과정을 거치며 두 쪽으로 갈라진다. 1945년 8월 15일 해방과 더불어 북위 38도선을 경계로 남쪽은 미군, 북쪽은 소련군이 진주하면서 남북으로 나뉘게 된다. 패전국도 아니고 전승국도 아니었던 한민족은 국제사회로부터 자치능력을 인정받지 못했다는 이유 하나로 분단되었다. 북쪽은 소련군의 후원 아래 사회주의자들이 지방인민회의에서 그들의 통치조직을 심기 시작했다. 1946년 2월 8일에는 38선 이북 전 지역에 지배력을 미치는 통치기구로서 '북조선인민위원회'가 조직됐으며, 1948년 9월 8일에는 「조선민주주의 인민공화국 헌법」이 제정됐다. 북한 정권이 정식 출범한 것은 1948년 9월 9일이다.

북한은 해방된 이듬해 봄인 1946년 3월 5일 「토지개혁에 관한 법령」을 공포하고 토지개혁에 들어갔다. 이 때의 토지개혁은 농지개혁이었다.

농지개혁은 생산 수단인 토지에 대한 사회화의 첫 조치였다. 토지개혁의 과제는 일본인 및 조선인 지주의 토지소유와 소작제를 철폐하고 토지이용권을 경작자에게 주는 데 있었다. 그러나 토지개혁 초기에는 토지에 대한 사소유권을 전면적으로 폐지하지 못했으며 부분적으로는 그대로 남아 있었다. 그러나 개혁조치가 단행된 토지는 무상 몰수되었으며 농민에게 무상으로 분배됐다.

몰수 대상이 된 토지는 5정보 이상의 조선인 지주의 소유지, 자경하지 않고 전부 소작을 주는 소유자의 토지, 면적에 관계없이 계속적으로 소작을 주는 모든 토지, 5정보 이상을 소유한 성당, 사원 등 기타 종교단체의 소유지, 농업기구, 주택 등이었다. 일본 정부와 일본인, 일제단체 소유의 과수원 및 과수와 농민 소유의 소규모 산림을 제외한 모든 산림도 몰수됐다.

몰수된 토지는 농민에게 분배됐으며 도인민위원회로부터 토지소유권(실제로는 토지이용권)에 대한 증명서를 발급 받아 토지대장에 등록했다. 분배 받은 토지의 매매와 저당, 소작은 금지되었다.

토지개혁이 착수된 다음 해인 1946년 8월에는 산업, 철도, 운수, 체신, 은행 등이 차례로 국유화됐다. 이 같은 토지개혁과 국유화조치는 1948년 9월 8일, 헌법에 의하여 추인되었다. 1972년 사회주의 헌법에서는 생산 수단에 대한 사회주의 소유가 확립됐다.

북한은 1948년 제정 헌법에 개인의 토지소유 즉 토지에 대한 사소유권을 인정하고 토지소유의 최대 한도는 지역 및 조건에 따라 5정보 또는 20정보로 한다고 규정하였다.

북한의 토지개혁조치로 농딘에게 분배된 토지는 매매와 저당 등 일체의 유동성을 부인하여 실질적으로 농민에게 돌아간 것은 경작권(토지이용권)이 전부였다. 결국 스작제로 인한 지주의 착취행위가 금지되었을 뿐이다.

토지개혁은 정치적으로 지즈계급의 지배력을 타파하고 농민의 지지를 획득, 정권 수립을 위한 지지 기반의 확보에 목적을 두고 있었으나 지주계급의 회유를 위해 부분적이나마 토지의 사소유권이 인정된 것으로 평가된다.

북한은 6·25 전쟁 기간 중인 1950년 7월 4일 「남반부 토지개혁을 실시함에 관하여」라는 포고령을 제정, 남한에서 토지개혁을 추진코자 하였으며 1951년 1월 5일에는 월남한 자의 재산을 몰수할 근거 법령인 「미제국주의와 그 주구 이승만 매국도당과 결탁하여 그들의 편으로 도주한 민족 반역자들의 물산을 몰수하고 이를 처분할 것에 관한 결정서」를 공포하였다.

동독 집단농장의 포괄적 이용권

동독이나 북한의 토지개혁은 농업의 집단화조치로 이어진다. 동독에서는 집단농장을 만들었고 북한은 농업협동조합을 결성한 뒤 1962년 협동농장으로 발전시켰다.

동독에서 집단농장이 조성되기 시작한 것은 1952년부터이다. 농민들은 분배 받은 토지를 지니고 협동농장의 일원으로 합류됐다. 1959년에는 협동농장법이 완성되기에 이른다.

협동농장법 19조는 농장에 반입된 구성원(농민)의 토지에 대하여 농장은 포괄적인 이용권을 갖도록 규정하였다. 이 규정에 따라 협동농장은 국가로부터 받은 국유 농지 외에 농장 구성원의 반입 농지, 농장 자체가 매수 수증(受贈) 등에 의하여 취득한 농지를 경작지로 삼게 되었다. 1949년 동독 헌법(2조 6항)도 농민의 농지 소유권을 보장하였다.

그러나 농장소유토지에 대하여는 매매, 분할, 임대 및 담보 설정 등이 불가능하였다. 농민들은 자신들의 토지를 지니고 협동농장의 일원이 되었으나 반입한 토지의 크기가 아닌 노동량에 따라 생산물을 분배 받았다. 협동농장의 구성원인 농민들의 신분은 임금 수령자 내지는 급여 수령자였다.

그러나 협동농장 구성원들의 급부가 처음부터 노동량에 따라 정해진 것은 아니다. 초기에는 협동농장 수입의 60%는 노동에 따라 분배되고 나머지 40%는 반입한 토지에 따라 분배하도록 법률에도 규정되어 있었다. 반입한 토지소유량에 따른 분배를 더 이상 기대할 수 없게 된 것은 1977년부터의 일이다. 1982년의 협동농장법은 분배방식을 노동에 따라 정하도록 명문화하여 사실상 협동농장도 국영농장과 다름없이 되었다.

협동농장이 포괄적 이용권을 가지고 있는 까닭에 동독에서의 협동단체 소유권은 협동단체에 귀속된 토지의 포괄적인 이용권으로 나타났다. 다시 말해 이용의 종류, 경작 종류의 결정 및 변경, 개량 행위, 도로망 및 하천망의 구축, 천연자원의 취득, 개인 주거 및 정원용 토지로 제공, 협동 사업의 수행, 국가 기관 등에서의 토지이용권 수여 등이 협동농장의 전환이었다.

협동농장의 포괄적 이용권에 예속되어 있던 농지소유권은 강한 사회적 구속을 받았다. 우선 농지로 이용할 만한 토지에 대해서는 이용해야 된다는 의무가 부과되었으며 특정 종류의 이용 목적을 변경하기 위해서는 국가의 허가를 받아야 했다. 또 농업 생산물은 국가에서 확정한 가격으로 매각해야 할 의무가 부과되었으며 토지의 양도나 담보 설정에도 국가의 허가가 뒤따랐다.

협동농장의 구성원들은 집을 개인적으로 소유할 수 있었으며 자가 소유주택을 위하여 협동단체의 토지를 이용할 수도 있었다. 그러나 협동농장 구성원이 아닌 자에게는 양도할 수 없고 상속할 수도 없었다. 그리고 협동농장 구성원들의 개인적으로 이용하는 토지 및 건물의 소유권 행사에 대해 협동농장은 우선취득권을 가지고 있었다.

또한 협동농장은 구소련의 콜호스와 같이 구성원에게 경작지를 제공하였다. (콜호스는 소련의 협동농장으로 국영농장인 소프호스와는 다르다. 16세 이상이 된 주민은 콜호스 구성원 총회의 허가를 받아 구성원으로 가입할 수 있다. 이 때 가입비를 내도록 요구 받았다.)

1958년에 완전히 소멸된 북한의 사유지

북한에서는 토지개혁으로 농민에게 무상 분배된 농지를 대상으로 농업의 집단화 사업이 단계적으로 진행됐다. 이어 토지개혁에서 몰수되지 않은 사유지도 점차 협동농장의 소유로 전환되었다. 농업의 집단

화 작업은 1954년부터 본격적으로 진행되어 개인농은 협동조합(1961
년부터는 협동농장)으로 흡수되기 시작했고 1958년에 와서는 토지에
대한 사소유권은 완전히 사라지게 된다.

농업의 집단화 과정은 단계적으로 이루어졌다. 첫 단계에서는 토지
의 사소유가 부분적으로 인정되면서 토지와 소, 농기구 등을 공동으로
이용하는 일종의 상호부조형태를 띤 조직체였다. 이 조직은 1953년까
지 존속했지만 1954년에 없어졌다. 1954년부터 시작된 2단계에서도 토
지의 개인 소유가 인정되었지만 협동조합에 통합되어 집단적으로 경영
되었으며 생산물의 분배는 노동의 기여도와 토지의 출자량에 따라 이
루어졌다. 이 같은 집단화 과정은 사회주의 형태와는 다소 거리가 있
었다.

사회주의 형태의 집단농장은 3단계부터 시작되었으며 1958년부터는
이 형태만이 남게 되었다. 이후 토지 등 모든 생산 수단이 협동조합의
소유로 이전되었으며 분배는 노동에 따라서만 행해지는 사회주의적 분
배 원칙이 적용되었다. 북한에서 농지에 대한 사소유권이 전면적으로
폐지된 것은 바로 이 시기이다. 거꾸로 말하면 1958년 이전까지는 북
한에서도 토지에 대한 사소유권이 인정되고 존속되었다는 뜻이다.

1958년부터 헌법이 토지에 대한 사소유권을 형식적으로는 인정했지
만 실질적으로 개인 토지는 존재하지 않게 되었다. 이후 북한의 소유
형태를 보면 산업 부문에서는 국가 소유권, 농업 부문에서는 협동농장
소유가 지배적인 형태를 이루게 된다. 물론 산업부문에서도 국영기업
외에 협동기업이 있고 농업 부문에서도 협동농장 외에 국영농장이 있
으나 중심 역할을 담당하지는 못한다. (국영농장은 협동농장을 위한 시
범농장의 역할을 담당한다. 곡물, 경작, 농축, 사육 등은 국영농장에서
우선 실험, 검증을 거친 후 인근 협동농장에 보급하는 체계로 운영된
다.)

북한은 1958년부터 협동농장의 규모를 확대, 재조정하는 작업에 들어간다. 그 해 10월에 농업협동조합은 말단 행정구역인 '리(里)' 단위로 통합되어 규모가 확대되었으며 협동조합의 관리는 리인민위원회 위원장이 맡게 되었다. 또 농업협동조합은 그 때까지 농촌에 산재해 있던 소비 및 신용협동조합 등의 기능도 흡수함으로써 리 내의 전체 생활 체계를 총괄하는 기구로 발전하였다.

1959년 1월 9일에 전국농업협동조합대회에서 채택된 농업협동조합 기준규약에 따르면 협동농장의 토지는 모두 공동 소유로 하고 자경용 밭을 농가 호당 30~50평씩을 분여하며, 만 16세 이상의 근로자는 협동농장의 구성원이 될 자격을 인정하고 있다. 그러나 지주계급과 친일파, 친미파에게는 조합원의 자격을 인정하지 않았다. 조합원 후보는 조합 내에서 선거권과 의결권을 갖지 못하도록 하였다.

조합원의 노동 성과는 노동 일수로 평가하여 그 보수를 받도록 하였다. 개인 소유가 부분적으로 허용되는 텃밭 규모는 초기에는 농가당 30~50평이었으나 1977년 4월 30일에 제정된 토지법에서는 20~30평으로 축소되었다.

소비재에 한해서만 허용되는 개인 소유

사회주의 국가의 토지는 국가 소유이거나 협동단체 소유이다. 국가 소유는 전 인민의 소유로서 국가가 전 인민을 대표하여 소유하는 형태이다. 협동단체 소유는 협동단체가 구성원을 대신하여 소유하는 형태이다. 우리 민법상의 공유(共有), 합유(合有), 총유(總有) 등의 공공 소유방식 중 총유에 가까운 소유형태가 사회주의 체제에서의 협동조합 소유에 해당한다.

동독에서의 국가 소유권은 전 인민의 소유로서 생산 수단에 대하여 국가가 전 인민을 대표하여 소유하는 사회주의 소유권의 가장 이상적인 형태라고 인정되었다. 이러한 국가 소유권은 1945년에서 1949년에 걸쳐 토지개혁 등 일련의 사회화 조치에 의하여 확립되었다.

국가 소유권에 따라 생산 수단의 소유권은 국가에 귀속되지만 생산 수단의 실질적 관리나 경영은 국가 기관이나 기업소 등의 관리자에게 맡겨졌다. 등기용지의 제1난에 소유자인 국가와 함께 관리인도 나란히 등기하였다.

관리인은 국가 소유권을 직접 이용할 수 있었으며 때로는 관리인의 변경도 이루어졌다. 관리인의 변경은 계약에 의해서만 가능하며 그 계약은 서면에 의해 이루어져야 효력을 발휘했다. 관리인의 변경 등기는 양 당사자의 공동 신청에 의하여 이루어졌다. 관리인의 변경 시점은 계약에서 약정한 시점이며 그 계약의 효력 발생 이전에 관리인 변경 등기가 이루어져야 했다.

그러나 등기는 단순한 공시방법에 불과하고 관리인 변경의 성립요건도 대항요건도 아니었으며 관리인 변경시점에 새로운 관리인이 권리와 의무를 인수하였다.

관리인이 국가소유토지를 직접 이용할 수도 있지만 이용계약을 체결하여 다른 기관이 이용토록 할 수도 있었다. 그러나 국가소유토지에 대해서는 양도나 압류가 금지되었다. 궁극적으로 국가소유토지는 침해할 수 없는 것이었다.

국가토지소유권의 이 같은 내용들은 독일 민법에서도 동일하게 규정되었다.

국가가 소유한 토지는 이용권이 더욱 중요했다. 관리인이 아닌 다른 사람이 이용할 수 있도록 이용권을 설정할 수 있었다. 국유토지의 이용권은 기간이 있거나 또는 없으며 무상 또는 유상으로 설정되었고 등기 용지의 제2난에 등기하였다. 이용권은 국가기관, 노동조합, 정당, 외국 회사 또는 개인 명의로도 설정될 수 있었다. 국유토지 위에 국가가 건물을 건축할 경우 토지관리인이 그 건물의 관리인이 되며, 관리인이 건물을 건축하면 관리인 자신이 그 건물의 소유자가 되었다. 그리고 개인이 개인 주택을 짓기 위해서도 이용권을 설정할 수 있었다.

동독에서는 건물이 원칙적으로 토지의 본질적 구성 부분이었지만 건물의 소유자와 토지의 소유자가 다를 때에는 건물은 토지와 무관하게 독립된 물건으로서 적용됐다. 건물등기부와 토지등기부도 별도로 편성되었다. 개인에게 주택이 양도되면 건물이 들어선 국유토지에 이용권이 설정되었다. 즉 건물이 건축되어 있는 국유의 건물을 개인이 매입할 경우 건물소유권과 함께 토지에 대한 이용권도 개인에게 함께 부여됐다. 그러나 이 같은 권리에는 자유롭게 처분할 수 없다는 제한이 뒤따랐다.

동독에서의 협동단체 소유권에는 두 가지 종류가 있었다. 협동단체의 종류에 따라 구분되는 것으로서 집단농장이 농지를 소유하는 협동농장소유와 집단농장 이외에 여러 종류의 사회적 조직체가 소유하는 협동단체 소유권이다. 그러한 사회적 단체로서는 수공업생산협동조합, 구매 및 공급협동조합, 주택건축협동조합, 노동자주택건설협동조합 등이 있다.

또 소비재에 대해서는 개인 소유권이 폭넓게 인정되었으며 양도 상속이 가능하였다. 특히 주택의 개인 소유가 인정되었다. 물론 주택과 소비재의 개인적 소유권도 다른 소유권과 마찬가지로 사회적 이익에 반할 수는 없었다.

협동단체 소유도 과도기적, 궁극은 국가 소유

북한에서의 국가 소유권은 전 인민의 소유를 의미한다. 국가가 전 인민을 대표하여 소유하는 소유권이 국가 소유권이다.

국가 소유권의 대상에는 제한이 없다. 특히 지하자원, 산림자원, 수산자원을 비롯한 모든 자연자원과 중공업, 경공업, 수산업, 임업, 등의 주요 공장 및 기업소, 항만, 은행, 교통 운수, 체신, 방송기관, 학교, 주요 문화시설은 국가만이 소유할 수 있다.

중요한 공장의 공장용지와 임야의 소유권도 국가만이 가질 수 있으며 농지는 국가 외에 협동단체도 소유할 수 있다. 국가는 나라의 부강 발전과 인민들의 복리 향상을 위해 국가 소유 재산을 제한없이 차지하거나 이용, 처분할 수 있다.

국가 소유권은 국가가 직접 또는 개별적으로 국가기관이나 기업소를 통하여 실현한다. 국가기관이나 기업소는 자기가 맡은 국가소유재산에 대한 경영상의 관리권을 가지고 국가의 지도 아래 그 재산을 자기의 이름으로 차지하거나 이용, 처분할 수 있다.

국가 소유권의 대상은 취득 시효의 대상이 되지 않는다. 다시 말해 국가가 관리를 하지 않고 오랜 세월 방치하거나 토지 이용자에게 권리 주장을 하지 않더라도 소유권이 넘어가지 않는다(한국은 20년간 평온 무사하게 점유(占有)할 경우 시효취득 할 수 있다). 국가 소유권의 침해는 반국가적 행위에 버금가는 중죄이다. 국가소유재산의 반환 청구에도 물론 소멸 시효 기간이 없다. 주택도 국가가 지은 것이므로 그 소유권이 국가에게 있으며 이용권은 노동자, 사무원, 협동농민에게 넘겨 주었다.

협동단체 소유는 협동경리에 들어 있는 근로자들의 집단적 소유 형태로서 협동단체가 소유권의 담당자가 된다. 협동단체 소유권의 대상은 토지와 짐승, 농기구, 고깃배, 건물, 중소공장, 기업소, 문화보건시설 등이다. 이 밖에 협동단체 경영에 필요한 것이 협동단체 소유가 될 수 있다.

협동단체 소유 건물은 시효의 제한이 없으며 금전 이외에는 강제집행이 불가능하다. 북한은 사회주의 협동경리제도를 공고히 발전시키고 농업경리제도의 발전과 협동단체 구성원들의 자발적 의사로 협동단체 소유의 토지를 점차 전 인민적 국가 소유로 전환시킬 수 있도록 하고 있다. 협동단체 소유 형태도 결국에는 전 인민의 소유형태인 국가 소유로 옮겨가는 과도기적인 성격을 지니고 있는 셈이다.

협동단체 소유의 대상물은 협동단체 구성원들의 의사에 따라 이용 처분할 수 있다. 그러나 토지에 대한 처분은 법이 정한 바에 따라서만 할 수 있다. 토지는 궁극적으로는 국가 소유로 이전되어야 할 대상이므로 협동단체 구성원들의 의사에 따라 처분할 수가 없다.

북한에서는 근로자들의 개인적 소비를 위한 소유 형태로서 개인소유권을 인정하고 있다. 개인 소유권의 담당자는 개인이다. 개인 소유권의 대상은 살림집, 가정 생활에 필요한 가정용품, 문화용품 및 생활용품, 승용차 등이며 상속이 가능하다. 텃밭에서 얻은 생산물은 개인 소유로 하고 있다. 텃밭은 협동농장규약에 따라 이용권만이 부여된 20~30평의 토지이다. 토지법이 제정되면서 텃밭의 개인 소유가 한때 금지되었으나 개방의 물결이 일면서 텃밭의 이용권은 허용하는 추세이다.

공익과 사익의 충돌은 상상도 못한다.

사회주의 국가에서의 토지이용은 특별히 사회적 이익과 합치되어야 한다. 사회주의 국가에서는 공익과 사익의 충돌이 있을 수 없다. 공익과 사익의 구별은 애당초 없는 것이다. 또 사회주의 국가에서는 법도 내용이나 성격에 따라 공법, 사법으로 분류되는 것이 아니라 규율 대상에 따라 분류된다.

북한에서도 역시 토지이용을 매우 강조한다.

북한은 토지를 몇 가지 용도로 나누고 토지의 이용의무를 강조하고 있다. 토지를 아끼고 사랑하는 것은 전체 인민들과 농업 근로자들, 국가 기관들의 신성한 의무라고 규정한다. 여기서 더 나아가 전체 인민들과 농업 근로자들, 국가기관 일꾼들은 토지를 보호하고 건설하며 관리하는 사업에 주인답게 참가해야 한다고 규정하고 있다. 토지의 보호 건설 및 관리 질서를 어길 경우 책임이 있는 기관, 기업소, 단체 및 공민은 책임을 진다.

87년에 제정된 형법 제84조는 '많은 토지를 남용하거나 폐경시킨 자 또는 토지보호사업을 무책임하게 하여 많은 토지를 유실시킨 자는 2년 이하의 노동교화형에 처한다.'고 규정하고 있다. (북한의 형벌에는 사형, 노동교화형, 선거권리박탈, 재산몰수, 자격박탈 및 자격정지형 등이 있다.)

북한에서는 토지에 대한 공개념을 기본가치로 한다. 그러나 최근에는 대외개방정책의 일환으로 토지임대법을 제정해 극히 제한적이지만 토지사용권을 설정할 수 있게 하고 그 사용권의 양도, 저당을 인정하고 있다. 토지임대법은 자유경제무역지대에서만 시행되며 토지를 임대할 수 있는 자격도 제한하고 있다.

토지임대법은 토지사용권의 설정, 양도, 저당을 내용으로 하며 토지사용권의 취득이 가능한 자는 외국의 법인, 개인, 북한 밖의 조선 동포로 한정하고 있다. 합영·합자 기업에 토지를 출자하려는 북한의 기업, 기업소, 단체도 국토관리 기관의 승인을 받으면 토지이용권을 취득할 수 있다. 이와 같은 점으로 미루어 볼 때 외국 자본의 유치를 위해서만 토지 임대가 허용되며 일반적인 토지의 임대차는 허용되지 않는다는 것을 알 수 있다.

임대 기간은 50년을 최장 기간으로 하고 임대 기간의 연장도 가능하다. 연장을 위해서는 임대 기간 만료 6개월 전에 연장 신청을 해야 한다. 토지의 임대방식은 협의에 의하나 자유경제무역지대에서는 입찰과 경매의 방법으로 결정한다. 토지임대차 계약이 체결되면 임차인은 토지이용권을 취득하고 토지이용권을 발급 받아 등록절차를 거치게 된다.

토지이용권은 임차 기간 중 매매와 전대(轉貸), 증여, 상속 및 저당 설정이 가능하며 양도의 경우에는 토지 건축물도 함께 이전된다. 임차인은 임차료를 지급하여야 한다. 특히 수도, 전기, 도로 건설 등 토지 개발을 북한측이 한 경우 임차로에 개발비가 포함된다. 지상 건축물 및 부대 시설은 임차인이 스스로의 비용 부담으로 지어야 한다.

임차 기간이 만료되면 토지는 무상으로 자동 반환된다. 건축물도 함께 반환된다. 그러나 40년 이상 임차되고 임대 기간 만료 10년 이내에 준공한 건축물에 대해서는 잔존 가치의 보상을 받을 수 있다.

북한의 토지임대법은 임차인에게 불리하다. 특히 임차인이 임대 계약에서 약정한 기간 내에 총투자액의 50% 이상을 투자하지 않거나 토지를 개발하지 않으면 토지이용권을 박탈한다는 규정을 두고 있다. 이같은 규정은 북한이 인민들에게 토지 이용을 적극적으로 하도록 강조하는 것과 같은 맥락이라고 볼 수 있다.

동독에서는 토지거래가 있었다.
북한은 거래도 저당도 안된다.

토지의 사적 소유가 인정되지 않는 사회주의 국가에서 토지거래는 사실상 불가능하다. 그러나 통일되기 전의 동독에서는 제한적이지만 토지거래가 가능하였다. 국가 소유권에서 협동단체 소유권으로 이전하거나 그 반대의 경우, 협동단체 소유권에 있어서 협동단체 간의 소유

권 양도, 그리고 사소유권에서 다른 형태의 토지소유권으로의 양도가
일어날 수 있었다.

동독 민법은 법률 행위에 의한 토지소유권의 취득과 건물 소유권의
취득을 규정하고 있다. 토지소유권의 양도는 법률행위, 특히 계약에 의
하여 이루어진다. 그런데 토지소유권 양도의 법률행위에는 조건과 기
한을 붙일 수 없었다. 그리고 소유권 양도를 위한 법률행위는 채권행
위와 물권행위를 포괄하는 개념으로서 독일(서독)민법에서와는 달리
물권행위의 독자성을 이해하지 못하였으며 물권행위의 무인성(無因性)
은 동독의 민법에서는 제거되어 있었다.

동독에서는 물권행위의 독자성을 19세기 독일 시민계층의 필요에
의해 생성된 것으로서 소유권의 취득과 신용의 촉진을 도모하고 국가
의 감독으로부터 자유롭기 위한 제도로 이해했다. 그리고 물권행위의
무인성의 제거는 실제의 모습을 보다 정당하게 반영하는 것으로 인식
했다. 물권행위의 독자성을 부인하고 무인성을 제거한 결과 부동산 거
래에 대한 국가의 통제는 보다 쉬어졌다.

토지소유권의 양도에는 다음과 같은 3가지 요건이 필요하다.

우선 토지소유권 양도를 위한 계약은 공정증서로 작성되어야 하며
이러한 방식을 갖추지 못한 계약은 무효다. 이 때 청약과 승낙을 각각
분리하여 공정증서로 작성할 수도 있다. 둘째로는 국가의 토지거래허
가를 받아야 한다. 허가기관은 토지가 임야일 경우 군인민위원회이고
기타 토지는 토지관리행정기관이었으며 행정기관은 군인민위원회의 협
의를 거쳐야 한다.

셋째로는 토지 등기부에 등기가 이루어져야 한다. 등기를 하여야 비
로소 소유권이 이전되었다. 그러므로 소유권 양도에서의 양도 등기는
구성적 효력을 가졌다. 그러나 국가소유토지의 양도 등기에는 구성적
효력이 인정되지 않았다.

그리고 양도 가격은 결정의 가격에 부합하여야 했다. 소유권을 포기하면 국가 소유로 전환되었다.

토지선매권의 설정도 인정하였다. 선매권 설정 계약은 공증을 요하고 국가의 허가를 받아야 했다. 그리고 등기함으로써 선매권이 성립되었다. 이 토지선매권은 양도와 상속이 허용되지 않았으며 국가의 우선취득권보다 앞서지는 못했다.

건물은 원칙적으로 토지의 구성 부분이지만 토지와는 독립된 물건일 수도 있다. 건물이 개인적 이용에 제공된 건물인가 아닌가에 따라 법 규정 내용이 달라졌다. 주말의 집, 휴양용, 여가용 등 동독 시민의 개인적 필요에 제공된 건물은 동산소유권에 관한 법규정을 준용해야 했고, 그렇지 않은 경우는 토지에 관한 법규정을 준용하도록 했다.

개인적 필요에 제공된 건물은 토지이용권이 종료하여 토지이용자가 바뀌면 건물소유권도 함께 이전하였다. 이 같은 경우에 토지이용계약은 서면에 의한 것만 인정됐다. 그리고 건물소유권의 원시취득의 경우에 국영 기업, 국가기관, 기타의 계약에 의해 이용하고 있는 국가소유 토지가 아닌 토지에 건축을 하게 되면 그 건물은 국유에 속하였으며 기존 건물을 현저히 수리를 하게 되면 국유의 공유 지분을 취득하였다.

동독에서는 저당권도 인정되었다. 토지 소유자 또는 건물 소유자가 신용의 담보를 위해 소유 토지에 대하여 저당권을 설정할 수 있었다. 저당권은 보전저당권, 최고액저당권, 건축저당권 등 3가지가 인정되었다.

먼저 저당권의 객체는 토지 또는 건물등기부에 등기된 독립된 건물이었다. 저당권 설정은 토지 소유자와 채권자 간의 서면 계약에 의해야 하고 등기를 해야만 했다. 그리고 저당권 설정 계약은 채권자가 금융기관이 아닌 경우에는 국가의 허가를 받도록 하였다. 금융기관을 위한 저당권 설정의 경우에는 토지 소유자의 저당권 설정의 의사 표시를 공증하거나 설정계약을 공정증서로 작성하면 족했다.

저당권은 주로 저축은행에 대한 신용담보, 농업은행 등에 대한 자기소유 주택 또는 사적소유건물의 건축이나 수리 및 취득 시에 이루어졌다. 그리고 건물저당권의 피담보 채권액이 건물가액보다 많은 경우에는 그 건물은 사실상 국가 소유로 이전되었다.

동독에서의 저당권은 부종성이 강하게 인정되었으며 저당권의 선의취득은 부인되었다. 저당권의 유통은 제한되었으며 서면에 의한 양도계약과 등기에 의해서만 인정되었다. 물론 국가의 허가를 받아야 했다. 저당권의 순위는 저당권 성립의 시점으로 정하였다. 그러나 건물을 위해 신용을 담보하는 건축저당권은 다른 저당권에 우선하였으며 다수의 건축저당권은 동 순위의 효력을 지녔다. 저당권의 실행은 사법적 매각에 의하였다.

북한에서는 토지거래가 법적으로 금지되어 있다. 협동단체 소유를 국가 소유로 옮겨갈 수 있도록 법적으로 규정하고 있기는 하지만 동독처럼 계약에 의한 것이 아니다. 북한의 소유권 이전은 협동단체 구성원의 결의에 의해 국가 소유로 선언하면 협동단체 소유가 국가 소유가 되는 것뿐이다. 다만 토지임대법에서 토지사용권의 양도를 허용하고 있다. 토지임대법에서는 토지에 대한 담보 설정도 토지사용권을 저당권의 목적으로 허용하는 것을 제외하고는 엄격하게 규제하고 있다.

통독 때까지도 살아 있던 2차대전 당시의 동독지역 등기부
불살라졌을 것으로 추정되는 해방 전 북한지역 등기부

동독에서는 분단 이전의 등기부를 그대로 사용했다. 등기제도에 약간의 변화는 있었으나 동독의 등기제도는 분단 이전과 동일한 골격을 유지했던 것이다.

1952년까지 동독지역에서는 구(舊)등기제도가 그대로 유지되었으며 구(舊)법원이 등기소였다. 그 이후에는 비송(非訟)사건과 함께 등기 의무가 군인민위원회로 이관되어 지적관할행정기관에서 등기사무를 관장하였다.

이와 함께 등기부상의 부동산 현상에 관한 표시가 삭제되고 그 대신 지적부가 그 기능을 담당하게 되었다.

등기부에는 토지등기부, 건물등기부 및 세습건축권등기부 등 3종류가 있었다. 등기용지는 4개의 란(欄)으로 구성되어 있었으며 0란은 토지의 현상에 관한 등기란으로서 지적부 관련대장의 해당 번호가 기재됐다. 그리고 제1란은 소유권, 제2란은 이용권 및 취득권(선매권), 제3란은 저당권을 적도록 되어 있었다.

동독에서도 등기의 일반적인 원칙들은 지켜졌다. 우선 공시의 원칙이 관철되어 등기의 공신력도 인정되었으며 토지의 선의취득도 인정되었다. (다만 국가 소유권, 협동단체 소유권 등 사회주의적 소유권에는 선의 취득이 배제되었다.) 또 소유권이나 기타 토지에 관한 권리의 변동을 위해서는 당사자 간의 합의가 있어야 한다는 합의의 원칙이 존중되었으며 당사자 간 합의가 있어야만 등기가 가능하였다.

등기주의와 합법성의 원칙, 특정의 원칙 및 우선주의 등도 적용됐다. 등기함으로써만 토지에 관한 권리의 변동이 생겼으며 등기신청종류에 대한 실질적 심사주의가 취해졌다(합법성의 원칙). 독립한 1개의 토지에 대해 하나의 등기가 이루어지는 특정의 원칙이나 등기의 순위에 따라 권리의 순위가 결정되는 우선주의도 동독지역 등기제도에서 채택됐다.

동독에서는 또 그 지역에서 살다가 서독 또는 해외로 이주한 자의 소유 토지에 관한 관리제도를 따로 두고 있었다. 그 제도에 의해 동독지역의 시민이었으나 동독을 떠나 서독이나 해외로 이주한 자가 남기고 간 토지를 몰수하지 않고 관리했다.

1953년 6월 10일 이후 동독을 떠난 사람의 소유권은 원칙적으로 1952년 이후의 상태 그대로 유지되었다. 그들의 소유권과 기타의 재산은 소유자에 의하여 지명된 대리인, 국가에 의해 임명된 부재자 재산 관리인 혹은 군인민위원회가 임명한 수탁자에 의해 관리되었다.

농지의 경우 1951년까지는 소유자나 소유자에 의해 지명된 대리인, 그리고 점유자도 없을 경우에 한하여 다른 농민에게 임대하거나 국가 소유로 이전되었다. 1952년에는 농업 경영을 위해 수탁자가 지명되었다. 1953년부터는 해외 이주자가 동독으로 되돌아 올 경우 그의 신청에 의해 농지를 반환하였으나 그렇지 않은 경우에는 협동농장에서 무상으로 이용하였다. 국가가 관리하고 있던 토지 등 부동산에 대해 국가 관리를 해제하는 것만으로도 재산은 원권리자에게 반환됐다.

북한에서는 토지등기부를 다 불살라버린 것으로 알려져 있다. 토지 관리를 위한 토지관리 대장이 있을 것이나 토지개혁 이전에 원소유자를 가릴 만한 등기부가 북한에 남아 있지 않을 것으로 여겨진다.

북한은 또 개인에게 토지소유권이 인정되지 않았을 뿐만 아니라 북한을 탈출한 자의 개인 소유도 전부 몰수한 것으로 알려져 있다.

제7장 통일 한국의 토지제도

독일의 경험은 우리에게 두 가지 점을 시사한다. 독일 통일의 사례는 한반도에도 적용 가능하다는 사실이다. 그러나 적용할 수 있는 범위는 극히 제한적이라는 점도 독일이 알려주는 내용이다.

독일 통일의 역사와 통일 뒤에 나온 경제사회적 현상들 가운데 우리가 참고해야 될 점은 각종 부작용들이다.

한반도의 통일에서 부작용을 최소화시키려면 우선 부작용의 정체를 밝혀 내야 한다. 한반도의 통일 과정에서는 독일보다도 더 많은 부작용이 나타날 수도 있다. 독일은 2차 세계대전 후 연합국에 의해 철저히 전범(戰犯)이 가려져 처벌하였지만 한국의 경우는 친일부역자들이 남아 있다. 통일은 과거 청산을 강제하는 방아쇠 역할을 한다면 통일의 과정을 가로막는 세력들은 더욱 기승을 부릴지도 모른다.

독일 통일이 주는 교훈

독일 통일 후 독일 정부는 동독지역의 개발을 통해 동서독의 균형 발전을 도모하기 위해 여러 가지 시책을 운용하였다.

우선 동서독 근로자간의 임금 격차를 해소하기 위해서 동독지역에 산업별 노조를 결성케 하고 서독과 같은 임금교섭방식과 임금인상 결정방식을 도입토록 하면서 동독지역의 임금 인상률을 서독보다 높게 책정하였다. 이러한 조치에 따라 동독 주민이 서독으로 이주하는 비율이 감소하는 긍정적인 효과를 얻었다. 그러나 업종별로는 임금 인상률이 다르게 결정됨으로써 문제를 낳기도 했다. 건설업, 상업, 서비스업종의 임금상승률은 평균 상승률을 웃돌았으나 농림업, 광공업의 인상률은 크게 낮았다.

또한 동독지역의 임금이 인상되었으나 실업이 발생함에 따라 동독지역의 전체 평균 소득은 통일 이전보다 오히려 낮아졌다. 즉 임금 인상→경쟁력 약화→기업 도산→실업 발생이라는 메커니즘에 따라 동독지역의 실질소득 증대와 생활수준 향상이라는 목표는 실현되지 못했다.

동독지역의 사회간접자본시설의 낙후와 생산 시설의 노후화로 인하여 설비 개선과 신규 건설을 위한 대규모 투자가 필요하게 되었다. 이에 따라 독일 정부는 동독지역의 세액을 공제하거나 감면하고 신용대출을 허용하며 서독 내 기업의 연구개발 투자비의 5%를 동독지역에 우선 투자토록 하는 등 통일 초기에 대량 투자를 유도하기 위한 투자 지원시책을 적극적으로 추진했다. 아울러 민간부문이 사회간접자본시설에 투자할 경우 투자액의 90%를 정부가 지원하는 제도도 마련하였다.

이러한 시책에 따라 동독지역에 대한 투자 규모가 증가하고 중소기업을 중심으로 기업의 창업이 활성화되었다. 그러나 동독지역의 임금

인상률이 서독지역보다 높았기 때문에 투자 지원금이 임금인상분으로 전용되는 현상이 나타나 지원 규모에 비하여 파급효과는 기대에 미치지 못하고 있다.

서독은 통일비용을 '동독지역의 통화, 경제, 사회적 통합이 착수된 지 10년 내에 서독의 경제력, 경제수준, 생활수준, 또는 소득수준까지 도달하기 위한 기반 조성에 소요되는 비용'으로 보고 그 추계를 위한 항목으로 동독지역에서의 사회간접자본시설 확충, 사회보장제도 실시를 위한 지원, 생산력 증대를 위한 설비투자 등을 감안하여 산정하였다. 그리고 통일비용의 조달을 위한 재정정책상의 주요 내용으로 각종 세율의 인상, 재정 지출 규모의 축소와 차액분의 통일비용 전용, 정부 보유자산 매각, 재정차입, 별도의 조세원 발굴을 통한 통일기금조성으로 되어 있다.

이러한 정책에 따라 동독지역에 대한 정부의 순지원 규모는 크게 증가하였으나 재정지출 규모 축소효과가 미흡하고 재정적자 규모는 증가하고 있어 서독 주민들의 불만이 팽배라는 부작용을 낳고 있다.

독일 연방 정부는 구동독지역에 대한 경제안정화시책도 병행하였다. 직업훈련 강화, 단축노동수당제 확대, 연금지급규정 강화 및 고용창출을 위한 각종 제도를 도입하였으며 고용수준 유지에 중점을 두어 국유기업의 민영화를 추진하였다.

또한 총수요 증가에 따른 통화 팽창을 사전에 방지하기 위하여 총통화 증가율을 하향조정하고 금리인상조치를 단행하였다. 이러한 조치에 따라 고용이 안정되어 단기적으로는 고용구조 안정에 기여한 것으로 분석되고 있으나 국유기업의 민영화 실적이 부진하여 고용이 충분히 창출되지 못하고 고용문제를 둘러싼 노사간의 견해 차가 첨예화되는 문제점이 나타나고 있다. 또 이자율이 인상됨에 따라 상품 가격이 오르는 역효과가 나타나고 있다.

독일 통일의 경험은 남북 통일 직후에 다음과 같은 문제들이 나타날 수 있음을 경고한다.

◇ 구매력을 둘러 싼 사회적 갈등 : 남한 주민들은 실업의 증가, 불만 족스러운 임금 인상률, 금리 및 조세부담의 증가, 총수요 증가에 따른 통화팽창과 실질 구매력 저하라는 문제를 안게 된다. 북한 주민들은 낮은 노동생산성을 극복하기 전에는 충분한 임금을 지급 받기 어려울 것이다. 북한 주민에게는 또 기초생산 체계의 붕괴, 산업구조의 조정, 새로운 가치 체계와 계약사회로의 이행이라는 혼란을 경험하게 될 것 이다. 남북 통일에 대한 기대 욕구가 크면 클수록 불만도(不滿度)는 정 비례해서 증가할 것이다. 기대욕구와 격차에 따른 불만을 갖게 될 것 이다. 남북 간 주민들의 이러한 불만은 통일 한국 사회의 커다란 사회 불안 요인으로 자리잡을 가능성이 높다.

◇ 지역 주민 간 이념 차에 다른 사회적 갈등 : 반세기 동안 서로 대 립된 이념 체계 속에 살아 온 남과 북의 주민들은 정치제도나 경제 체 제가 통일되더라도 상당기간 지속적으로 이념적 갈등을 노출할 것으로 판단된다. 이러한 이념적 갈등이 남과 북이라는 지역적 차이와 연결된 다면 새로운 형태의 지역 간 대립으로 비화될 가능성이 있다. 또한 남 쪽의 고소득계층이 북한지역에 진출하였을 경우 상호 가치관과 윤리관 의 차이에 따라 사회적 위화감이 조성될 가능성도 있다.

북한지역의 저임금 노동력이 남한노동시장에 대규모로 유입될 경우 실직에 대한 위기감과 통일에 따른 사회적 기강의 해이에 따라 극우파 폭력집단이 대두될 가능성이 크다. 독일의 경우에서 나타난 나치즘의 두각은 통일 한국의 사회적 혼란기에 경계해야 할 중요한 사회 불안 요인의 하나로 판단된다.

◇ 남한 도시로의 인구 유입과 체제 붕괴에 따른 실업:북한 노동력의 남한 유입은 북한지역에 고임금 정책과 남한지역의 고용안정화정책으로 억제가 가능할 것이다. 그러나 군사적 대립 해소에 따른 군비 감축과 군 병력 감축 그리고 두 체제가 체제의 유지를 위해 설치했던 각종 조직의 구성원은 기본적으로 실업 위기에 직면하지 않을 수 없다.

1991년 기준으로 남북한 합쳐 165만 명의 정규군 병력을 유지하고 157억 2,000만 달러의 예산을 은용했던 군사 분야 및 체제 유지 조직은 상당한 수준의 감축이 불가피하다. 물론 통일 후 사회적 안정을 위한 치안인력 수요, 독립된 국가로서 체제 유지의 필요성 및 동북 아시아의 새로운 강국으로서의 방위 요구를 감안할 때 군사력의 대폭적인 감축은 비현실적인 측면이 없지 않다.

그러나 21세기의 무기 체계가 점차 첨단화될 것이 확실시됨으로 병력의 감축은 불가피한데 통일 후 약 100만에서 120만 명 정도의 병력이 감축된다고 할 때 이들을 수용할 수 있는 일자리가 제공되지 않을 경우 새로운 공단의 조성과 농촌의 개발을 통한 인력 흡수가 반드시 뒤따라야 한다.

◇ 북한지역의 토지문제:토지의 국유화와 이용권의 중앙 통제방식을 구사했던 사회주의 경제 체제가 붕괴되고 사적 소유에 근거한 자유주의 시장경제 체제가 도입되면 토지의 소유 및 사유에 관한 문제가 제시된다. 또한 북한의 토지개혁과 분단 및 전란에 따라 토지소유권을 포기 당했던 월남 피난민이 제기하게 될 토지소유권 반환 청구가 뒤따를 것으로 예상된다.

독일의 경우, 재산권 반환 신청이 약 200만 건이었고 그 면적은 동독 총면적의 약 3분의 1에 이르고 있다. 이러한 토지를 둘러싼 분쟁을 해결하기 위해 명확한 기준이 마련되지 않는다면 원토지소유자와 현토지소유자 간의 분쟁, 국가소유토지에 대한 무단점유, 북한지역 토지에 대한 남한의 유휴부동산 투기자본 유입, 토지이용계획 수립의 비효율 등이 초래될 것으로 보인다.

◇ 개발소외지역의 문제:한국의 경우, 서남부지역 및 강원도 일부 지역의 개발이 상대적으로 낙후되어 있어 3차 국토개발종합계획에서는 이들 지역에 대한 개발이 계획되어 있다. 그러나 통일에 따른 북한지역에 대한 투자가 우선하게 되면 재원 부족에 따라 개발계획이 크게 축소되고 이에 따라 지역개발 격차가 계속될 것으로 전망된다.

북한의 경우도 양강도, 자강도, 산간지대는 개발낙후지역으로 남아 있다. 이 지역은 별다른 개발유인 요소가 존재하지 않고 있기 때문에 통일 후에도 개발낙후지역으로 남게 될 가능성이 있어 통일에 따른 지역 주민들의 개발 요구가 대두될 것으로 전망된다.

◇ 공해산업 배치와 환경기준에 대한 문제:통일 후 북한지역의 집중적인 개발에 따라 대규모의 공단이 들어설 수밖에 없다. 특히 북한의 자원과 노동력을 활용하기 위한 산업은 공해유발산업이 되기 십상이다. 지역 주민들뿐만 아니라 반핵(反核)단체, 환경단체들이 공해산업 및 원전 등의 건설에 대하여 강한 거부감과 공해추방운동이 벌어질 것에 대한 대비책도 필요하다.

또한 분단 시 남과 북의 환경관리 기준이 독자적으로 운영되면서 한반도 전체의 환경수준이 저하되어 왔다. 그러나 통일이 되면 한국의 공해판정 기준이 북한의 생산시설에 적용될 때 새로운 문제점이 생길 것으로 보인다. 즉 석탄을 주요 에너지원으로 삼고 있으며 생산설비도 상당히 노후 된 북한의 공장은 상대적으로 엄격한 한국의 공해판정 기준에 적용하기 어려울 것으로 판단되어 생산 설비 교체 및 공해방지 시설의 설치에 따른 새로운 부담이 예상된다.

토지제도 정비의 걸림돌들

50년 동안 남북한의 두 체제가 경험해 온 이질적인 문화를 극복하는 작업은 앞에서 보았듯이 숱한 장애물을 넘어야 한다. 북한의 토지제도를 남한의 체제를 바꾸거나 남북한의 토지제도를 함께 정비하는 작업이 문화의 충돌을 유발할 가능성도 배제하지 못한다. 토지는 개인의 삶, 체제의 질서를 함축하고 있기 때문에 단절된 50년의 세월 동안 농축된 갈등구조는 토지문제로 표출될 수도 있다.

현재 남북한의 토지제도와 관련 동독의 경험을 중시하는 상당수의 학자들은 토지 등 국유재산을 사유화시켜야 된다는 주장한다. 그러나 사유화는 아직 완전한 검증이 끝나지 않은 하나의 방법론일 뿐이다. 게다가 동독과 북한의 토지제도의 차이, 서독과 한국 간의 토지제도의 차이 등을 감안한다면 동독의 경험을 한반도에 직접 접목시키기가 어려움은 자명해 진다. 설사 사유화를 택한다고 해도 방법론이 남는다.

그 동안 소유권을 억류당한 북한 주민에게 단순히 되돌려 주면 된다는 소박한 생각을 가질 수도 있다. 그러나 모든 토지가 개인이 가질 수 있는 성질의 것이 아닌 데다가 북한 주민들에게 일률적으로 똑같이 땅을 나누어주는 데도 문제가 있다. 나누어 가진 토지를 팔아 치우고 자산이 없는 계층으로 남을 사람들도 가정해 보아야 한다. 북쪽 주민들에게 나누어 준 토지를 노리는 남쪽의 투기자금도 경계해야 한다.

북한의 경우 일상생활을 위한 주거, 의료, 교육, 식량 등의 서비스가 정부나 공공기관에서 공급되어 왔다. 북한의 주택은 국가에 의해 건설, 관리되어 왔으며 소유도 국가 소유이다. 북한 주민들은 계층과 직위에 따라 특호부터 1호까지 5가지 유형의 주택을 임대형식으로 할당 받아 이용하고 있으며 상징적일 정도로 소액의 임대료를 지불하며 살고 있다.

따라서 일부 소모품을 제외한 북한 주민의 개인적 재산은 전무한 상

태라고 봐야 한다. 이에 반해 남한은 극히 일부분의 기능을 제외하고
서는 대개 사적인 영역에서 요금을 받고 이들 서비스가 제공됐다. 남
한의 주민들은 적지 않은 규모의 개인 자산을 이미 축적한 상태라고
할 수 있다. 남북한 주민 간에는 재산의 축적상태나 구매력에 있어 현
격한 차이가 있을 수밖에 없다. 특히 남한의 경우, 근로로 인한 소득보
다는 재산으로 인한 소득이 높게 나타나기 때문에 남북한 주민 간의
재산 축적의 차이는 소득의 차이로 나타나게 된다. 현재의 재산축적
과정이 통일 이후에도 이어진다면 남북한 주민 간의 소득과 생활의 격
차는 해소될 가능성이 극히 희박해 질 수밖에 없다.

토지시장이 존재하지 않는 북한지역에 각종 하부시설 및 공공투자
가 이루어지면서 사유화가 동시 진행될 경우 급격한 지가상승이 발생
할 가능성이 있다. 남한의 투기자금뿐만 아니라 눈치 빠른 북한 주민
들도 토지가 주는 불로소득을 챙기려 들 것이다. 투기행위를 방치하면
엄청난 개발이익이 사회의 부담으로 남게 되며 남북한의 하부구조를
건설하기 위한 투자비, 다시 말해 통일비용을 급상승시킬 우려도 있다.

이같이 사유화가 각종 사회경제적 부작용을 유발시킬 것을 번연히
알면서도 사유화를 택한다면 사전에 대비책을 세워 놓아야 한다는 사
실은 자명해 진다. 이에 대한 사유화 지지자들의 대답은 간단할 것이
다. '사유화를 시키되 사유화에서 초래되는 문제를 최소화시키는 방안
을 모색한다.'는 것이 사유화를 지지하는 주장들의 원칙으로 자리잡게
될 것이다.

따라서 북한 토지를 사유화시킨다고 전제할 때 사유화 프로그램은
적어도 △소유권 개념의 정립(절대소유권, 이용권/개발권의 분리) △
사유화 대상 토지의 검토 △사유화 방식(현 이용자에 유무상 양도, 원
소유권회복, 입찰, 경매) △사유화 추진의 시점 및 단계화 △사적 소유
토지에 대한 토지조세방향(토지평가의 원칙 설정) △사유화대상 토지

의 난개발 방지대책 등은 포함하고 있어야 한다.

한반도 토지정비 작업의 과제들

이 같은 문제들을 뒤쫓다 보면 남북한 토지제도의 정비 과정에서 다루어야 할 과제가 도출된다. 우선 토지소유권 체계를 재구성해야 된다. 사적소유 및 국공유의 적절한 배합을 유지하고 소유권과 임차권을 분화시켜 토지정책을 다양하게 펼 수 있는 기반을 조성해야 된다. 여기서 더 나아가 토지의 이용권도 현재 이용권과 향후개발권으로 나누고 사적 소유의 대상을 현재 이용권에서 국한시키는 장기적인 방안도 제시되어야 한다.

북한 주민에게 자산축적의 기회를 부여하는 것도 과제이다. 북한 주민의 자산이 축적되어야 이동하지 않고 현지에 정착하게 된다. 이는 급격한 남한 유입을 방지하여 도시문제가 심화되는 것을 막는 길이며 지 국토관리전략에서 '지역별 인구'라는 변수를 최대한 줄이는 지름길이기도 하다. 남북한 주민 간의 개인 재산이 어느 정도 균형을 맞추도록 북한의 국유 재산 중 사유화대상은 북한 주민에게 우선 배분되도록 배려해야 된다. 남한 주민에 의한 투기적 토지취득은 철저히 봉쇄해야 됨은 물론이다. 그러나 이것으로 족하지는 않다. 남북한 간 토지시장의 숙성도, 토지시장에서 형성된 토지가치의 차이가 워낙 크기 때문에 북한 주민에게 북한지역의 토지소유권을 우선 배분하더라도 남북한 주민 간의 재산과 소득상의 격차가 해소되기 어렵다는 실정을 ·감안해야 한다.

남북한 간에 서로 다른 토지의 용도지역 구분이나 토지이용 체계를 통합시키는 작업도 시급한 과제이다. 또 이 같은 토지이용 체계의 개편 시에는 북한의 용도지역 구분을 남한 방식에 짜 맞출 것이 아니라 남한의 방만하면서도 규제 일변도인 토지이용 체계를 점진적으로 단순화시키는 방안에서 전면 재검토할 필요도 있다.

토지이용 체계가 정비되기 전 남쪽의 제도를 통일 초기 당분간 북쪽에 원용할 것인가는 이해득실이 확실치 않다. 기존의 계획 체계를 정비하는 초기부터 철저한 계획을 세워 국토의 효율적인 이용방안을 마련해야 한다. 이를 위해서는 통일 직후 북한 내 토지에 대한 일제조사와 토지기록 정비작업을 실시, 지적(地籍) 체계를 조속히 복구시키고 남북한 간에 토지소유와 이용, 거래, 물리적 특성 등의 정보를 전산 처리하는 통합 부동산 정보망을 조기에 구축할 필요가 있다.

그러나 남북한 간의 토지분류부터가 판이하게 틀리기 때문에 북한의 토지이용실태에 대한 자료를 100% 얻어낸다손 치더라도 남북을 자료상으로 평면 비교할 방법은 전무한 실정이다. 때문에 학계와 연구소에서는 인공위성 관측사진을 활용하는 방안을 신중히 검토하고 있다. 위성사진으로는 도시지역 내의 녹지지역과 실제 도시용도로 이용하는 지역을 구분할 수 있으며 국토개발연구원의 개발한 위성사진 식별시스템으로 토지이용상태를 손쉽게 파악할 수 있다.

북한 토지의 사유화 방안

북한의 토지를 사유화시킨다면 북한 토지가 주민지구토지, 농업토지, 산림토지, 수역토지, 특수토지로 구분 관리되고 있음을 감안 관리방안을 별도로 마련하는 것이 합당하다. 북한 토지를 사유화시킬 경우에 있어서도 사유화방안은 토지 종류별로 별도로 검토되어야 한다. 북한의 토지에 활력을 불어넣기 위해서는 시장원리가 적용되는 토지시장이 형성되어야 하며 소유권이든 제한적인 이용권이든 간에 토지상품이 시장에서 유통되어야 한다. 이는 어떤 방식으로든 북한 토지의 사유화가 일정 부분 불가피함을 의미하게 된다.

사유화조치를 취한다면 첫 단계는 주택 및 부속토지, 농경지 등 주민의 생활에 직접적인 터전이 되는 토지를 우선대상으로 삼고 산림지와 미개발 도시토지 등은 선별적으로 사유화대상에 포함시켜야 한다. 주택이나 상가 공공건물 등을 건설할 수 있는 도시적 용지에 해당되는 주민지구토지와 산업토지 중 공업용지를 제외한 건축물 부속토지는 각각 해당 건축물의 사유화방식에 따라 토지의 사유화를 추진하는 것이 합리적이고 편할 것이다. 그러나 주민지구토지와 산업토지라 하더라도 아직 개발되지 않은 미개발토지는 국유상태를 유지하여 도시계획이나 조세제도가 확립되기까지에는 임대권을 포함, 사유화조치를 유보하는 것이 바람직하다는 견해도 있다. 이는 남한에서 기업이나 개인이 미개발 나대지를 구입한 후 이용하지 않고 방치, 유휴토지가 토지관리의 문제로 등장해 있음을 감안해야 된다는 주장이다.

제도적 기반이 정비되기 이전 단계에서는 도시별로 미개발지 중 개발우선지역을 지정하여 일정한 개발 조건을 제시한 후 공개경쟁에 의한 방법으로 필지를 민간에게 장기임대하는 방안도 고려해 볼 수 있다.

농업토지는 협동농장이나 농장원들의 자율적인 의사결정에 따라 국영농장을 직접 영농법인으로 전환하거나 또는 농장을 해체한 후 조합원에게 경지를 분배하는 방식을 택하도록 하는 것이 바람직하다. 영농법인의 지분 분배나 개별적인 농지의 분배 때에는 근속연수 등 기여도를 고려하는 것이 타당하다. 텃밭 등 그 동안 개인이 경작권을 갖고 있던 농지는 현 경작자에게 일정 기간 동안 임대해 준 후 무상 분배하는 방식이 온당할 것으로 여겨진다.

산림지는 일단 국유상태를 유지하고 토지일제조사를 거쳐 국토이용계획을 수립한 후에 사유화대상 토지를 결정한다. 국토이용계획에서 준농림지역 등 개발가능지로 편입되는 지역에 한정하여 사유화조치를 취하고 필요시에는 공개경쟁방식에 의해 채택한다. 국토이용계획의 수립 이전에 이들 지역에 대해 민간 단독의 투자사업은 불허하고 국가계획에 의해 민간투자를 필요로 할 경우에도 토지를 민간에 직접 매각하는 방식보다는 장기 임대방식을 채택함으로써 토지취득을 목적에 둔 투기자금의 유입을 차단해야 된다. 이밖에 수역토지나 특수토지는 국유상태를 유지하도록 한다.

소유권의 배분방식은 주택이나 상업시설 등 건물 종류별로도 다르게 하는 것이 합당할지도 모른다.

우선 삶의 가장 기본적인 터전인 주택의 경우, 현 거주자와 임대계약을 맺고 5~10년 동안의 임대기간 후 소유권을 현 거주자에게 이전하는 방안을 고려해 볼 수 있다. 이 같은 방식을 택할 경우 주택임대료는 평균소득의 일정 비율을 넘지 않도록 배려해야 한다.

생산 및 영업시설의 경우는 동구에서 시행되어 온 쿠폰분배방식이나 종업원지주제 등을 통해 북한 주민의 자산 축적을 도와줄 필요가 있다. 북한의 국영 기업을 직접 매각 처분하는 경우에도 쿠폰분배나 종업원지주조합에 일정한 주식 지분을 나누어주고 일반 투자자에게는 그 나머지만 매각하는 방식을 채택하는 것이 좋다. 이 밖에 가게 등 소규모 영업시설의 사유화 시에는 해당 행정구역 거주자에 한해 취득 자격을 부여한다면 투기자금을 차단하는 효과를 거둘 수 있을 것이다.

북한 주민에게 자산 축적의 기회를 주어야 한다.

북한 주민들은 개인 재산을 마련할 기회를 봉쇄 당해 왔다. 때문에 통일 후 북한 주민에게 국유재산을 무상 또는 저가 유상으로 분배하여 남북한 주민 간 사적자산보유의 균형을 어느 정도 유지시키는 것은 정치사회적으로 매우 중요하다. 북한 주민의 재산권 형성은 남북한 주민

간에 부의 균형을 맞추는 것 이외에 국토이용측면에서도 의미가 있다. 국유재산의 사유화 및 분배 과정에서 북한 주민에 우선권을 부여하는 동시에 처분권을 제한하는 방법으로 북한 주민의 급격한 남한 이주를 방지하고 통일 당시의 인구를 기준으로 국토계획이나 도시계획을 수립할 수 있기 때문이다.

현재 남한의 사유자산 중 절반 정도가 토지자산으로 추정된다. 이는 경제통합 시 토지자산의 분배 방식이 북한 주민의 자산보유구조에 결정적인 역할을 하게 됨을 의미한다. 또 남한의 토지는 국가나 타인의 간섭이 배제되어 있는 완전한 소유권, 절대소유권이 다. 북한 주민들에게 소유권을 양도하자는 주장에 선 학자들도 대부분 무상 또는 유상으로 분배해 주는 소유권에 일정한 제약을 가해야 된다는 필요성을 제시하고 있는데, 남쪽에서는 절대소유권을 향유하고 있는데 북한의 주민에게 토지를 분배하고 나서도 일정한 제약을 붙이는 것은 공평하지 못하다는 주장도 있다.

투기자금의 북한 유입을 막기 위해서는 종합적인 국토관리계획과 체계적인 정비 작업이 이루어지기 전에 일정 기간 동안 북한의 전 지역을 특별관리지역으로 지정하여 토지거래를 원천적으로 규제하는 것이 불가피할지도 모른다. 투기자금의 차단도 문제이지만 북한 주민들을 시장경제 체제에 적응시키기 위해서는 일정한 기간 동안의 훈련이 필요하기 때문이다. 이 같은 유예 기간이 설정되지 않는다면 시장경제 체제에 익숙하지 못한 북한 주민이 사유화된 토지를 조기에 매각하고 거주지를 이탈할 가능성도 높으며 남한의 천민자본주의에 쉽게 물들어 버려 자본주의의 질서나 자본주의의 윤리를 한반도에 착근시킬 절호의 기회를 상실할 수밖에 없기 때문이다.

북한을 특별관리구역으로 지정한다면 △모든 부동산 거래에 대한 허가제와 △임대주택의 사적거래금지 △사유화된 주택의 매매는 실 거

주자에 한해 허용 △소규모 영업시설은 해당 행정구역 거주자에 한해
매매허용 △농경지는 실제 경작자에 한하여 매매 허용 △도시 내 미개
발지의 사유화조치 제한 △임대토지의 재임대 불허 등의 관리방안이
시행되어야 한다.

토지시장이 어느 정도 형성되면 조세 체계와 국토이용계획, 도시계
획 등으로 투기와 난개발에 방지대책을 마련된 후 특별관리지역지정을
해제하게 된다. 이후 남북한은 통합토지제도로 들어가게 된다는 것이
북한지역을 일정 기간 동안 특별관리하는 프로그램이다.

남(南)은 소유권, 북(北)은 임대권 시장으로 분리해 볼 수도 있다.

북한 토지의 계획적 이용 및 보전대책을 마련하기 위해서는 1차적으
로 북한 전역에 대한 국토이용계획이 수립되어야 한다. 국토이용계획
에는 북한지역의 낙후된 사회간접자본시설의 건설과 주택 및 생활기반
시설의 건립, 촌락의 정비, 도시의 재정비, 환경보전 원칙 등이 담겨지
게 될 것이다. 그러나 엄청난 규모의 개발자금이 소요되는 만큼 개발
수요를 합리적으로 추정한 뒤 단계적으로 시행에 옮겨가야 부작용과
미비점을 최소화시킬 수 있다.

국토이용계획의 수립을 위해서는 토지등록대장과 토지이용허가정리
부, 지적도 등 북한의 토지문건을 종합검토하여 이용 가능성을 사전
점검해 두어야 한다. 필요할 경우에는 북한지역에 대한 토지일제조사
를 실시하여 지적공부를 복구시키는 작업이 선행되어야 할 것이다.

한편 통합과정에서의 전반적인 국유재산의 사유화업무를 전담할 특
별기구를 설치 운용해야 할 것이다. 재경원, 건교부, 통일원, 법무부,
통산부 등 유관부처의 기능을 부분적으로 총괄하는 '토지관리청'(가칭)
을 설립, 토지의 사유화업무를 담당시키는 것이 효율적이다. 토지관리

청은 남북 통일 전에 설치하는 것이 효과적일지도 모른다. 현재 재경원과 각 부처에 분산되어 있는 국유지 관리업무를 일원화시키고 통일에 대비하여 국유지 관리방안을 검토하는 조직이 일찍 가동한다면 토지관리부문에서 예측 가능한 문제들을 조기에 걸러낼 수 있을 것이다.

북한지역의 주민들에게 소유권을 분배하여 개인의 재산으로 전환된 부동산에 대해서는 통상적인 토지관련 조세가 부과되어야 한다. 이용권을 불하 받은 주민들도 마찬가지이다. 그것이 국민개세주의의 원칙에도 부합된다. 그러나 북한지역의 종합토지세 및 재산세는 평가 체계 등 토지행정 체제가 정립되고 북한 주민들이 조세부담능력을 가질 때까지 일정 기간 면제할 수밖에 없을 것이다. 조세를 부과하고자 해도 북한지역 주민들의 부담 능력이 없다면 조세부과조치가 쓸데없는 저항만 유발할 가능성이 높다. 북한 주민에게 국유재산을 양도 시에는 취득세를 면제하고, 양도된 국유재산을 처분할 경우에는 최초의 거래에 한해 양도소득세의 징수를 유예하거나 면제하는 조치가 이루어져야 한다. 토지 관련세제를 적용할 경우 우선 도시지역에 시범 적용한 뒤 이를 농촌토지로 확대해 가는 단계적 조치가 필요하다.

북한의 토지문제는 북한지역 토지만으로 해결할 수 없다

통일 이후 토지와 관련 북한지역에서 생길 수 있는 부작용은 투기자본의 유입 외에도 국유토지의 불법점거, 불법분할, 북한 주민의 토지로부터의 유리, 원토지소유자와 현 토지이용자 간의 분쟁 등이다.

이 같은 문제들은 북한의 토지만으로 다스릴 수는 없다. 결국은 한반도의 토지를 전체로 관리하여야 토지문제를 해결할 수 있다. 북한의 토지를 효과적으로 관리하면 남한의 토지가격 앙등을 당장 억제할 수 있다. 마찬가지 맥락에서 남한의 토지관리에 실패하면 그 영향은 당장 북한지역으로 파급된다. 이는 통일 후의 토지관리대상이 북한지역에 국한되지 않음을 의미한다.

시장메커니즘에 의한 토지효율의 증대를 토지관리 측면에서 십분 고려해야 되지만 토지가격의 안정이나 토지에서 유발되는 소득의 배분에도 효율성 못지 않게 비중을 두고 다루어야 한다. 토지가격이 안정되면 상품 생산비에서의 토지가격비율을 최소화시켜 상품의 국제 경쟁력을 확보할 수 있다. 사회간접자본 건설비용을 줄이는 첩경도 토지가격의 안정에서 찾아진다. 이는 북한지역뿐만 아니라 한반도 전체에 통용된다.

북한 토지에 대해 사유화 방안을 도입해야 된다는 주장이 다수를 이루고 있음은 사실이나 사유화가 절대적인 방안은 아니다. 우선 사유토지를 골간으로 하는 남한의 토지정책을 재검토하지 않은 채 이를 북한지역에 그대로 원용하는 것은 옳지 않다. 남한의 토지관리 체계가 바뀐다면 남한 주민의 재산 형성도 달라진다.

이를 감안하여 남한과 북한에서 색다른 토지정책을 펼친 뒤 경제사회에 보다 효과적인 것으로 입증되는 토지제도를 전국으로 확대하는 방안을 모색하자고 제안하는 학자들도 있다. 이 같은 주장에 따르면 남한 지역에서는 사유토지를 골간으로 토지정책을 펴되 토지세를 강화하여 토지로부터 얻는 불로소득을 철저히 차단하고 북한지역에서는 국공유제를 골간으로 토지 체계를 구축하되 토지임대시장을 활성화시켜 토지의 효용성을 높여 나가게 된다. 세제에 있어서도 남쪽은 재산세를 징수하게 되며 북한의 토지임대시장에서는 임대료가 사실상 재산세 역할을 하게 된다. 한반도의 토지시장이 소유권시장과 임대시장으로 나누어진 상태에서 두 체제가 병합 운영되더라도 토지시장의 시장메커니즘을 해치지 않을 것인지 여부는 좀더 검증이 필요하다.

이와 함께 토지의 사유화와 북한 토지의 매각이 추진된다면 사회간접자본의 설치에 가장 유리하고 토지매각대금이 북한의 지역사회에 쓰일 수 있는 방향에서 추진되어야 한다는 주장도 있다.

이 같은 주장들을 감안한다면 원칙적으로 북한지역의 기업소와 협동농장 및 이용자가 분덩한 토지소유권은 일정 기간 북한지역 주민 및 원토지소유자가 함께 참여하는 조합에 귀속시키고 개별 기업이나 개인은 토지의 사용권을 조합으로부터 임차 받는 방식을 도입하는 방안이 온당할 것으로 보인다. 이 때 토지관리를 맡은 조합 등은 토지세와 비슷한 성격의 토지임대료를 징수, 국가나 지방자치단체에 납부하는 역할도 맡게 될 것이다.

남북한의 토지 체계를 이원화시키거나 북한지역 주민에게 절대소유권을 부여하는 것을 일정 기간 동안 제한한다면 남한의 토지 관련세제를 대폭 강화, 부동산투기를 억제하는 것은 물론 토지로부터 얻는 부가가치가 불로소득 전환되는 길을 차단하여야 한다.이 같은 조치가 강력하게 시행될 경우 북한지역에 절대소유권이 부여되지 않더라도 형평에 크게 위배되지는 않을 것으로 관측된다. 그리고 토지에서 징수된 세금 중 일정 부분을 통일비용으로 조성, 북한지역의 하부구조를 건설하는 비용으로 충당하는 방안도 모색해 볼 수 있다. 남한의 토지 관련 세제가 강화되면 상당수의 생산 시설이 값싼 공장부지 등을 찾아 북한지역으로 옮겨가게 되어 북한지역의 생산시설 확충과 고용을 확대시키는 부가효과도 거둘 수 있다.

만약 북한지역에 토지 등 부동산의 소유권을 배분하지 않고 임대 체제로 나간다면 공장부지 등 생산기반이 되는 토지의 경우에는 용도를 변경하지 못하도록 하고 일정 유예기간(약 5~10년)이 지난 후에는 임대료를 부과하는 방식을 채택한다. 30~50년 단위로 토지와 건물의 이용권을 갱신토록 하되, 이용권을 계속 연장시켜 준다는 보장을 원칙으로 삼는다면 기업의 생산활동에는 차질이 미치지 않을 것이다. 그러나 기업이 불법전대를 일삼거나 토지를 생산활동에 사용하지 않고 방치하는 행위를 억제하기 위해서는 용도변경과 임대기간을 제한할 수밖에 없다.

또 통일 이후 북한지역에 공급되는 주택들은 공공기관에서 조성한 택지에 건물을 지어 임대하는 방식이 채택되어야 한다. 이 같은 조치는 주택시장은 물론 전반적인 부동산 가격을 안정시키는 데 기여할 수 있다. 농지의 경우에는 현지 농민이 계속해서 농업을 할 수 있도록 하며 생산물은 자유롭게 매매할 수 있도록 보장해 주어야 한다. 일정 기간이 지나 어느 정도 경제력을 지닐 경우 농지에 대한 임대료를 부과하고 경작권의 자유로운 매매는 인정하도록 한다.

물론 이같이 임대제도를 골격으로 한 토지제도는 통일 후에도 북한지역에 사회주의적 토지제도가 유지된다는 반론이 제기 당할 가능성이 높다. 그러나 임대제도는 토지가격의 안정과 사회간접자본투자의 용이, 공단 등 산업지대의 효율적인 배치 등에서 유리하기 때문에 북한의 토지제도를 결정하는 데 있어서 개인의 권리뿐만 아니라 민족 전체적인 관점에서 다루어져야 한다.

스웨덴 스톡홀름 시는 제2차 세계대전 이후 스톡홀름 지역에 대한 인구 유입으로 인해 심각해진 주택문제를 해소하기 위해 토지를 매입, 공공토지보유를 늘여 나갔다. 그 결과 1966년 시 정부는 총면적의 74%를 소유하게 되었고 그 중 주거용 임대토지 면적은 도시면적의 23.3%로 전체주거용지의 53.9%에 해당되는 면적이었다.

공공토지에 건설된 건물의 임대보유(공공임대보유)로 평균 토지가격 지수가 평균 소비자 물가지수를 밑도는 토지가격의 안정 효과를 가져오고 개발이익의 사유화를 방지하여 개발이익의 환수제도를 달리 마련할 필요가 없게 됐다. 또 공공의 토지보유에 의한 계획적인 통제는 도시 구조를 개편하고 적정한 토지이용을 유도하는 데 중요한 원천이 되고 있다.

토지의 국공유화가 주는 장점은 싱가폴의 경우에서도 발견된다. 싱가폴은 말레이지아 연방에서 독립한 후 지속적인 토지의 국유화조치를 단행하여 94년 현재 국유화율은 93%에 이르고 있다. 싱가폴 정부는 오는 2000년까지 전 국토를 국유화시킨다는 프로그램을 마련해 놓고 도로 건설 계획지구에 편입되어 있는 사유지를 강제 매수하고 있다. 토지의 국유화조치에 힘입어 싱가폴은 사회간접자본의 조기확충에 성공하였으며 후발공업국 중 가장 국가 경쟁력이 뛰어난 국가로 인정받고 있다.

월남한 실향민에 대한 토지반환은 어렵다

북한의 토지를 사유화시킬 것인지 여부를 떠나 북한의 토지정비에서 고려해야 될 사항 중 하나는 월남자나 월북자 또는 북한 내에 거주하고 있는 전(前) 토지 소유자들로부터 제기되는 구재산권의 복구요구이다. 남북 당국자들의 협상이나 계약을 거쳐 민족의 합의로 통일이 이루어질 경우에는 이를 대비할 수 있으나 갑작스러운 통일이 이루어질 경우에는 재산권의 회복 요구를 묵살하기가 어려울 것으로 보인다. 특히 월남자의 재산권에 대한 반환 요구가 거세질 가능성이 있다. 이는 50년간 유지되어 온 북한의 체제가 전면 부정되고 지난 세월 동안 북한지역에서 이루어진 각종 조치들에 대한 무효화 투쟁이 나타나기 십상이기 때문이다.

그러나 소유권의 반환은 엄청난 사회문제를 야기시키게 된다. 구소유권을 입증할 자료가 부실하기 때문에 어디까지 인정해야 될 것인가라는 현실적인 문제에 직면하게 된다.

각종 자료나 증언을 토대로 구소유권의 회복이 대대적으로 이루어진다면 북한 주민의 생활은 당장 불안정한 상태에 봉착할 수밖에 없다.
만약 소유권이 남한 주민 또는 북한에 거주하는 구소유권자에게 넘어
갈 경우에는 토지를 상실한 북한 주민들이 대부분 남쪽으로 밀려들게
될 것이다. 특히 서울을 비롯한 수도권 일원에는 이 같은 북한난민들
이 캠프를 치고 수도권의 주택난을 심화시키게 된다. 서울을 비롯한
남한의 대도시 등은 그야말로 주택과 교통부문에서 대란을 겪게 되며
생활 쓰레기로 인한 수도권지역의 오염문제도 비등할 것이다.

북한 주민이 남한에 소유하고 있는 재산은 더욱 복잡하다. 이미 시
효취득이 인정되어 점유자에게 합법적으로 소유권이 넘어가 있는 상태
이다. 만약 북한 주민이 소유권을 주장할 경우 이를 정부에서 보상한
다면 원소유권을 주장하는 북한의 전 토지에 대해 통일 정부가 보상책
임을 뒤집어 쓸 가능성이 있다.

구소유자에 대한 재산권의 복구문제와 관련 최근 이완용이나 송병
준 등 을사 오적(乙巳五賊)의 자손들이 잇따라 제기하는 재산반환 청
구소송을 눈여겨 볼 필요가 있다. 이 같은 소송사태를 북한지역으로
확대한다면 북한지역에서 일제 앞잡이의 재산으로 분류되어 국유화시
킨 토지를 통일 정부가 앞장서서 원상 회복시켜 주는 모순이 초래될
수도 있기 때문이다.

북한의 토지개혁이 비록 정권을 획득하기 위한 수단으로 착수되었
다고 하더라도 반민족행위자에 대한 처벌을 뒤집을 수는 없는 노릇이
다. 반민특위가 어처구니없이 해체되는 등 일제 잔재를 청산하지 못한
남한의 뼈저린 역사적 과오가 있기 때문에 더욱 그렇다. 독일의 경우
에도 나치에 협력한 2차대전 전범자에 대한 토지몰수는 독일 통일 후
원재산권 복구대상에 포함시키지 않았다.

민족적인 반역행위를 하지 않기 위해 친일 여부를 가리기도 쉬운 일
이 아니다. 남쪽지역에서는 48년 반민특위가 해체된 뒤 일제청산 작업

이 사실상 중단됐는데, 북한 토지의 원소유권을 되돌려주기 위해 친일 여부를 가린다면 남한지역에서 엄청난 혼란으로 이어질 가능성이 크기 때문이다. 여기에 북한 정권으로부터 친일분자로 몰려 재산을 몰수한 사람 가운데에는 친일분자가 아닌 정적도 포함될 수 있기 때문에 북한의 토지몰수자료에서 친일 여부를 가리는 것도 확실하지는 못하다.

원토지소유자들의 재산반환이나 보상요구를 정부가 묵살하기 어려운 상태가 된다면 재산반환의 청구권을 인정하되 상환기간이 지정된 장기채권으로 지불하는 방안을 고려해 볼 수 있다.

그러나 이북 출신 실향민들이 한반도의 새 장(章)을 연다는 보람을 갖고 재산반환권리를 자진 포기하는 것이 가장 바람직하다.

얼마 전부터 이북 출신 성직자들을 중심으로 재산반환권 포기운동이 벌어지고 있는 것은 참으로 다행스러운 일이다.

제8장 한반도의 S.O.C 투자전략

한 세기 전, 한민족에게 있어서 '반도(半島)'는 한이 서린 단어였다. 반도라는 단어에는 대륙과 해양으로부터 무자비한 정복자들이 몰아 닥치고 민중은 도탄에 빠진다는 암울한 역사가 깔려 있었다. 대륙이 해양으로, 바다 민족이 내륙으로 가는 통로인 반도에는 피정복민의 슬픈 노래가 그치지 않았다.

한 세기가 지나 한반도에 다시 통로적인 의미가 부각되고 있다. 동아시아에는 지구의 강대한 세력들이 모두 집결하고 있다. 미국, 러시아, 일본, 중국이라는 4강의 틈바구니에 한민족의 운명이 놓여 있다. 한 세기 전, 비운의 역사가 재연되지 않기 위해 한반도의 지도를 바꾸는 대역사를 펼쳐야 한다.

한반도의 지리적 위치를 바꿀 도리는 없다. 그러나 지리적인 가치는 한반도에 설치되는 공항과 항만, 도로와 철도, 통신망, 전력, 공업단지에 따라 달라진다. 한반도는 내륙과 해양을 연결하는 물자의 통로요, 자본과 정보의 통로이어야 한다. 그리고 반 세기 동안 상처되어 있던 극단의 이데올로기를 극복하는 새로운 문화전달의 통로여야 한다.

환황해권과 환동해권을 포괄하는 한반도

동북아경제권, 좁게는 환황해경제권이 형성되려면 우선 교통망을 확충해야 한다. 교통망의 확충은 한반도가 동북아경제권의 주인공이 될 수 있는가의 열쇠이며, 한국 경제가 선진국 대열에 합류할 도약대이기도 하다.

한강의 기적을 창출한 한국은 80년대 10년 동안 사회간접자본 투자를 등한시함으로써 성장에 제동이 걸렸다. 교통기반시설의 부족과 도로 및 항만 적체로 인한 교통혼잡비용은 연간 6조 2천억 원으로 국민총생산(GNP)의 3% 수준에 이르고 있다. 북한의 사회간접자본은 더욱 허약하다. 남북한 통일 후 한반도가 동북아의 랜드브릿지 역할을 담당할 수 있는지 여부는 교통망을 비롯한 사회간접자본의 확충 전력에 달려 있다고 해도 지나치지 않다.

교통망의 확충전략은 한반도와 주변지역뿐만 아니라 21세기 세계경제 여건이 감안되어야 한다.

소련 연방의 붕괴와 동구권 국가들의 체제 변화, 독일의 통일, 우루과이라운드 타결과 세계무역기구(WTO)의 출범은 세계가 자유와 개방의 기치를 내걸고 무한경쟁시대에 돌입했음을 알려준다. 국제경제기구들은 교역의 증대로 앞으로 10년간의 경제성장률이 과거 10년간의 2%대를 넘는 3%대를 유지할 것으로 예측한다. '자유' 외에 '블록화' '지역화'는 세계경제의 또 다른 조류이다.

아시아·태평양지역이 세계경제의 성장을 주도하리라는 예측도 지배적이다. 지난 1993년도 아태(亞太)지역의 경제성장률은 3.8%로서 세계경제성장률 2.1%를 크게 상회했으며, 교역규모도 전세계 교역량의 42%를 차지했고 교역량 중 역내(域內) 비중이 70%에 이르러 경제통합의 필요성이 증폭되고 있다.

아시아·태평양지역 중에서도 중국과 한국, 일본 등 극동 3개국이 버티고 있는 동북아지역은 유럽연합(EU)과 북미자유무역지대(NAFTA)와 함께 세계 3대 지역경제권으로 부상할 것으로 전망된다. 2010년경에는 이들 3대 경제권이 세계 GNP에서 차지하는 비중이 80%대를 넘어 82.6%에 이를 것으로 전망된다.

3대 지역경제권 가운데서도 동북아는 역동성이 넘치는 지역이다. 자연히 성장 속도도 가장 빠르다. 세계 총 GNP 중 동북아지역의 비중은 지난 90년의 16%에서 2010년에는 26.9%, 교역 비중은 19.2%에서 약 30%로 급상승하여 북미 및 유럽과 대등한 규모로 발전해 가고 있다.

남북한 사회간접자본 현황 (단위 km)

구 분		북 한	남 한	北/南(%)
교통	철도	5,049	6,462	78.1
	지하철	34.1	150	22.2
	도로	23,000	58,088	39.5
	고속도로	354	1,597	22.0
	하역능력(천톤)	34,900	248,360	14.0
통신	전화(萬회선)	40 (대부분 수동)	1,534	2.6

한반도 교통축은 대륙과 바다를 이어야 한다

한반도의 21세기 교통개발 전략은 동북아지역 경제권에서의 패권 다툼에 대응하고 남북 경제통합과 국내교통수요에 대응한다는 복합적인 변수들을 감안하여 수립되어야 한다.

21세기를 향한 우리의 교통정책의 장기 목표는 △당면 물류난의 획기적인 완화와 국토의 균형 개발을 위한 남한의 교통망 확충 △교류 지향적인 한반도 교통 체계 구축으로 민족공동체 건설을 촉진 △동북아 국제교통의 중심기지 건설로 국제수송 경쟁력의 제고 △동북아 단일교통권 형성 추진 등이다.

물론 동북아를 연계하는 지역 교통망은 우리 힘만으로는 구축할 수 없다. 당사국인 남북한과 일본, 중국, 러시아 4자 간의 지역교통협력이 이루어져야 가능한 작업이다.

때문에 관련 당사국이 함께 하는 국제학술회의와 공무원의 상호교류, 역내 운송협력기구를 구성하는 방안 등이 함께 모색되어야 한다.

우선 한반도의 교통시설 구축 배경이 되는 동북아지역의 교통현황을 살펴보자.

동북아지역을 기종점으로 한 북미, 유럽, 동남아 주변 지역 간의 여객수송 수요는 1990년 기준으로 3,100만 명이다. 지난 5년 간 15%의 증가율을 기록했는데, 이는 세계 평균치인 5.7%의 무려 3배에 가까운 수치이다. 동북아의 수송 수요는 2010년경에는 2억 5,000만 명으로 늘어나며 세계 전체 수요를 7억 4,000만 명으로 추정한다면 그 비중은 34%에 이르게 된다.

화물수송 수요도 2010년에는 9즈 2,850억 달러로 세계 전체 무역량 30조 9,500억 달러의 30%에 이를 것으로 예측된다. 동북아지역과 다른 지역 간의 화물수송은 주로 해운에 의존한다. 무역 규모는 1990년 기준 년간 1만 2,550억 달러로 세계 전체 무역고 6만 5,360억 달러의 19.2%를 차지하고 있다.

이같이 사람과 물동량의 폭발적인 증가가 예견되고 있으나 동북아지역의 교통시설은 아직 취약하다. 국제공항다운 공항은 일본의 나리

타와, 오사카, 간사이, 나고야, 후쿠오카 등 5개와 중국의 북경, 상해 그리고 한국의 김포공항 등을 합쳐 8개에 불과하다. 이 밖에 북한의 순안공항과 러시아의 블라디보스토크, 하바로프스크 및 중국의 광주공항, 한국의 부산, 제주공항에 국제선이 취항하고 있기는 하나 국제공항으로 분류하기에는 부족한 면이 있다.

국제항만 중 세계 10대 컨테이너 항으로는 한국의 부산항(연간 290만 톤)과 일본의 고베 항(연간 268만 톤)이 있으며, 이 밖에 세계 20대 무역항에 포함되는 항만이 2개 가량 있다.

여기에 일본의 후쿠오카, 니가타, 기타큐슈와 중국의 대련, 청도, 상해, 연운신항, 러시아의 한반도 국경에 인접한 나홋카, 보스토치니, 블라디보스토크 등 극동 3항이 가세하고 있다. 러시아의 극동 3항은 주로 시베리아산 석탄, 목재, 광물 및 컨테이너 화물을 처리한다.

북한의 남포, 청진, 나진항은 연간 3,490만 톤의 하역능력을 보유하고 있다. 북한 항만의 처리능력은 남한의 2억 4,386만 톤의 7분의 1 수준이다.

철도는 21세기의 비단길

동북아에는 21세기의 비단길이 될 유라시아 대륙을 연결하는 철도가 있다. 시베리아횡단철도(TSR)를 비롯한 동북아의 철도는 해운을 대체할 수 있는 능력을 보유하고 있다.

시베리아횡단철도는 러시아의 극동항부터 시베리아 대륙을 횡단하여 유럽에 연결되는 1만 5,000㎞ 연장의 철도이다. 해상루트 거리인 2만 2,500㎞의 3분의 2 수준이다. TSR은 또 지선철도와 연결 수송 효율을 증대시킬 수 있는데 바이칼-아무르 간 철도(BAM)의 경우 총연장 거리가 4,335㎞에 달하는 철도노선이다.

중국횡단철도(TCR)는 중국 동쪽의 연운(連雲)항을 기점으로 서주, 서안, 난주, 우르무치 등을 통과하여 중국 국경에서 러시아의 TSR과 연결된다. 총길이 4,018km의 TCR은 동북아지역에서 유럽을 연결하는 최단 수송노선이다.

두만강 개발 프로젝트는 이 밖에 만주통과철도(TMR)의 가치를 제고시킨다. 두만강하구에서 연길, 하얼빈, 몽고의 쵸이발신을 거쳐 TSR과 연결되는 TMR은 남북 관계 개선 후에 한반도통과철도(TKR)가 구축되면 가치가 더욱 증대하게 된다. 경의선에서 이어지는 TKR은 TMR을 통해 TSR과 접속되기 때문이다.

철도시설을 감안한다면 동북아지역의 기간 수송은 철도가 담당하고 도로는 철도 수송의 보조 역할을 맡게 될 가능성이 높다. 그러나 철도가 결정적인 취약점을 가지고 있기 때문에 철도가 주요 간선교통망의 역할을 담당한다는 것은 아직 가능성일 뿐이다. 철도의 약점은 극동과 아시아의 통로가 될 러시아횡단철도가 너비 1,520mm의 광궤여서 타 지역의 표준궤도(1,435mm)와 직접 이을 수가 없기 때문에 환적(還積)이 필수적이라는 사실이다.

동북아지역에는 이 밖에도 넘어야 할 산이 많다. 제2차 세계대전 이후, 거의 반세기 동안 정치 이념적으로 대치 상태였기 때문에 교통시설이나 물류 체계를 다지는 작업은 전혀 이루어지지 않았다. 각 국은 독자적으로 교통기반시설을 구축했으며 상호 체계가 다르기 때문에 연계도 쉽지 않다.

일본과 대륙을 육상 교통으로 연결시킬 수 없다는 점도 동북아경제권이 지닌 약점 중의 하나이다. 동북아 국가 간에 인적, 물적 교류를 뒷받침하는 국제협약이 미약한 점도 앞으로 해결해야 될 과제 중의 하나이다. 국경에서의 화물중량기준이나 서류절차 등의 통관절차를 일치시키는 노력이 필요하다.

동북아지역과 로테르담 간 수송 거리 및 운임 비교

구분	노선	부산	고베
거리(km)	T K R	13,023	13,607
	T C R	10,370	11,000
	T S R	12,230	12,820
	해상루트	26,610	17,757
운임(US$)	T K R	1,388	1,859
	T C R	1,464	1,541
	T S R	1,650	1,764
	해상루트	1,876	1,629

동북아 경제 성장의 견인차가 될 중국

극동 3국 중에서 가장 빠른 성장 속도를 보이며 동북아경제권의 견인차 역할을 하고 있는 중국의 개발은 한반도의 국토개발과 교통망 확충 작업에 중요한 고려 사항이다.

중국경제의 부상과 낙후지역에 대한 개발은 서울-부산 간의 경부(京釜)축에서 서해안으로 발전 방향을 옮겨 놓고 있다. 인천, 아산, 군장, 목포 등 서남쪽 해안선을 따라 배열되어 있는 주요 도시들뿐만 아니라 해주, 남포, 평양, 신의주 등 북한의 서부지역에도 개발의 열기가 닥칠 것으로 예상된다. 남북이 통일되면 한반도와 연해주 등을 포함한 한민족경제권은 1억 명에 가까운 인구를 포함한 경제권이 된다. 동북아경제권이 형성되지 않더라도 한민족경제권 자체만으로도 '규모의 경제'를 창출할 수 있는 크기를 지니게 된다.

남북 통일과 경제통합을 전제하지 않더라고 지방자치제의 전면적인 실시와 중앙정부의 규제완화, 지역균형개발을 위한 중앙정부의 지원과 자치단체의 투자유치 전략, 기업 집단의 영향력 강화와 대규모로 추진되는 민자유치사업, 활짝 열리는 외환시장 등은 국토이용에 전환을 가져올 주요 변수들이다. 이 같은 변수들을 고려하면 도시화 추세가 강화될 것이라는 계산이 나온다. 21세기 초에는 전 국민의 90% 이상이 도시에서 살게 될 것이다.

도시는 광역교통 체계를 필요로 하며 정부의 국토전략도 서울과 부산, 대구, 대전, 광주 등 대도시권을 중심으로 한 광역계획을 개발모델로 채택하고 있다.

한반도의 교통망은 철도로 날줄을 짜야 한다

통일 이후, 남한의 교통 체계를 그대로 북쪽으로 연계시키기는 어렵다. 독일의 경우 경제교역을 시작한 후 17년 동안 경제통합을 준비해왔다. 그러나 통일 후 늘어나는 고통수요를 처리하는 데 곤혹을 치르고 있다. 독일이 앞으로 10년간 잡고 있는 교통시설 투자액은 총 564억 마르크(30조 원)에 이른다. 남북 통일은 막대한 기간시설의 건설 비용을 요구한다. 뿐만 아니라 동북아경제권의 중추 역할을 하기 위해 여객과 화물의 복합 수송망도 구축해야 한다.

동서 해안의 거점항만 개발, 일(日)자형 고속철도와 격자형 고속도로망의 건설, 경의선과 경원선의 복원, 한일 해저터널 건설, 영종도 국제공항의 조기개발, 부산항과 광양항의 처리능력 확충, 천연가스 수송네트워크 구축 등이 한반도 교통지도에 새겨 넣어야 될 주요 테마들이다.

한반도 통일 후에는 우선 철도 중심으로 남북한 간의 교통을 연결하고 이를 한반도 북동방면과 북서방면으로 확장하는 전략을 고려할 수 있다.

중장기적으로도 한반도의 기본 교통축은 철도를 중심으로 이루어지는 것이 바람직하다. 장거리 대량수송에서는 철도가 도로보다 효율적이기 때문이다. 철도에 관심을 기울여야 되는 이유는 또 있다. 시베리아횡단철도(TSR)나 중국횡단철도(TCR)를 타고 동유럽 국가와 유럽연합(EU)으로 들어가야 경쟁력이 생기기 때문이다.

북한지역을 통과하는 열차가 중국이나 러시아의 국경을 넘는 데는 아무런 문제가 없다. 부산에서 출발한 화물열차가 TSR을 타려면 철도의 궤도 폭이 달라 환적을 해야 하나 중국과는 이런 불편도 없다. 비무장지대에 끊겨 있는 경의선 철도망이 복원되면 이 철도를 신의주와 접한 단동(丹東)으로 이어가기는 쉽다. 길림성(吉林省) 등 중국의 동북 3성과 내몽고(內蒙古), 북경(北京), 하북(河北), 산동성(山東省) 일대와 한반도는 하나의 철도망으로 연결될 수 있다.

그러나 한반도의 교통 체계를 철도 중심으로 짜기가 쉬운 것은 아니다. 우선 현재의 시설이 취약하기 짝이 없다.

북한의 경우 산악지방이라는 특성으로 인해 서부와 동부 내륙횡단축을 중심으로 5,059㎞의 철도가 깔려 있고 이 중 63%인 3,280㎞가 전철화 되어 있기는 하나 운행 속도가 시속 40㎞에 머물 정도로 수송 효율이 높지 않다. 북한 철도의 98%가 단선이기 때문이다.

남한의 교통시설은 도로 위주로 형성되었으며 철도에 대한 투자는 상대적으로 부족했다. 게다가 경부축에 심한 편중 현상을 보이고 있다. 남한의 철도 영업 연장은 총 3,092㎞이다. 해방 이후 늘어난 노선 길이는 150㎞에 불과하다. 경부선, 중앙선, 전라선, 영동선 등 거의 모든 철도노선의 용량이 한계에 도달한 형편이다. 남북의 철도망이 모두 취약한 상태에서 철도 중심의 교통망을 편성하기 위해서는 막대한 투자가 불가피하다.

철도에 대한 투자의 핵은 고속철도이다. 이미 삽질이 시작된 경부고속철도 외에 호남과 동서, 남해안, 동해안 고속철도로 일자형 고속철도망이 구축되어야 한다. 일자형 고속철도는 한반도 전역을 반일 생활권으로 묶어 줄 것으로 기대되고 있다. 그러나 고속철도노선 설계는 이것만으로 부족하다. 중국과 일본의 교통시설 투자를 고려해야 한다. 총

공사비 1백 70억 달러로 추정되는 중국의 심양-베이징-상해 간 총
연장 2,500㎞의 고속철도가 21세기 초 완공 예정으로 이미 기획되고
있다. 일본도 세이부 신간선 건설을 추진 중이다. 2010년 완공을 목표
로 하는 이 고속철도 사업에도 190억 달러가 소요될 예정이다. 적어도
한반도의 교통망구축계획에는 이들 노선과의 연계가 고려되어야 한다.

경부 및 호남 고속철도를 신의주로 이어가는 한편 동해안 해안선을
따라 가는 부산-속초-원산-나진·선봉 구간의 고속철도는 TSR 또
는 TCR과의 만남을 전제로 설계되어야 하고 21세기의 새로운 교통수
단이 될 자기부상열차의 등장도 감안되어야 한다.

고속도로는 고속철도가 통과하지 않는 지역에서 주간선 기능을 맡
는다. 고속철도의 보조간선 기능을 도로에 부여하기 위해서는 한반도
에 격자형 고속도로망을 건설할 필요가 있다. 남북 통일은 국토공간
구조에 필연적으로 변화를 일으키고 기간 교통망의 재편을 요구하게
될 것이다. 이를 감안한다면 우선 수요가 집중될 서울-평양-신의주
간과 서울-원산, 평양-원산, 포항-나진·선봉 간의 고속도로 건설을
추진하고, 서해안 고속도로를 신의주로 잇는 작업과 춘천-혜산 간 등
의 내륙 고속도로망을 장기 계획으로 가져가는 것이 바람직할 것이다.

고속도로뿐 아니라 한반도의 도로건설계획에는 북한의 도로 사정이
고려되어야 한다. 북한의 도로 총연장은 1991년 기준 약 3만 4,000㎞,
이 중 고속화도로는 524㎞이며 간선도로를 포함하면 3,261㎞가 되고
포장도로는 전체 도로의 8.1%인 1,861㎞에 불과하다. 남북 통일 후에
는 우선 북한지역 도로를 포장하는 일도 벅찬 과제가 될 것이다.

환황해경제권을 위한 항만 확충

황해를 사이에 끼고 있는 중국 대륙과 한반도의 서해안지역의 개발

이 시너지(synergy) 효과를 얻기 위해서는 서해안지역의 대폭적인 항만 확충 작업이 이루어져야 한다. 서해안의 항만에서 배가 떠야 양국의 도시가 연결된다.

또 부산, 속초, 나진과 일본의 니가타, 극동 러시아의 블라디보스토크를 연결하는 환동해권의 형성에 대비한 항만 확충 작업도 동시 추진되어야 한다.

환황해권 교통망의 거점 도시는 한반도의 서울, 목포, 신의주와 중국의 북경, 상해이다. 이들 포인트를 상호 연결하는 항로, 항구에서 내륙기지를 잇는 배후 도로망, 복합 화물터미널과 내륙 컨테이너기지를 건설해야 한다. 또 이를 활용하여 한·중·일 3국 간 수송 체계 구축 작업도 이루어져야 한다.

부산항은 동북아경제권에서 주요한 역할을 담당할 거점 항구로 성장할 요건을 가지고 있다. 지리적으로 동북아의 중심 지역인데다가 유럽-싱가폴-대만-한국-일본-태평양을 잇는 주요 항로의 선상에 위치하고 있어 컨테이너 화물의 중계기지로 부상할 잠재력이 충분하다. 특히 일본의 항만의 기능이 지진으로 위축될 경우 부산의 기능은 더욱 강화될 것이다.

아시아의 주요 항만의 환적률을 보면 싱가폴 항은 컨테이너 취급량 중 66%, 대만 카오숭 항 37%, 홍콩 37%, 일본 고베가 25%이다. 부산항의 경우 아직 환적 기능은 약한 편이다. 그러나 시설 확장을 기한다면 역내 물동량의 30~50%가 부산항을 통해 환적될 수 있다.

실제로 일본 고베항이 지진으로 항만 기능을 상실한 후 환적 물량이 부산항으로 몰렸으나 부산항의 처리능력 부족으로 이들 화물을 모두 유치할 수 없었다는 점을 감안한다면 부산항의 환적기능 강화는 시급한 과제이다. 부산항 남쪽에 위치한 가덕도의 항만 개발이 민자유치 대상으로 선정된 것은 이런 의미에서 의의가 있다. 정부는 가덕도의 항만 개발을 민자유치 사업으로 추진한다는 계획 아래 2010년까지 2조 3,000억 원을 들여 연간 8,000~1억 톤의 처리 용량을 지닌 항만을 개발한다는 청사진을 제시하고 있다.

한국의 해운정책은 부산과 광양 두 항구에 국제 컨테이너 화물을 배치하는 이른바 투포트(Two Port) 시스템을 기조로 삼고 있다. 부산항의 경우 신선대 부두의 4단계 개발 지역과 자성대의 7부두에서 환적화물을 취급하고 광양만의 경우 컨테이너 부두 중앙에 피더선 부두를 4선석 배치할 계획이다. 부산항과 함께 투포트 시스템을 구축하게 될 광양항이 제 기능을 다하기 위해서는 항만의 조기건설과 함께 배후 교통망의 확충이 선결되어야 한다.

부산과 광양 등 두 개의 컨테이너 항과 연계, 개발하는 방안에서 서해안 항만 개발 프로그램이 마련되어야 한다. 인천항은 인천시가 추진하고 있는 천진, 대련과 연결하는 이른바 'In Tide'라는 황해경제협력권 구상에 부응, 연안피더, 국제피더, 근해항로의 화물을 위한 전용피더 부두의 배치 계획을 추진 중이다.

항만 개발에서 고려해야 될 사항 중에는 남북 간 화물 수송의 증가에 대한 대비책도 있다.

북한으로부터 남한에 비철금속과 광물, 화학제품, 목재, 과일 및 채소 등이 유입되고, 남한지역에서 자동차, 통신, 장비, 전자제품, 신발, 의류 및 곡물 등이 흘러들어갈 것으로 여겨지는 만큼 항만시설도 이를 대비해 두어야 한다. 또 의류와 섬유직물, 철강제품은 남북 경제협력사업으로 대외에 수출될 것이 유력시되나 북한의 항만시설이 개발되어 있지 않은 만큼 남북협력사업에서 수송 체계는 반드시 고려되어야 한다.

초음속 여객기를 착륙시켜야 할 영종도 신공항

공항의 경우에는 보다 세밀한 전략이 필요하다. 영종도 국제공항을 축으로 하여 부산, 제주, 중부, 호남, 영동, 경북권으로 이어지는 항공 교통망의 구축이 필요하다. 영종도와 김포 간에 셔틀 수단이 강구된다면 항공 노선은 더욱 짜임새 있는 체제를 갖출 수 있다. 남북이 통일되면 군사작전을 수행해 오던 주요 공항에 민항기를 취항시킬 수 있기 때문에 항공교통망의 확충은 더욱 쉬어지며 고속철도 건설 이전에 한반도 오지를 잇는 수단이 될 수도 있다.

아시아·태평양지역의 여객 증가율은 연평균 7% 이상으로 추정된다. 김포와 영종도공항을 이용하는 여객 수요는 2010년에 지금의 3.5배 수준인 1억 1,400명에 이를 것으로 관측된다. 여객 수요 못지않게 항공 화물의 수요도 늘어나 2010년경에는 극동지역 및 태평양 노선의 화물 취급량은 17억 톤에 달할 것으로 추정된다. 이는 전 세계 총 화물 취급량의 12% 비중을 차지한다.

특히 전체 화물 중 30~40%가 환적 화물이 될 가능성이 높아 새로운 유통업, 금융업, 보관업 등 고부가가치 수송 서비스업의 창출이 가능하다.

이는 영종도 신(新)공항이 동북아의 허브(HUB)공항이 된다는 전제 아래서이다.

영종도공항이 허브 공항의 역할을 맡기에는 동북아 일대의 경쟁 공항에 비해 유리한 점이 많다. 서울은 동북아 주요 거점지역인 북경, 상해, 동경, 하바로프스크의 가운데에 위치하여 어느 지역이든 2시간 이내에 비행이 가능하다. 또 아시아·태평양지역에서 비중이 가장 높은 항공로인 유럽-극동 아시아, 미국-극동 아시아의 노선상에 자리를 잡고 있으며 항공 교통량이 많은 일본에 인접해 있어 환적 기능에서도 유리하다.

일본의 공항 용량이 부족할 경우 일본 수요를 흡수할 수 있다는 뜻
이다. 실제로 일본 중소도시에 해외여행 붐이 일었을 때 대한항공은
일본의 지방 도시 승객들을 김포를 거쳐 유럽지역으로 연계 수송함으
로써 호황을 구가한 경험을 가지고 있다.

영종도가 각광을 받게 될 배경에는 중국의 항공 수요가 늘어날 것이
확실시되는 반면에 중국의 공항시설이나 항공운송 능력 부족문제가 20
년 안에 해결되지 않을 것이라는 전망도 가세한다.

영종도 신공항의 강력한 경쟁 상대로는 1997년 개항 예정인 홍콩의
첵랍콕 공항과 일본 간사이 공항이 있으나 첵랍콕 공항은 규모와 위치
에 있어서 동북아의 중추 공항으로 행세하기에 미흡하고 1994년에 개
항된 일본 간사이 공항은 일본 관서지방 항공 수요를 충족하는 것이
급선무이며 동경과의 연계 수송 체계에 허점이 있다. 영종도 신공항은
활주로와 부지 면적, 터미널 등에서 경쟁 공항보다 크다.

영종도 신공항이 동북아 항공 교통의 중심기지가 되기 위해서는 외
국 항공사들이 이용하기에 편리해야 한다. 우선 전세계를 커버하는 모
든 노선이 수시로 연결될 수 있어야 한다. 남북 통일은 지금까지 불가
능했던 오픈스카이섭 정책을 채택할 수 있도록 보장한다. 서울의 상공
이 자유롭게 뚫리면 전세계 항공사들을 영종도로 끌어 모을 수 있다.
또 외국 항공사에게 전용 여객 화물터미널 등의 이용 편의를 제공하고
전용터미널 건설에 자본 참여를 하도록 유도하는 전략이 필요하다.

미국의 맥도날 더글라스와 보잉사 등은 이미 서울－L.A 간을 3시간
반이나 4시간 내에 운항할 수 있는 초고속, 초대형 비행기의 개발을
추진하고 있다. 21세기 초 초고속 비행기의 상용화가 예상되는 만큼
영종도 신공항은 초고속 항공기가 이착륙할 수 있도록 활주로 구조를
갖추고 운항관리 시스템을 확보해야 한다. 영종도가 극동과 미주를 잇
는 초고속 항공기의 기종점이 되지 못한다면 허브의 역할을 포기할 수

밖에 없다.

러시아로부터 동남아로 이어가게 될 가스 파이프

에너지는 21세기 국가경쟁력을 좌우한다. 따라서 중국과 극동 러시아의 풍부한 천연가스의 활용 방안은 시급하다. 지난 1994년 6월 한·러 간에는 야쿠츠크 가스전을 공동 개발한 후 한국에 공급한다는 합의가 이루어졌다. 그러나 시베리아의 가스를 싸게 활용하기 위해서는 사할린 가스전이나 야쿠츠크 가스전을 끌어오는 파이프 라인을 구성해야 한다. 여기서 한 걸음 더 나아간다면 북경-서울-부산-일본-동남아로 연결되는 범 아시아 파이프 라인 매설계획을 적극적으로 추진해 볼 필요가 있다.

파이프 라인에 의한 천연가스 수송은 육운 및 해운 수송보다 톤당 40달러 정도 싸기 때문이다. 유엔이 추진하는 두만강개발계획에 적극적으로 참여, 나진항의 공동 개발을 검토해 볼 필요가 있다.

또 러시아의 야쿠츠크에서 하바로프스크까지 3,050㎞ 연장의 파이프 망과 사할린에서 남북한까지 총 3,230㎞의 파이프 망을 건설하는 이른바 블라디보스토크 계획에 적극 참여하고, 동북아 주위를 에워싸고 있는 아세안 6개국을 통과하는 총 2만 6,900㎞의 파이프 망을 건설하는 '아시아 에너지 공동체 계획'에도 관심을 기울여야 한다. 블라디보스토크 계획에 대해서는 1단계 블라디보스토크에서 나진까지의 파이프 건설사업에 참여하는 한편 나진에서 해상으로 LNG를 도입, 추진하고, 2단계에서는 나진-부산-일본 및 동남아로 파이프 망을 건설하는 쪽으로 가닥을 잡아 볼 수 있다.

최소 50조 원에 달하는 교통 투자

교통전문가들이 추정하는 남북 교통 체계 구축에 필요한 투자사업비는 54조원 규모이다. 여기에는 경부, 호남, 동서고속철도 건설비 및 경전선 고속화철도 등 기존에 계획된 교통투자비와 토지수용비는 제외되어 있으므로 실제 집행될 예산은 기하급수적으로 팽창하게 된다.

교통전문가들은 남북 간 교통시설의 투자 시기를 3단계로 나눈다. 1단계 투자 시기는 2005년 이전이며, 2단계는 2010년, 3단계는 2010년 이후로 구분된다. 투자소요액을 부문별로 보면 도로투자는 8조 300억 원이며, 철도투자는 44조 4300억 원, 항만은 가덕도 개발에 2조 3,000억 원이 소요될 것으로 추산된다. 이 같은 투자계획 가운데에는 제3차 국토종합계획이나 제7차 경제사회개발 5개년 계획 등에 포함되어 있는 것들도 있다. 그러나 국토개발계획 속에 포함되어 있는 사회간접자본 건설계획들도 개별수송의 상호연계성과 상충성을 심도 있게 검토되지 않은 개념적인 상태에서 굵은 선만 이루어진 것이어서 통일을 전제한 실제 집행계획은 어차피 검증 작업이 필요한 실정이다. 교통전문가들에 따라서는 제3차 국토종합계획에 의해 도로 건설망의 가이드 라인이 되고 있는 사다리꼴 도로망의 뼈대도 살펴볼 필요가 있다는 주장을 제기한다. 도로를 포함한 교통시설 설치계획이 바탕이 되어야 할 교통수요 조사가 불확실하다는 점으로 인해 이 같은 이의 제기는 일단 접수할 만한 가치가 있다.

전면적인 교통수요를 조사해야 될 필요성은 남북 통일 후 엄청난 교통시설비용이 소요된다는 점에서 더욱 절실해 진다.

종합교통계획이 불완전한 만큼 소요예산도 불명확할 수밖에 없다. 재원을 확보하기 위한 구상은 더욱 힘들다. 그러나 막대한 자금이 필요한 만큼 효과적인 민자유치, 탄력적인 외자도입, 교통가격의 현실화, 수익자 부담원칙의 강화, 조세부담률의 상향조정 등 다각적인 방안이 강구되어야 한다.

도로 투자비

투자사업	거리(km)	투자내용	사업비	기간(단계)
경의축(평양-신의주)	210	왕복4차선	6.3	1단계
경원축(서울 -원산)	240	〃	7.20	〃
서해안축(인천-해주)	115	〃	3.45	〃
북부내륙축(평양-원산)	175	〃	5.25	〃
중부내륙축(춘천-혜산)	500	〃	15	2단계
(평양-만포)	285	〃	8.6	
동해안축(포항-나진,선봉)	1,150	〃	34.5	3단계
계	2,675		80.3	

고속도로(4차선) 건설비용(기존도로 활용) 30억 원/km

철도부문 투자비 소요 추정

투자사업	거리(km)	투자내용	사업비(천억원)	단계
서울-신의주	500	복선화	20.0	1단계
서울-울산-원산	219	〃	8.8	〃
포항-삼척	195	단선 신설	11.7	〃
광주-목포	70	〃	8.7	〃
속초-원산	145	호남고속철도 연장	8.	〃
서울-원산	219	고속철도 신설	31.2	2단계
부산-선봉	1,325	〃	159.0	〃
서울-신의주	500	〃	60.0	〃
한국-일본	130	〃	136.5	3단계

기 존 선 복선화 비용 = 40억 원 / km
단   선 신 설 비용 = 60억 원 / km
고속철도 신 설 비용 = 120억 원 / km
해저터널 신 설 비용 = 2,100억 원 / km(일본 세이칸 터널 기준으로 추정)
해저터널 투자비는 27조 3,000억 원의 총 투자비 중 韓日간에 각 50%씩 부담하는 것으로 가정

총투자비 소요 추정

구분	1단계	2단계	3단계	합계
도로	22.2	23.6	34.5	80.3
철도	57.6	250.2	136.5	444.3
항만	-	23.0	-	23.0
합계	79.8	296.8	171.0	547.6

재원 염출이 최대 현안이다

사회간접자본의 확충문제가 국가경제의 현안문제로 제기된 후 정부는 민자유치촉진법과 지역균형개발법이라는 두 개의 정책 수단을 고안해 냈다. 민자유치촉진법은 도로와 철도 항만 등 사회간접자본을 건설하는 기업들에게 부대사업을 실시 개발이익을 얻을 수 있도록 보장하고 있는 반면에 지역균형개발법은 낙후지역개발과 광역개발권에 복합단지나 대학단지를 조성하는 민간사업자에게 도로 등의 시설을 갖추도록 하는 개발제도의 틀이다. 말하자면 지역균형개발법과 민자유치촉진법은 동전의 양면과 같은 성격을 지닌다. 그러나 두 가지 법은 성격이 판이하다. 지역균형개발법은 낙후지역의 개발에 주안점을 두고 있기 때문에 수도권지역은 적용지역에서 제외하고 있다.

개발사업의 채산성을 고려한다면 민간자본은 수도권이나 부산권 등 대도시 지역에 몰리기 십상이다. 때문에 사회간접자본 투자에 나서는 기업들은 지역균형개발법보다는 민자유치촉진법을 선호하는 경향을 보인다. 김포지역에 대한 개발계획이나 영종도의 관광단지 개발, 신공항 전용고속도로, 경인 운하, 난지도 쓰레기매립장의 재활용 등 서울 인근 지역의 개발에 각종 아이디어가 동원되는 것에서 민간의 사회간접자본 투자가 서울 인근의 수도권지역에 집중되는 현상을 엿볼 수 있다. 동서고속철도나 호남고속철도 가덕도 컨테이너 부두와 목포 신외항 등 수도권 밖에서 추진되는 굵직굵직한 투자사업에도 민간업체들의 제안서가 발표되고 있으나 주안점은 수도권 지역이다. 이윤이 있는 곳에 몰린다는 민간자본의 성격을 감안한다면 사회간접자본 민차유치 사업의 수도권 집중 현상을 나무랄 일도 못된다.

민자유치 사업에 대한 걸림돌은 또 있다. 민자유치 사업이 발표된 후 다각도로 진출 대상사업을 검토해 온 기업들은 민자유치 사업이 활

성화되기 위해서는 국가에서 용지확보를 책임지는 한편 세제감면의 확
대 부대사업의 범위확대 재원조달 등의 배려가 뒤따라야 한다고 주장
하고 있다. 민자유치 사업의 채산성을 확보하기 위해 부대사업을 시행
하더라도 각종 제세공과금으로 징수되어 버리면 실제로 도로나 철도
등 당초 목표한 시설에 재투자할 개발이익은 없어진다는 것이 업계의
주장이다.

개발이익을 최단 기간 내에 환수할 수 있는 택지개발을 예로 들어보
자. 55만평 규모의 택지개발사업을 할 경우 뒤따르는 세금은 부지매입
부터 개발을 완료할 때까지 각종 세금이 뒤따른다. 부지매입 시에는
매입가격의 5.8%(취득세 2%, 등록세 3%, 교육세 0.6%, 농어촌특별세
0.2%)에 달하는 세금을 물어야 하며 양도 시에는 양도차액의 25%인
법인특별부가세와 1.9%의 주민세를 물게 된다. 또 논은 ㎡당 2,160원
밭은 3,600원, 임야는 581원의 전용부담금을 물게 되며 이와는 별도로
개발이익금의 50%가 개발부담금으로 징수 당한다. 또 과표의 36.55%
를 법인세로 납부하게 된다. 민간업체들은 이 같은 제세부담금을 합칠
경우 개발이익의 86%가 납부 당하게 돼 부대사업으로 인한 실제의 개
발이익은 총투자비의 2.5% 선에 불과하다는 계산서를 내놓고 있다.

그러나 기업들이 사회간접자본의 투자에 나서기를 망설이는 것은
이 같은 세금 부담보다는 용지매입에 있어서의 어려움이다. 현재 도로
와 철도 항만 등의 사회간접자본을 건설하는 데 소요되는 용지매입비
는 총사업비의 20~60% 정도. 70년대까지 20%를 밑돌았던 고속도로
의 용지매입비는 90년대에 들어 최고 63%까지 치솟은 상태이다. 민간
사업자에게 토지수용권을 주더라도 토지가격이 워낙 비싸다 보니 토지
수용권은 유명 무실하다는 것이 민간업자들의 반응이다. 설사 민간업
자가 법이 부여한 수용권을 발동하더라도 국민정서에 적합하지 않으며
건설업체에게 수용가격을 올려 달라는 민원이 발발할 소지도 크다. 이

를 감안하여 도로나 철도 등의 건설부지는 국가 재정으로 매입해 달라는 것이 민간의 요구이다.

민자유치촉진법에는 도로나 철도 등 1종에 속하는 사회간접자본의 경우 완공 후 소유권은 국가에 귀속되고 개발사업자는 운영권을 갖게 되는 점을 감안, '국가의 토지매입 및 무상 제공'을 규정하고 있으나 민간사업자들은 토지매입자금을 확실히 예산에 반영해 줄 것을 요구하고 있는 것이다. 특히 예산에 반영되지 않았을 경우에는 민간사업자로부터 대여를 받아 토지를 매입한 뒤에 다음 해 예산에 상환하는 방안을 채택해 달라는 것이 민간업체가 가장 강력하게 내세우는 요구사항이다.

국공유지가 별로 없는 상태에서 민간의 토지를 매입하여 대규모 공공사업을 벌이는 한, 정부와 자치단체가 사업주체가 되든 민간사업자가 사업 주체가 되든 용지매입은 가장 큰 걸림돌이 될 수밖에 없는 상황이다. 문제는 개발이익의 사회적 환수가 불균형하게 이루어진다는 데서 비롯된다. 개발이익을 사회에 되돌리기 위해 농지전용부담금이나 개발이익부담금제도를 시행하고 있으나 이는 극히 일부 개발지역에 한정되어 적용된다. 특정지역이 개발될 경우 인근지역까지 토지가격은 동반 상승하게 되나 이들 지역의 가격상승분에 대해서는 효과적인 환수장치가 마련되어 있지 않다. 한동안 토지초과이득세가 주변지역의 개발이익을 환수하는 장치로 기능하기는 하였으나 애당초 적용대상이 적은 데다가 그나마 위헌결정을 받아 법제정 당시 의도했던 기능을 거의 기대하기가 어려워진 형편이다.

토지 공개념과 관련된 토지초과이득세, 개발부담금, 택지소유상한부담금 등이 투기를 막거나 개발이익의 사회적 환수기능을 제대로 담당하기는 처음부터 무리였다. 이들 공개념 관련제도들은 종합토지세와 양도소득세를 합목적적으로 고치기가 어렵다는 전제로 탄생한 제도들이었다. 다시 말해 이들 제도는 차선의 선택으로 등장했으나 토초세나 부담금이 모두 민간사업자의 반발을 사고 헌법재판소의 결정에 운명을 맡길 정도로 사회적 부작용만 일으키면서 정작 효과는 미미한 상태인 셈이다. 특히 개발부담금의 시행은 공개념제도가 시행되고 있다는 선전효과로 인하여 종합토지세의 현실화나 양도소득세의 감면대상 축소를 사실상 가로막는 역기능도 초래했다.

종합토지세가 시가에 합당하게 부과되고 토지를 사고 팔 때 어김없이 양도소득세가 부과된다면 그것으로서 개발이익은 전액 사회로 환수되는 결과를 가져오게 된다. 사회간접자본의 부대사업으로 배후단지를 조성할 경우 종합토지세는 비과세 됨을 감안한다면 부동산세제를 종합토지세와 양도세로 단순화시키는 것이 자본을 하부구조 건설로 유인하는 데도 훨씬 효과적이다. 종합토지세의 현실화는 현재 19.4%에 머물고 있는 조세부담률을 선진국 수준인 25% 수준으로 끌어올리는 데 있어서도 가장 효과적이고 공평한 방법이다.

부동산실명제에 거는 기대

종합토지세를 비롯하여 재산세를 중심으로 세제구조를 개편하자는 논의는 진작부터 있어 왔으나 이를 현실로 옮기기는 쉬운 일이 아니다. 세제의 개혁은 금융실명제나 부동산실명제보다도 훨씬 어려운 작업이다. 실명제의 쌍두 마차와는 달리 세제개혁은 당장 많건 적건 재산을 가진 사람에게 영향을 미치기 때문이다. 특히 종합토지세의 경우 현실화율이 워낙 낮기 때문에 세율을 그대로 둔 채 과표를 공시지가에 맞출 경우 토지 소유자에 따라서는 당장 세금이 5배 가량 뛰는 경우도 생긴다. 그렇다고 세율을 낮추기도 어렵다. 현실화율이 들쭉날쭉하기 때문에 세율로 조정하기도 어렵다. 게다가 종합토지세의 과세기준이 되는 내무부과세 시가표준액이나 내무부과표가 목표로 삼고 있는 공시지가나 시가를 반영하지 못하고 있는 것은 엇비슷하다.

이런저런 사정으로 인하여 토지세제는 세제구조를 불공평하게 만드는 직접적인 원인으로 지적되면서도 정작 손을 대려면 국민들로부터 엄청난 저항을 받는 이중적인 성격을 지니게 됐다. 종합토지세를 현실화시키겠다는 정부의 약속이 번번이 약속시일이 어기게 된 배경에는 이 같은 현실구조가 작용하였다고도 볼 수 있다. 세제를 고쳐 국민의 세금부담을 높이기 위해서는 국민적 합의가 필요하나 국민적 합의를 도출해 가는 작업은 항상 도중 하차를 당하는 형국이었다. 물론 여기에는 국내의 유수언론, 세칭 민족지들도 한몫을 거들었다. 과표의 현실화가 수반할 수밖에 없는 세금 인상이 단행될 때마다 '세금 대폭 인상'이라는 타이틀 아래 새금인상이 지나치다는 논조를 폈다.

1995년 1월 김영삼 대통령의 기자회견에 전격 발표된 부동산실명제는 절대적인 지지를 받고 시행에 옮겨지게 됐다. 부동산실명제는 실시 배경이나 실시 과와 차치하고라도 거의 전 국민의 성원을 받았다는 사실만으로도 주목된다. 부동산실명제의 부작용을 지적하는 학자 언론인들도 실명제의 필요성 다시 말해 토지투기가 국가경제의 가장 큰 암적 요소라는 사실까지는 부인하지 못했다. 부동산실명제는 시안이 보도되면서 명의신탁의 금지원칙, 명의신탁의 금지범위, 명의신탁의 특례범위, 등기의 실명화, 명의신탁된 부동산의 귀속, 기존 명의신탁의 효력 등에 찬반 양론이 대립되었다.

논란은 가열되었으나 명의신탁을 전면 금지하고 세금을 회피하거나 재산을 은닉하기 위해 명의신탁된 부동산에 대해서는 세금을 추징하고 법위반 사실에 대해서는 엄격한 법집행을 해야 한다는 주장이 대세를 이루었다. 1995년 2월 21일 국무회의 의결을 거쳐 국회에 상정된 「부동산 실권리자 명의 등기에 관한 법률」의 정부 최종안은 시안이나 입법 예고안에 비해 명의신탁 부동산에 대한 엄격한 내용을 담고 있다. 기업의 업무용부동산 취득에 예외적으로 허용해 준다는 시안은 '불허' 쪽으로 방향을 선회했고 유예 기간 중 실명으로 전환한 부동산에 대해서도 농지임대차관리법, 국토이용관리법, 택지소유상한에 관한 법률, 주택건설촉진법 등 관련법령을 위반한 경우에도 탈루 세금을 물린다는 원칙이 정해졌다. 이 원칙에서 빠져나갈 수 있는 부동산은 실명 전환된 부동산이 1건이고 금액이 5,000만 원 미만인 부동산 가운데 1가구 1주택으로서 양도세를 면제 받은 경우에만 해당됐다. 토지거래허가구역 등 본인의 이름으로 등기를 할 수 없어 남의 이름으로 등기된 부동산에 대해 입법 예고안에서 실명법 적용을 유예한다는 조항도 국무회의 의결을 거치면서 '본인의 귀책사유가 없는 경우에만 적용을 유예한다.'는 보다 강화된 내용으로 바뀌었다.

그러나 부동산실명제가 온전한 효과를 발휘한다고 장담하기는 어렵다. 남의 이름으로 명의신탁된 부동산을 '명의신탁 해지'의 방식으로 소유권을 돌려놓는 방법은 봉쇄되었지만 경매에 의해 소유권을 확보할 수 있는 길은 열려 있다. 지난 1~2월 들어 법원공무원의 경매부정에도 불구하고 법원 경매에 참여하는 사람들이 늘어나고 경락되는 물건 중에는 경락가격이 감정가격보다 높게 나타나는 현상의 배경에는 부동산실명제의 영향도 작용한 것으로 풀이되고 있다.

부동산을 남의 이름으로 등기하는 명의신탁이 성행하게 된 배경에는 일제시대의 판례를 답습한 법원의 보수성이 결정적인 영향을 미쳤으나 물가의 앙등, 사회보장제도의 미흡, 노후대책으로서의 재산증식, 지역 간의 극심한 부동산가격의 편차, 불로소득(시세차익)과 조세부과에 소극적인 행정부의 안일함, 양성화의 특례 인정, 법질서 인식의 부재 등이 얽히고 섥혀 있다. 명의신탁을 전면 금지하는 부동산실명제가 정착되기 위해서는 결국 이 같은 배경을 차단해야 된다. 병의 근원을 없애지 않으면 다른 곳이 곪게 되기 때문이다.

부동산실명제는 그러나 우리 사회의 환부에 대해 국민 전체가 공감하고 있음을 여실히 확인시켜 주었다. 부동산실명제는 정부가 우리 사회의 환부를 도려내는 작업에 나선다면 여론이 지지할 것임을 증명해 보인 셈이다. 통일 후 한반도가 세계경제의 중심지인 극동 아시아지역에서 두각을 나타내기 위해 정부가 지금부터라도 국토관리계획을 수립하고 가장 경쟁력이 있는 한반도의 모습을 그리기 위한 전면적인 토지관리 체계 정비에 나선다면 여론이 지지할 것임을 부동산실명제의 입법 과정을 통해 읽을 수 있다.